MEUS ANOS DE INTIMIDADE COM DOSTOIÉVSKI
Diário – Anotações de Viagem – Cartas

MEUS ANOS DE INTIMIDADE COM DOSTOIÉVSKI
Diário – Anotações de Viagem – Cartas

Apollinária Prokofievna Suslova

Copyright@Letra Selvagem, Kotter Editorial, 2022

Grafia atualizada segundo o Acordo Ortográfico da Língua Portuguesa de 1990, que entrou em vigor no Brasil em 2009.

Título original:
ГОДЫ БЛИЗОСТИ С ДОСТОЕВСКИМ
ДНЕВНИК — ПОВЕСТЬ — ПИСЬМА

Traduzido direto do russo por Luís Avelima

Coordenação editorial: Nicodemos Sena e Sálvio Nienkötter
Editores Executivos: Marli Perim / Claudecir de Oliveira Rocha
Design editorial (capa e miolo): Cesar Neves Filho
Preparação de originais: Nicodemos Sena
Revisão: Luiz Fernando Rosa de Araújo

Dados Internacionais de Catalogação na Publicação (CIP)
Angélica Ilacqua – CRB-8/7057

Suslova, Apollinária Prokofievna, 1839-1918
  Meus anos de intimidade com Dostoiévski: diário, anotações de viagem, cartas / Apollinária Prokofievna Suslova
Taubaté, SP: Letra Selvagem; Curitiba: Kotter Editorial, 2022.
240 p.

ISBN 978-65-89841-10-4 (Letra Selvagem)
ISBN 978-65-5361-130-6 (Kotter Editorial)

1. Literatura russa 2. Dostoiévski, Fiódor, 1821-1881 3. Suslova, Apollinária Prokofievna, 1839-1918 - Diários I. Título.

22-4520   CDD – 890

Direitos reservados e protegidos pela lei 9.610 de 19.02.1998.

LETRA SELVAGEM
Rua Cônego Almeida, 113 -
Centro – Taubaté-SP. CEP: 12080-260
Tel. +55(12)3436-8783
www.letraselvagem.com.br
editoraelivrarialetraselvagem@gmail.com

KOTTER EDITORIAL
Rua das Cerejeiras, 194
Curitiba-PR. CEP 82700-510
Tel. +55(41)3585-5161
www.kotter.com.br
contato@kotter..com.br

SUMÁRIO

Anotações do tradutor, por Luís Avelima 7
Diário 21
Caderno de Viagem 43
Cartas de Dostoiévski e Apollinária 109
Novelas de Apollinária Suslova 123
Posfácio: a eterna amiga, por Edson Amâncio 233

À guisa de Apresentação

ANOTAÇÕES DO TRADUTOR

Luís Avelima *
(para Henri e Yuri)

"É melhor fazer a libertação a partir de cima do que esperar que eles façam por si mesmos, a partir de baixo". Foi assim que, em 1856, o czar Alexandre II anunciou aos nobres a intenção de abolir a servidão na Rússia, abolição essa que iria se concretizar somente em 1861, com a publicação do *Manifesto da emancipação*, numa iniciativa que lhe valeria o título de "Czar Libertador". O fim da servidão era necessário, tanto pelo curso do desenvolvimento econômico do país, como pelo crescimento do movimento camponês de massas contra a exploração feudal. Registram-se que ao todo foram libertos 22,5 milhões de camponeses, o que certamente não significou muito, pois a propriedade latifundiária foi mantida, os proprietários e a burguesia continuaram dominando e o regime absolutista manteve-se intacto. Os camponeses só podiam obter um lote de terra em conformidade com normas estabelecidas e desde que o latifundiário estivesse de acordo. O antigo sistema de corveias foi apenas minado pela reforma, mas não aniquilado. Os latifundiários mantinham consigo as melhores partes dos lotes (bosques, pradarias, pastagens, açudes, etc.), e com isso ficava difícil para o camponês uma exploração agrícola independente. Portanto, as reformas estavam longe de satisfazer ao povo. Acabou criando o empobrecimento dos camponeses e uma oposição começou a tomar corpo.

Até a época dessas reformas, o ensino estava limitado praticamente aos filhos varões dos nobres. As mulheres não podiam entrar na universidade. As ideias revolucionárias estudantis começaram a ser difundidas, o que fez o czar retroceder. Assim, no bojo das reformas ampliou-se a educação primária e criou-se escolas e institutos, onde o ensino das ma-

---

* Luís Avelima é poeta, escritor, jornalista e tradutor de François Villon, Henri Lefebvre, Mikahil Bulganov, entre outros. Também traduziu para Editora Letra Selvagem, diretamente do russo, o romance *Gente pobre*, de Dostoiévski (2011). Durante o período da ditadura militar 1964, viveu exilado na ex-URSS, onde foi locutor da Rádio Moscou. (N.E.)

temáticas e das ciências naturais passou a desempenhar o papel principal, mas somente entre 1863 e 1869 é que a Universidade experimentaria uma mudança importante, com seu acesso mais fácil aos novos grupos sociais: filhos de pequenos funcionários, de comerciantes e de camponeses que começavam a encher seus bolsos.

Naquele início de década, em 1860, as discussões acaloradas eram parte do cotidiano estudantil. As ideias de Tchernichevski ganhavam o primeiro plano. O movimento niilista apresentava-se baseado no positivismo científico e no radicalismo político, promovendo o rechaço radical a todas as autoridades constituídas, a toda crença que não pudesse ser justificada por argumentos racionais. Tchernichevski tornou-se modelo para uma jovem geração de intelectuais. Em todos os redutos sua obra "Que fazer?" causava impacto e até iria interferir futuramente no chamado marxismo russo. Essa obra conta a experiência de uma jovem socialista, Vera Pavlovna (e sua cooperativa de costura), que se nega a prostituir-se ou a casar-se por interesse, como lhe ordenava a própria mãe, e que vê nas oficinas cooperativistas a realização do ideal socialista: a gestão econômica, os problemas que os personagens enfrentavam no seu desenvolvimento prático e a evolução ideológica destes vão sendo esmiuçados ao longo da obra.

Apollinária Prokofievna Suslova aparece em cena quando essas ideias de liberdade celebradas por Tchernichevski – e também por Pisarev – balançavam as estruturas da juventude russa que invadia as ruas distribuindo panfletos, ao mesmo tempo em que a questão feminina ganhava terreno, fazendo surgir uma nova geração de mulheres dispostas a tudo. Naquele início de década, como dissemos acima, os cursos superiores ainda não eram permitidos às mulheres, mas o governo, sob pressão da juventude, começou a fazer concessões e a permitir que elas passassem, pelo menos, a assistir palestras. Elas queriam um pé de igualdade, os mesmos direitos dos homens, adotando formas de vestir masculinas, partidárias do amor livre, oposição aos laços do matrimônio, abandono do papel da esposa tradicional, da dona de casa submissa, etc.

Apollinária nasceu em Panino, província de Nizhny Novgorod. Era filha de um ex-servo do conde Cheremetievo, que depois de obter sua liberdade (antes da promulgação do czar) prosperou economicamente, permitindo-se oferecer uma educação de qualidade a seus filhos. Polina, como a chamavam em casa, era a mais velha da família, depois vinha Nadejda e Vasili. Polina até pensou em ser médica, o que era absolutamente impensável naqueles dias, mas quem terminaria o curso seria Nadejda, que seria conhecida como a primeira médica russa. Polina podia até não demonstrar qualquer talento especial, mas de uma coisa tinha certeza: queria fôlego para dominar sua vida sem aceitar regras, não desposar alguém à força ou seguir ditames que a sociedade estipulava. O favorito de seu pai não lhe interessava, não queria tornar-se uma mulher gorda e envelhecida, com crianças a gritar ao pé do ouvido. Não, não tinha tempo para isso. O que queria mesmo era se encaixar organicamente na sociedade dos jovens rebeldes ansiosos por liberdade. Mostrava-se altiva, não aceitava brincadeiras, frivolidade, desrespeito, desdenhava da própria beleza, achava-a supérflua, não tinha qualquer vaidade para se enfeitar. E para além de tudo despontou suas veleidades literárias.

Nos idos de 1861, Dostoiévski já era um nome bem conhecido, popular e respeitado. Publicou naquele ano *Humilhados e ofendidos*, que retratava personagens perseguidos por sua condição econômica e social; e, logo em seguida, o romance-folhetim *Recordações da casa dos mortos*. Estava constantemente rodeado de pessoas e muito cumprimentado nos salões literários de São Petersburgo. Como recorda Liúba, filha de Dostoiévski com Anna Grigorievna, em seu livro *Dostoiévski na visão de sua filha*, quando da permanência do escritor na Sibéria, os estudantes de São Petersburgo haviam começado a desempenhar um papel importante na vida intelectual da cidade. Quando de seu retorno, o escritor começou a aparecer bastante em público. Os estudantes o recebiam de forma entusiástica, provocando o ciúme de outros escritores contemporâneos, que para receber a mesma atenção os bajulavam. Mas para Liúba, seu pai não era ambicioso e jamais bajulava estudantes, pelo contrário, dizia-lhes sempre a verdade crua e amarga da vida. Talvez, por isso, esses jovens o respeitassem mais do que aos outros.

Foi nesse tempo de saraus e de mudanças que a jovem Apollinária marcaria presença na vida do escritor, aparecendo nas páginas da revista "Vremya" (Tempo), revista que surgiu com o "afrouxamento" de Alexandre II. A publicação era um sonho, a concretização de ideias concebidas nos dias de Sibéria. "Vremya" defendia a conciliação entre ocidentalistas e eslavófilos e era a favor das melhorias sociais do povo russo sem renunciar à sua tradição.

Como se tem escrito, pouco se sabe como começa exatamente a relação entre o escritor e a jovem Apollinária. Muito se apegam às anotações de Liúba, mesmo achando que não são fidedignas, visto que ela só poderia saber sobre a "aventura amorosa" de seu pai a partir das palavras de sua mãe e muitos anos depois da morte do escritor, quando ela tinha apenas onze anos de idade. Ela define Apollinária como uma "eterna estudante" (embora saibamos – e como dissemos acima, que naqueles dias ainda não havia permissão para que as mulheres se matriculassem nas universidades), que frequentava a Universidade de São Petersburgo, flertava com os alunos, ia visitá-los em suas casas, impedindo-os de trabalhar, empurrando-os para a revolta, obrigando-os a firmar abaixo-assinados, a participar de todas as manifestações políticas, a marchar à frente de passeatas, portando uma bandeira vermelha, a cantar a "Marselhesa", insultando e provocando os cossacos, a espetar os cavalos dos guardas, fazendo com que estes a levassem à delegacia e deixassem-na passar a noite nas grades para, ao sair, ser carregada em triunfo pelos camaradas como vítima gloriosa do "czarismo odiento."

Supõe-se que Polina participava de todos os bailes, dos saraus literários, compartilhava as novas ideias que agitavam a juventude. "Jovem e bonita, ela seguia ansiosamente esta novidade (o amor livre), rolando de um aluno para outro e, ao servir a Vênus, acreditava servir à civilização europeia", dizia Liúba.

Certamente, Apollinária teria se interessado por Dostoiévski ao compartilhar a paixão estudantil a ele devotada. Procurou se aproximar, escrevendo-lhe uma carta apaixonada, carta essa que chegava em um momento especial de sua vida: um coração torturado pela traição de sua esposa Maria, o desprezo a si mesmo como marido enganado, o seu achar-se ridículo diante das pessoas, da sociedade. Aí uma jovem, fresca e bonita, lhe oferecia o seu coração!

Acredita-se que, acompanhada de sua irmã Nadejda (Esperança), Polina tenha aparecido na redação de "Vremya" com um texto à mão, querendo a opinião do escritor. Esse texto, "Por enquanto", acabou sendo publicado na revista, no número 10, de outubro de 1861, com a assinatura de A.S-Va. Nesse conto, o herói penetra mentalmente na escória da cidade, perambula por todos os cantos dos bairros sórdidos onde percebe cenas trágicas e deprimentes. Quando esse texto foi publicado, imediatamente surgiram as perguntas: Quem era A.S-Va? Por que o privilégio de ser publicada ao lado do próprio Dostoiévski, e de nomes como Polonsky, Ostrovsky, Maikov, Grigorovich e Nekrasov? Rumores e especulações se espalharam. Imagina-se que dificilmente a própria Apollinária Suslova teria ficado feliz com a sua primeira publicação, entendendo que não fora devido a seu talento, mas por outros motivos.

No verão de 1862, Dostoiévski empreende sua primeira viagem à Europa, viagem essa que duraria três meses e que seria resumida na obra-reportagem "Notas de inverno sobre impressões de verão". No andar da carruagem pode ser que tenha deixado em São Petersburgo um amor iniciado, como imagina Joseph Frank, um dos principais biógrafos de Dostoiévski, razão pela qual todos os demais pesquisadores e biógrafos preferm situar o começo do idílio entre 1862 e 1863, precisamente depois dessa viagem de Fiodor e durante os últimos meses de existência de "Vremya", que seria empastelada pelo governo.

Eram dias difíceis. Dostoiévski estava entre a cruz e a caldeirinha. Além do fechamento de "Vremya", Maria Dmitrievna, sua esposa, estava doente, numa interminável agonia; era acossado pelos credores, queria a cura para sua epilepsia, tinha que financiar os gastos de seu irmão, Mikhail. Em tais condições inculcou que uma nova viagem seria melhor que um ato atrapalhado, como o suicídio. Mas aí vinha o questionamento: como empreender uma viagem assim, dispendiosa, se permanecia na miséria e com tantos problemas a resolver? Teve que recorrer a um empréstimo de mil rublos à Caixa de Socorro para Escritores Necessitados. A ideia era não viajar sozinho; com esse dinheiro, obtido de certo modo por caridade, faria uma viagem nupcial com Apollinária, cujo destino seria a Itália.

Durante os preparativos, surgem vários contratempos que o atrasam. Dostoiévski precisa levar sua esposa para Vladimir em busca de um clima mais benigno; o visto do passaporte também atrasa, o dinheiro obtido acaba, e não lhe resta outra solução senão pedir novo socorro. Os amantes decidem: Suslova partiria sozinha para Paris, o que fez em junho daquele ano de 1863, e Fiodor a encontraria por lá, brevemente, o que só ocorreria em agosto.

Desembaraçado em parte de seus problemas, e já a caminho de Paris, Dostoiévski se deteve por quatro dias em Wiesbaden, Alemanha, atraído pela roleta. Ali, ganha cinco mil francos e a roda da fortuna o seduz fortemente. Enquanto isso, em Paris, Polina cansada de esperá-lo, também joga em outra roleta, a do amor, ganhando um galã espanhol.

É nesse ponto que começa o diário que ora traduzimos.

Quando Dostoiévski chega a Paris, imediatamente envia a Polina algumas linhas anunciando sua chegada. Ela responde perguntando se não recebera uma carta enviada uma semana antes. Ele se surpreende, pois desconhece tal carta. Ela responde que é "aquela onde pedia que não viesse, pois chegaria um pouco tarde". E nela ainda acrescenta que até sonhara com a viagem à Itália em sua companhia, propondo-se a aprender italiano, mas que em poucos dias tudo mudara, pois havia entregado seu coração ao primeiro chamado, sem reservas, sem esperança de ser correspondida. "Só quero dizer que você não me conhece e que nem eu mesma me conheço", diz a um desapontado Dostoiévski.

O escritor não se conforma, planta-se diante do prédio onde ela se hospeda, resolvido a saber a verdade. Por que chegara um pouco tarde? Faz uma cena e pede que ela o acompanhe. Sobem em um coche, onde a cena continua sublinhada em seu dramatismo nervoso pelo vai-e-vem do veículo. Dostoiévski tem suas mãos presas às de Apollinária, e a interroga como só pode fazê-lo um inquisidor ou um amante ciumento: "Preciso saber tudo. Diga-me toda a verdade ou então morrerei!". Chegando ao alojamento do escritor, a cena mostra-se patética. Ele se joga aos seus pés e, abraçado aos seus joelhos, prorrompeu em soluços, a exclamar desolado: "Eu te perdi, eu sei!". Mas a cena acaba em ternura, e desde aquele instante, sem outra solução, ele assume a missão de consolá-la, tão infeliz como ele, pois acabara de ser abandonada por seu amante espanhol, que para lhe dar o fora, fingira estar gravemente doente com tifo e sem condição para receber qualquer visita. E o inesperado acontece: dois dias depois de receber essa notícia ela o encontra na rua da Sorbonne, lindo, leve e solto. Conversam brevemente e se separam. Ao chegar em casa ela tem um ataque de histeria. A dor passa depois de uns quantos gritos e umas tantas lágrimas. Quer vingança para esse amante a quem chama de Salvador – ou Cor.

Depois desse encontro, logo às sete da manhã, procura Dostoiévski, e este, tolerante e compreensivo, convida-a a fazer com ele a planejada viagem para a Itália, na condição de *irmãos*, apenas irmãos. Polina aceita, e nos primeiros dias de setembro partem. No trajeto, a tentação: atraídos pela roleta, se dirigem para Baden-Baden, Alemanha. Ele tenta um aconchego, ela o repele. São *como irmãos*, não é mesmo? Dostoiévski perde no amor, mas está seguro de ganhar no tapete verde, seguindo o mesmo sistema que lhe valeu o triunfo em Wiesbaden na primeira viagem. Perde os três mil francos que representam toda sua fortuna, e obriga-se a escrever para sua cunhada, Varvara Konstant, que se acha em Petersburgo, pedindo-lhe cem rublos, e aproveita também para fisgar algum com os compatriotas que se encontram em Baden-Baden – entre os quais Turgueniev. E bebe. E tenta aconchego com Polina.

Quando abandonam Baden-Baden levam por economias apenas 120 francos. Partem para Genebra, onde ele empenha seu relógio. Seguem até Turim, e ali é Polina quem empenha o seu anel. Saem e chegam a Gênova, de onde seguem para Roma. Ali, Fiodor repete, mas sem resultado, a cena noturna de Baden-Baden. Não tem sorte. Polina quer voltar para Paris;

Dostoiévski, para Petersburgo. Nela ainda impera o desejo de se vingar de Salvador. Mas nenhum dos dois tem dinheiro. Em fins de setembro, o escritor escreve a Strakhov e roga-lhe que ofereça ao editor Boborikin um romance inédito, com a condição de antecipar-lhe 300 rublos. Fazendo ziguezagues, os estranhos turistas se dirigem para Nápoles, onde voltam a embarcar para Gênova. No mesmo vapor viajam Alexander Herzen, o revolucionário, e seu filho Alexander Jr. Enquanto Dostoiévski e Herzen falam de política, Polina flerta com Alexander. Dostoiévski remoeu-se de ciúmes. Em meados de outubro estão de volta a Turim, onde ele recolhe os 300 rublos de Boborikin. Mas, em vez de voltarem para Petersburgo, tomam um trem para Hamburgo. No trajeto, Polina o abandona e retorna a Paris. Cinco dias depois, ela recebe uma lamentosa carta de seu amigo, que lhe diz que ficou sem um centavo e roga-lhe que consiga emprestado algum dinheiro para poder voltar para a Rússia. Polina, generosa, cerca seus amigos parisienses por todo lado, e envia a Dostoiévski a quantia necessária para que ele possa pôr fim às suas loucas andanças.

Chegando a Petersburgo, separado de Polina, Dostoiévski busca sua mulher em Vladimir, e parte para Moscou, já em meados de novembro. Ali, Maria Dmitrievna continua a prolongar sua agonia, enquanto ele, à sua cabeceira, medita, recorda e escreve *Memórias do Subsolo*.

Em 1865, Dostoiévski, já viúvo, faz uma nova viagem ao estrangeiro. A lembrança de Polina, que está em Paris, começa a assediá-lo novamente. É primavera, e a amada deve permanecer resplandecente. Para conseguir dinheiro, Dostoiévski recorre uma vez mais à Caixa de Socorro para Escritores Necessitados, mas só consegue 600 rublos, que, nem bem obtidos, os deixam nas mãos de seus credores que o ameaçam com a prisão. Dostoiévski faz então um contrato perigoso com o editor Stellovski, que lhe entrega 3000 rublos, parte em moeda, parte em letras, pelo direito de publicar todas suas obras até a data do contrato e uma inédita, que terá de estar em seu poder em novembro do próximo ano (1866). Dostoiévski pega o dinheiro e se apressa a escrever a Polina, dando-lhe ciência de que irá para Wiesbaden. Por que em Wiesbaden precisamente? Ele não esquece que foi ali onde houve aquele famoso golpe de sorte dos cinco mil francos, e quer tentar de novo a fortuna. Em 10 de agosto chega a Wiesbaden e dias depois se une à Polina Suslova.

Eis aqui Fiodor entre a mulher e a roleta. Só que desta vez a roleta sai à frente. Em 15 de agosto de 1865 ele deixa todo seu dinheiro sobre o tapete verde, e para sair dali escreve para Herzen, que está em Genebra, e para Turgueniev, que se encontra em Baden-Baden. O primeiro desconversa, e o segundo lhe envia 50 táleres, a metade do que pedira. Polina apodera-se da maior parte dessa soma e volta para Paris, deixando-o só em Wiesbaden, retido ali por suas dívidas e a escrever cartas rogatórias a seus amigos distantes. Para Wrangel, em Copenhague; para Miliukov, em Petersburgo; para Katkov, que dirige em Moscou o "Mensageiro Russo" e a quem oferece um romance inédito (que haveria de ser *Crime e castigo*), mediante uma antecipação imediata de 300 rublos; e à própria Suslova que, distraída em Paris com novos namoricos, sequer se digna a responder-lhe. Quem realmente lhe tira do sufoco é Wrangel, que não só lhe envia 100 táleres, como o convida a passar com ele uns dias em Copenhague. Dostoiévski aceita e permanece em sua companhia por uma semana; depois empreende por mar o regresso a Petersburgo, onde chega a tempo de encontrar-se com Polina que também acabava de voltar à pátria.

Dostoiévski, com sua costumeira efusividade, esquece tudo e numa conversa que tem com ela em princípios de novembro, oferece-lhe seu coração e sua mão de viúvo fresco. Ela recusa. Ele murmura trágico: "Tu não me perdoas porque te entregaste a mim, e agora queres vingança". Polina dá de ombros. "Que me importa isso? Pode ser que esteja certo; mas tu, com tua imaginação exuberante, não tens outro remédio que não ficar matutando sobre isso".

Depois desta réplica de Polina, se separam com dramático gesto. Ainda voltarão a se encontrar, mas serão os últimos gotejamentos de seu turbilhão passional. Logo ela parte para o campo, e desde essa data há motivos de sobra para se pensar que nunca mais voltaram a se ver. Não na versão de Liúba, que apresentamos mais à frente.

***

Acossado por aquele contrato perigoso com Boborikin, e sem tempo para cumprir o prometido, Dostoiévski é aconselhado a contratar uma estenógrafa. É aí que surge em sua vida a jovem Anna Grigorievna Snítkina, e o escritor põe um ponto final no livro "O Jogador", exatamente no dia em que completa 45 anos de idade: quarenta mil palavras, escritas em vinte e seis dias. O escritor expressou sua gratidão e acabou pedindo sua mão em casamento. O noivado é matéria do jornal "Filho da Pátria", que publicou artigo intitulado "Casamento de um romancista".

Anna Snítkina nada sabia da relação entre Dostoiévski e Apollinária Suslova, mas já casada pode sentir ciúmes ao perceber que algumas cartas daquela chegavam em sua casa. Até então nem se dava conta de que Dostoiévski poderia ter uma amante. Havia encontrado uma carta de Polina na carteira dele, que leu às escondidas, e ficou apavorada com a ideia de que a "femme fatale" pudesse aparecer e a paixão do escritor por ela reacendesse. Suspirou e lastimou: "Senhor, não me faça passar por esse infortúnio".

E não ficaria por aí. Anna conta que um dia, estando em Genebra, enquanto caminhava com o escritor, decidiu passar no correio, mas lembrou-se de que não levava consigo os formulários necessários ao recebimento de correspondência, sem o que era embaraçoso ter que pedir cartas ao carteiro. Dostoiévski abriu sua carteira para ver se encontrava um desses formulários e ao fazê-lo retirou um papel com alguma inscrição a lápis. Curiosa por saber do que se tratava, puxou o pedaço de papel. Ele teve uma crise, cerrou os dentes, agarrou-a pelo braço, mas o papel ficou em dois pedaços. Anna jogou no chão a metade e ele fez o mesmo com a sua. "Ele me perguntou, resmungando, porque eu tinha puxado o papel de suas mãos. Eu nunca tinha me irritado tanto e o tratei de imbecil; então virei a cara e voltei para casa. Mas minha intenção era pegar os pedaços de papel para saber o conteúdo". Anna não tirou os papéis da cabeça. Voltou ao local, pegou os pedaços que haviam jogado, e levou-os para casa. Pôs-se a colá-los, decifrá-los, até conseguir ler um endereço. A mesma caligrafia que havia visto antes, que ela chamou de "Carta de Dresden". Poderia se enganar porque se pode encontrar caligrafias semelhantes. Mas ainda assim imaginou que ela, Polina, estivesse em Genebra, que seu marido se encontrara com ela às escondidas.

"Por que ele tentou puxar o pedaço de papel se não tinha nenhuma razão para temer que eu visse? Era um papel que ele não podia me mostrar, pois não queria que eu lesse. Este pensamento me deixou tão mal que me pus a chorar. Ele raramente me viu chorar tanto. Eu mordia as mãos, apertava o pescoço, estava como uma louca. Eu não podia suportar a ideia de que o homem que eu adorava me enganava. No dia seguinte, decidi ir sem falta ao endereço indicado para saber quem morava ali (...). Eu estava torturada, Deus sabe as lágrimas que derramei e o que sofri. Nem mais pensei na cretina; ela devia seguramente me detestar; era bem capaz de se dar a ele unicamente por falta de piedade, para me fazer sofrer. Essa desgraça provavelmente já aconteceu; eles creem que podem me trair, como antes Fédia traiu a Maria Dmitrievna."

Dostoiévski ficara surpreso ao chegar em casa e vê-la em lágrimas. E ralhou: por que havia se jogado sobre ele para pegar o pedaço de papel? O papel lhe fora dado por um agiota e nele continha o endereço de outro credor. Mas Anna não se contentou e tentou descobrir onde Polina se encontrava. Não descobriu e as pazes foram feitas. Não mais ouviria menção ao nome da ex-amante.

***

Como já dissemos, aos 30 anos de idade, Polina decidiu deixar a vida antiga e partiu para uma aldeia remota perto de Tambov, onde seus pais viviam. Mas a solidão e a penitência realmente não eram adequadas para essa "femme fatale". Ela queria mais uma vez desempenhar um papel espetacular em outro jogo. Foi quando surgiu em sua vida Vasili Rozanov. Ele tinha 20 anos e ela 40. Vasili Rozanov, nascido na província de Vetluga Kostroma, vivia em São Petersburgo desde 1893 e ali, formado em História e Filologia, trabalhava como professor. Logo se imporá como crítico e será um dos mais controversos escritores e filósofos russos da época pré-revolucionária, tido ainda como representante do neo-espiritualismo russo de princípios do século XX.

Rozanov descreve em carta de 1902 como foi o seu primeiro encontro com Apollinária. Ele tinha somente 17 anos e ela 37. Conta que ela vestia preto, pois havia perdido o irmão, Vasili, mas mantinha os traços da beleza que a tornou famosa. Ela logo percebeu a inexperiência daquele jovem, que ficara perturbado diante dela, que possuía o poder de fascinar e subjugar as pessoas e não somente um jovem púbere. Casaram-se três anos depois daquele primeiro encontro (1880). Mas seu casamento com Apollinária não foi bem sucedido. Desde os primeiros dias de vida em comum, ela demonstrou um ciúme excessivo e protagonizou cenas absurdas: palhaçadas ultrajantes, constante humilhação; demonstrava seu ciúme publicamente, socando o pobre coitado. Polina o traía com todos os seus amigos, e dele separou-se por duas vezes. Continuava frívola, não tirava os olhos dos estudantes, um deles, amigo de Rozanov, a quem ela começou a fazer sugestões explícitas, sofreu em sua mão. Rejeitada, denunciou-o à polícia de tentar molestá-la. O jovem foi preso e Apollinária ficou a rir, a saborear sua vingança.

"Lembro-me – escreve Rozanov – que quando Suslova me deixou, eu chorei, e por um par de meses não sabia o que fazer, para onde ir, onde ficar". Anos depois ele a compararia a Catarina de Médicis, afirmando que ela seria perfeitamente capaz de cometer um assassinato com total indiferença e que, na Noite de São Bartolomeu, teria adorado atirar nos huguenotes de sua janela.

Rozanov estoicamente suportava o gênio indomável de Polina, mas chegou um dia que decidiu pôr um fim naquela relação doentia. Era impossível continuar na humilhação, não podia competir com ela. Em determinado momento, já livre de Polina, ele cita uma sentença da obra *Humilhados e ofendidos* para descrevê-la: "Minha senhora era tão perversa que o Marquês de Sade poderia ter tomado lições com ela. Sim, ela era o mal encarnado".

Conta-se também que após seis anos de vida em comum, ela fugiu com um amante judeu de boa família e educação que trabalhava no ramo livresco. Terrivelmente abatido, Rozanov recusou-se a conceder-lhe a separação legal, na esperança de que ela voltasse para ele algum dia; mais tarde foi a vez dela recusar-se a conceder-lhe o divórcio. Quando Suslova persiste na recusa, Rozanov apela para o sogro com quem ela morava à época, mas o velho expõe sua incapacidade para se meter na história, porque "o inimigo da raça humana instalou-se comigo e [ficou] impossível para mim viver aqui". Essa situação complicou-se para Rozanov e sua nova família, porque não podia registrar legalmente seus filhos, considerados ilegítimos pela igreja ortodoxa. Um dia ele deu um troco. Ela precisava de um passaporte, e ele bateu o pé. Havia que fazer uma troca: o passaporte pelo divórcio. Ela abriu mão.

Com o casamento desfeito, Polina mudou-se para a Criméia e estabeleceu-se em Sebastopol. Há suposições de que durante a Primeira Guerra Mundial tenha se mostrado uma patriota zelosa e juntando-se às organizações reacionárias extremistas. Mas conta-se, também, que circulou como um fantasma pelas ruas sombrias de Petersburgo, atormentada, sofrendo na alma. Só, sem ninguém, nem mesmo com sua irmã partilhava sua angústia.

Depois, uma pausa de dois anos. No final de 1868, consegue o título de professora, e em 12 de dezembro daquele ano abre uma escola para meninas em Ivanovo, mas é perseguida, acusada de niilista, amiga de conspiradores, *modernosa*, usuária de óculos azuis, cabelos curtos e não frequentava a igreja. Sua escola durou apenas dois meses. Foi fechada.

E seus contatos com Dostoiévski, continuaram existindo? Liúba diz em seu livro que um dia, no final dos anos setenta, Dostoiévski e Polina se encontraram, mas que o escritor claramente não a teria reconhecido. Ela escreve o que os historiadores e críticos desconfiam: "Um dia, quando minha mãe estava fora de casa, a empregada comunicou ao meu pai da visita de uma senhora desconhecida que se recusou a dizer o seu nome. Dostoiévski, acostumado a receber estranhos, que vinham se "confessar" com ele, pediu à empregada que a levasse ao seu escritório. Uma dama de preto, com o rosto coberto por um véu grosso, entrou no escritório do meu pai e sentou-se sem dizer uma palavra. Dostoiévski olhou para ela, espantado.

– A que devo a honra de recebê-la em minha casa? – ele perguntou. Em vez de responder, a estranha abaixou-se abruptamente o véu e olhou para ele com um ar trágico. Meu pai franziu a testa, ele não gostava de tragédias.

– Você vai me dizer seu nome, senhora? – ele disse secamente.

– Como! Você não me reconhece? – murmurou a visitante com um ar ultrajado de rainha.

– Mas eu não te reconheço. Por que você não quer me dizer seu nome?

– Ele não me reconhece! – suspirou a dama de preto, tragicamente. Meu pai perdeu a paciência.

– Por que esse mistério? – exclamou ele, irritado. – Por favor, explique o motivo da sua visita. Estou muito ocupado agora e não posso perder meu tempo sem motivo.

A estranha levantou-se, abaixou o véu e saiu da sala. Dostoiévski a seguiu perplexo. Ela abriu a porta da frente e desceu as escadas correndo. Meu pai permaneceu pensativo no meio da sala. Algo em sua memória estava começando a surgir. Onde ele viu esse olhar trágico? Onde ele ouviu aquela voz melodramática? 'Meu Deus!', exclamou por fim, 'era ela, era Polina!'

Minha mãe acabara de chegar. Dostoiévski contou-lhe, aborrecido, a visita de sua ex-amante. 'O que eu fiz?' – repetia meu pai. – Eu a ofendi fatalmente. Ela é tão orgulhosa! Ela nunca me perdoará por não tê-la reconhecido; ela vai se vingar. Polina sabe o quanto as crianças me são caras, essa louca é capaz de matá-las. Deus, não as deixe sair de casa!'.

– Mas como você pode não reconhecê-la? – perguntou minha mãe. – Ela mudou tanto assim?

– Não... agora pensando bem, vejo o contrário, mudou muito pouco... O que você quer? Polina está completamente fora da minha memória; é como se ela nunca tivesse existido nela.

Dizem que o cérebro dos epilépticos pode ter momentos de anormalidade; que sua memória só pode reter os fatos que o impressionaram particularmente, e é provável que Polina tenha pertencido ao tipo daquelas garotas bonitas que os homens amam muito, quando estão em sua presença, mas que as esquecem quando perdem a visão delas."

Terá sido desta forma? O que pode ter acontecido é que Dostoiévski simplesmente não quis reconhecê-la, o que deve ter sido suficiente para Suslova ficar mortalmente ofendida, como lembra um dos biógrafos de

Apollinária, A.S. Dolinin. Em geral, todo o processo é improvável, porque é difícil imaginar que ele possa ter esquecido a quem tanto amou durante três anos, a quem chamava de "eterna amiga". Dez anos de separação não poderiam apagar da memória a sua imagem, até porque ela seria modelo para as heroínas de várias de suas obras.

Apollinária Prokofievna Suslova faleceu em 1918, sem saber que ao seu lado, na mesma costa da Criméia, no mesmo ano, terminou seus dias a mulher que há cinquenta anos tomara seu lugar no coração de um ente querido e tornara-se sua esposa: Anna Gregorievna Snítkina. Também morreria nesse mesmo ano sua irmã Nadejda.

Seu sobrinho, Evgeni Platonovich Ivanov, que nasceu quando Apollinária tinha quarenta e cinco anos, lembra-se dela como uma mulher idosa, mas nunca como uma "velha pesada"; uma pessoa cuja personalidade evocava respeito e adoração incondicionais. Escreve em suas memórias que ela deu ordem à sua caneta tímida, o repreendia pelos erros, e considerava muito sua opinião. Provavelmente, foi ele quem se tornou seu herdeiro e o primeiro a ver os manuscritos do diário de sua tia, entendendo imediatamente o que havia caído em suas mãos.

Ele também conta que nos anos setenta, na cidade de Lebedyai, Vasili Prokofievitch Suslov, irmão de Apollinária, foi procurado por um investigador judicial do Departamento de Segurança, e toda a correspondência familiar, fotografias, anotações e diários com o caráter de memórias pessoais foram apreendidos. Isso se deveu por suas relações com o grupo de Alexander Herzen, Dostoiévski e Tchernichevski. Naquele dia, inúmeras cartas de Fiodor Mikhailovitch desapareceram.

O Diário que ora traduzimos traz muitas das passagens ditas acima, o difícil relacionamento de Polina com seus amores. Escrito num período de pouco mais de dois anos, é um testemunho de importância, apresentado com extraordinária franqueza, embora cheio de lacunas, o que torna difícil entender realmente como começa esse jogo conturbado de amor com o escritor russo. Talvez o título da obra melhor assentasse como "O Diário de Apollinária Suslova", mas surge chamativo, dando a entender inicialmente que vai tratar apenas de seu relacionamento com o autor de *Gente pobre*, *Crime e castigo* e *Os irmãos Kamarazov*. Mas podemos dizer que sua importância maior se dá pelo fato de que esse relacionamento contado em breves momentos deixou uma marca indelével na vida e obra desse que é um dos maiores escritores de todos os tempos, não apenas em termos biográficos, mas porque Polina acabou sendo, como dissemos, o arquétipo para várias de suas figuras femininas. Neste diário o leitor pode encontrar uma sucessão de amores, desamores, desabafos de uma mulher que, como diz o próprio Dostoiévski, nunca poderia ser feliz.

Neste diário, Dostoiévski aparece pouco, pois estão separados a maior parte do tempo e Suslova ocupa boa parte de sua escrita com seu amor frustrado pelo espanhol e com outros amores que granjeia em sua trajetória.

A última parte do livro contém algumas cartas de Dostoiévski para Polina e vice-versa, nas quais fica clara a situação material do escritor. E acrescente-se uma carta de Dostoiévski endereçada a Nadejda Suslova, irmã de Polina, onde abre seu coração e fala de seu relacionamento difícil. Também pesquisamos e encontramos quatro novelas escritas por Polina, duas delas publicados por Dostoiévski em sua revista "Vremya" e "Época".

Este é um livro de amores, ódios, lágrimas, ameaças, rogos, desprezo, sofrimento e miséria moral contínua.

Luís Avelima,
março de 2019

19 de agosto. Quarta-feira

Estive na casa de Salvador. Ele me perguntou o que eu tinha feito e se tinha pensado nele. Respondi-lhe que desde ontem eu tinha um verso gravado na memória: "Conduza-me sobre o caminho"[1]. Pediu-me que lhe dissesse de que poema se tratava. Expliquei-lhe o conteúdo. Ele gostou. No começo pareceu-me bastante desligado; perguntei-lhe se havia trabalhado muito e adivinhei. Mas havia algo mais, embora ele me assegurasse que aquele era seu jeito, seu estado normal. Contou-me que ocorreu uma coisa desagradável entre ele e seu cunhado por questões de dinheiro. Esse cunhado era para Salvador algo com um tutor, um pai, mas pelo que acontecera se via obrigado a partir para a A[mérica]. Ainda que esperasse por algo desse tipo, foi para mim um choque: sem dúvida os sentimentos de medo e sofrimento pintaram o meu rosto de forma visível. Ele beijou-me. Mordi o lábio e fiz um esforço tremendo para não chorar. Ele beijou-me novamente e disse que provavelmente não seria por muito tempo, que não seria para sempre, e que eu não perdesse o controle, que me acalmasse. "Você poderia vir comigo" – disse ele, e mais que depressa respondi que sim, que meu pai não se oporia e financiaria minha viagem. Mais uma vez, perguntou-me quando eu iria começar a aprender espanhol.

Bem, recebi uma carta de F[iodor] M[ikhailovitch]. Ele chegará dentro de alguns dias. Eu queria vê-lo primeiro para contar-lhe tudo, mas agora decidi escrever-lhe.

19 de agosto

"Você está chegando um pouco tarde... Não faz muito tempo, sonhei em ir à Itália com você, e até havia começado a aprender italiano, mas depois de alguns dias tudo mudou. Certa vez me disse que eu nunca entregaria meu coração facilmente. Bem, saiba que eu o entreguei em uma

---

[1] "Выводи на дорогу". Verso de um poema muito popular nos anos 1860, de autoria do poeta Nikolai Nekrasov, chamado "Cavaleiro do Tempo", 1860: "Conduza-me sobre o caminho espinhoso/Pois já tinha esquecido de como era caminhar sobre ele/Onde o mal afunda sobre a lama/ os pensamentos e as paixões mesquinhas/ Longe dos triunfadores que lançam palavras ao vento/E aquecem suas mãos no sangue/ Leva-me entre aqueles que pereceram/pela grande causa do amor!"

semana, ao primeiro convite, sem resistência, sem garantia, mesmo sem esperança de ser amada. Eu estava certa de me zangar com você, quando começou a me elogiar. Não pense que me culpo, que tenho vergonha de você, mas quero dizer que você não me conhece, que eu mesma não me conheço. Adeus, meu caro!

Gostaria de vê-lo, mas aonde isso levaria? Gostaria muito de *conversar* com você sobre a Rússia."

Neste momento, estou triste, muito triste. Mas como ele é generoso, nobre! Que inteligência! Que coração![2] Desta vez, Salvador pediu meu retrato e perguntou se eu estava tomando o remédio que tinha receitado e se estava melhor. *Bien vrai?*[3] – perguntou, e respondi que sim. Ele perguntou também quando eu partiria para a Itália (antes de ter anunciado sua própria partida), porque, ainda quando éramos apenas bons amigos, eu havia falado sobre essa possível viagem. Respondi que não sabia, que talvez não viajasse, porque queria partir com o homem que amava.

23 de agosto. Domingo.

Ontem estive na casa de Salvador. Ele pareceu-me um pouco irritado, e acho que era porque não fui almoçar com ele, ou estava triste, mesmo. Olhei para as linhas de suas mãos e previ que ele seria feliz numa determinada situação (o casamento, pensei). Ele prestou atenção e perguntou: Qual? Respondi que não podia dizê-lo, porque não queria pensar mais nisso, para não ficar ainda mais triste. Ele ficou chateado, mas não cedi. Depois falou de si próprio, que queria ficar em Paris por quatro anos, mas que talvez partisse mesmo para a América. Vi nisso tudo que ele não tinha um só pensamento em mim; inclinei-me sobre seu peito e as lágrimas brotaram em meus olhos. Ele olhou para o meu rosto e perguntou por que [eu] estava triste e em que pensava. Respondi que pensava nele, e *procurei* ficar calma. Ele voltou a perguntar no que pensava naquele momento. Respondi que não podia dizer. – "Algo me diz que me escondes alguma coisa" – disse ele. Depois me convidou para almoçar, mas recusei. – "Como queiras" – disse. Alguém bateu à porta. Ele disse que era um amigo seu, e de novo convidou-me para almoçar. Recusei e, como seu amigo entrou

---

[2] Refere-se mesmo a Dostoiévski.
[3] Em francês no original.

no quarto, comecei a colocar meu chapéu. Salvador acompanhou-me até à saída, e perguntou quando voltaria. – Quando estarás livre? Terça-feira?".

– Venha na terça, se não puder vir antes.

Ele novamente me perguntou se tomei o remédio e me fez lembrar que não havia escovado os dentes, o que não era bom, pois eu tinha bons dentes.

Naquele momento tive a impressão de que ele não me amava, mas senti um forte desejo de fazê-lo cair de amor por mim. Isso é possível, mas é preciso agir com calma. Eu conheço seu ponto fraco: ele é muito vaidoso. Na última vez, diante de *seu amigo*, ele havia me perguntado qual era o título do meu romance, pois ele não o fizera antes. Ele queria saber o que eu estava fazendo, e pediu que dissesse qualquer coisa em italiano. Hoje, depois de muitas reflexões, me senti feliz pelo fato de ser pouco amada por Salvador: estava mais livre. Senti vontade de ver a Europa e a América, de ir a Londres, de aprender coisas, e depois entrar na seita dos "peregrinos". A vida que eu tinha imaginado não poderia me satisfazer. Precisava viver mais plenamente.

O que quero?... Por quê? Oh, tantos desejos!
Preciso encontrar uma maneira de minar sua força
E me parece às vezes, que sua inquietude interior
Queimara meu cérebro e rasgara meu peito[4]

24 de agosto. Terça-feira

Hoje passei na casa de S[alvador], mas não o encontrei. Esperei durante uma boa hora, mas ele não apareceu... Toda sorte de pensamentos e de ressentimentos passaram em minha mente enquanto estava em seu quarto, mas não podia me demorar. Fiquei sentada, a cabeça entre as mãos, sem tirar os olhos do ponteiro do relógio, o coração palpitando. As lágrimas rolavam constantemente, e estremecia a cada soluço. Pensei em escrever-lhe uma carta muito dura, mas me abstive, escrevendo apenas isto:

"Hoje passei no hotel G, mas você não estava. Diga-me o que está acontecendo e responda por que não me escreveu dizendo que não estaria em casa, pois saiba que tua ausência é para mim uma tortura. Pensei muito

---
[4] Quadra extraída de um poema de Nikolai Platonovitch Ogariov (1813-1877).

em você, e quis mesmo te escrever algumas vezes, mas tenho trabalhado muito; depois, quero procurar um professor de espanhol; preciso pensar na melhor maneira de fazer isso.

Aguardo carta tua,

A.S.

Estou muito preocupada por não ter visto você; espero que isso não tenha lhe dado prazer. Sua ausência me entristece, mas apesar de tudo, convenço-me de seu amor".

Lembrei-me que da última vez que eu disse e nem sei por quê:

– Não minta para mim.

– "Eu, mentindo?" – respondeu com dignidade.

Esta é uma qualidade maravilhosa. Creio, no entanto, que é coisa de família.

27, quarta-feira

Acabei de receber uma carta de F[iodor] M[ikhailovitch] via correio. Como ele estava feliz por me ver em breve! Mandei-lhe uma carta bem curtinha, preparada com antecedência. Tenho muita pena dele.

Nem imagino que pensamentos e sentimentos irão lhe perturbar quando tiver a primeira sensação de tristeza! Eu só receio que ele chegue antes de ter recebido minha carta (não creio que ela tenha chegado tão cedo) e que fique entediado de esperar por mim. Eu não poderia ficar indiferente a esse reencontro. Bem que lhe avisei que me escrevesse antes de partir, caso contrário, não sei o que seria. Quanto a Salvador, até agora não me escreveu... Esse homem vai me trazer muito sofrimento.

Mesma data, à noite.

E assim aconteceu. Eu mal tinha acabado de escrever a linha anterior quando F[iodor] M[ikhailovitch] chegou. Eu o vi da janela, mas esperei que alguém viesse anunciar a sua chegada. Mesmo assim fiquei um bom tempo sem me atrever a sair. "Olá" – disse-lhe com voz trêmula. Ele perguntou o que estava acontecendo comigo, reforçando ainda mais minha emoção, o que só aumentava sua inquietação. "Pensei que você não viria

– disse-lhe –, pois lhe escrevi uma carta".
– Que carta?
– Dizendo que você não viesse.
– Por quê?
– Porque era tarde demais.
Ele abaixou a cabeça.
– Eu preciso saber de tudo, vamos a algum lugar, e conte-me, senão vou morrer.

Concordei em sair com ele. Ficamos em silêncio durante todo o caminho. Não o encarei. De vez em quando ele gritava para o cocheiro, com voz desesperada e impaciente: "Vite, vite!", fazendo com que o outro se virasse e o olhasse com espanto. Tentei não olhar para F[iodor] M[ikhailovitch]. Ele também não me olhava, mas por todo o caminho segurou em minha mão, apertando-a de vez em quando, e fazendo alguns movimentos bruscos. "Não se preocupe, eu estou aqui", disse-lhe.

Mal entramos em seu aposento, ele caiu aos meus pés e, me apertando, me abraçando, deixou escapar um soluço e começou a chorar e a falar em voz alta: "Perdi você. Eu sabia!" E mais calmo, começou a perguntar que tipo de pessoa ele era. "Talvez seja bonito, jovem, eloquente. Mas você jamais encontrará um coração como o meu."

Por um bom tempo eu não quis responder.
– Você entregou-se a ele completamente?
– Não pergunte isso, não fica bem – disse-lhe.
– Polia[5], eu não sei mais o que é bom e o que é ruim. Quem é ele: russo, francês, é o meu médico? Aquele que (*ilegível*)
– Não, não.
Eu disse a ele que amava aquele homem.
– Você está feliz?
– Não.
– Como é possível? Você ama e não está feliz!
– Ele não gosta de mim.
– Não gosta! – gritou, segurando a cabeça em desespero. – Mas você não o ama como uma escrava? Diga-me, eu preciso saber! É verdade que irá com ele até o fim do mundo?
– Não, eu... eu vou para o campo – disse-lhe, explodindo em lágrimas.
– Oh, Polia, por que está tão infeliz? Tinha que acontecer de você se apaixonar por outro? Eu sabia. Porque tu me amaste erroneamente, por-

---
[5] Um dos diminutivos do nome de Apollinária. De outra feita, Polina (NT)

que tens um coração generoso, porque tu esperaste completar 23 anos[6], e eras a única mulher que não pedia qualquer compromisso e valia a pena: um homem e uma mulher não são uma mesma pessoa. Ele pede, ela dá.

Quando lhe contei que tipo de homem ele era, me disse que naquele momento sentiu uma sensação desagradável: que se sentia aliviado ao saber que ele não era um homem sério, não era um Lermontov. Por um bom tempo falamos sobre variados assuntos. Ele me disse que estava feliz por ter conhecido neste mundo uma pessoa como eu. Pediu-me que continuasse sua amiga e que lhe escrevesse, particularmente quando estivesse feliz ou mesmo infeliz. Então, convidou-me para acompanhá-lo à Itália, que seríamos como irmãos. Quando eu lhe disse que, certamente, ele iria escrever um romance sobre isso tudo, irritou-se: "Por quem você me toma! Você acha que tudo o que está acontecendo vai passar sem que fique qualquer marca!" Eu prometi que voltaria no dia seguinte. Eu me senti melhor depois de ouvi-lo. Ele me compreende.

Não recebi nenhuma mensagem de Salv[ador], então resolvi escrever-lhe uma carta:

"Você não estava em seu hotel terça-feira e não deixou nenhum recado para mim. Talvez não tenha recebido minha carta, mas de qualquer forma devia ter escrito algo. Você não tem ideia de quanto o amo; eu te amo loucamente. Começo a achar que lhe aconteceu alguma grande desgraça, e essa ideia me atordoa. Eu não posso dizer o quanto te amo, mas você sabe, mas também não pode imaginar os sofrimentos que tive de suportar nesses dois dias esperando notícias suas".

Ainda escrevi uma outra carta, que lhe remeteria mais tarde.

"Eu quero lhe dizer o quanto o amo, mesmo que eu seja incapaz de expressar em palavras. É preciso, pois, que saibas disso. Jamais fui tão feliz. Todos aqueles a quem amei só me fizeram sofrer, inclusive meu pai e minha mãe. Todos os meus amigos são gente boa, mas fracos e pobres de espírito; ricos em palavras, pobres em ações. Entre eles nunca pude encontrar um só que não tivesse medo da verdade, ou que não retrocedesse diante das convenções habituais da vida. Eles também me condenam. Não posso respeitar pessoas que dizem uma coisa e fazem outra. Isso para mim é um crime. Eu só tenho medo é de minha consciência. E se por acaso eu viesse a cometer um pecado contra ela, eu teria confessado a mim mesma. Não é que eu tenha uma especial indulgência para comigo mesma, mas

---

[6] Indicação de que a relação entre ambos começou em 1862. Apollinária nasceu em 1839 (NT)

odeio pessoas fracas e covardes. Eu fujo dos que enganam a si mesmos, sem sequer se dar conta – para não precisar deles. Penso na possibilidade de me estabelecer no campo, entre os camponeses, para ser útil de alguma forma, porque eu me sinto indigna de viver sem ser útil aos outros."

Em 1º de setembro. Segunda-feira

Não enviei minhas duas últimas cartas a Salvador por causa das seguintes circunstâncias: uma noite, voltando bem tarde da casa de F[iodor] M[ikhailovitch], deitei-me sem acender a vela e dormi mal, porque pensava em Salv[ador]. Acordei e ainda estava escuro, quase madrugada. Comecei a andar pela casa e, de repente, por acaso, vi uma carta em cima da mesa; a caligrafia era desconhecida. A caligrafia era de seu amigo. Ele comunicava que Salvador estava com tifo, que estava doente *desde o dia em que o vi pela última vez*, e que eu não podia vê-lo, porque ele se encontrava na casa de amigos recomendados por sua família, que o senhor que cuidava dele achava que não era bom visitá-lo. Imediatamente respondi-lhe que achava terrível que me impedissem de vê-lo, e pedi que me escrevesse o mais depressa possível a respeito da saúde de seu amigo. No mesmo dia escrevi uma carta a Salv[ador], que achava que estava à beira da morte. Escrevi que sem dúvida logo estaria curado, caso contrário seria uma injustiça. Eu estava num desespero terrível, especialmente porque esta doença era particularmente perigosa para os jovens. F[iodor] M[ikhailovitch] tranquilizou-me um pouco, dizendo que, com o ar que se tem aqui e com os cuidados médicos de que dispõem, ele não correria nenhum perigo. Mudei-me para o Mundial, e no sábado, durante todo o dia, esperei por uma carta; no domingo esperei pelo amigo (eu o chamei para falar sobre Salv[ador]). Era sáb[ado], seis horas. Quando caminhava pela rua da Sorbonne, vi Salv[ador]. Eu o vi de longe, mas não podia acreditar que era ele. Parecia improvável até o momento em que ele se dirigiu a mim, sorrindo, mas muito pálido, e pegou em minha mão. Eu mal conseguia ficar de pé, e por um bom tempo não consegui dizer nada. Eu não tinha qualquer suspeita, mas estava machucada pelo fato de ele não ter escrito nem dito nada. Suas primeiras palavras foram que estava muito doente, e que saía pela primeira vez: – "Sim, você está muito pálido" – disse-lhe. Naquele momento, olhei para ele. Suas bochechas apresentavam manchas vermelhas.

– Está chateada comigo porque eu não estava lá na terça-feira, mas na quinta-feira você havia conversado comigo.

Ao ouvir estas palavras comecei a ver tudo mais claramente, mas a minha dor era tanta que me irritava, e as lágrimas brotaram em meus olhos.

– Para onde você vai? – perguntou ele.

– Vou andar por aí, e você?

– Vou ver um amigo na rua Soufflot.

– Caminhemos um pouco juntos. Pensei que estava morrendo. Seu amigo me escreveu uma carta. Aqui está – (tirei a carta de minha bol[sa]) –, olhe, leia, veja o que diz. Escrevi-lhe duas vezes e pedi-lhe que viesse à minha casa.

– Estou muito zangado que ele tenha escrito; pensei que estava com tifo, mas era outra coisa.

Ele olhou para a carta, mas parecia não ver nada, ou talvez já conhecesse o seu teor, e devolveu-me.

– Leia – disse –, leia depois, em casa.

Mas ele virou as costas, talvez para não falar comigo. Antes de chegar à Rua Soufflot, disse que precisava virar à esquerda (ele não estava confortável ao meu lado).

– Neste caso, adeus – disse-lhe –, eu sigo reto.

– Mas eu posso te acompanhar mais um pouco – disse [ele]. (Isto foi por remorso ou por piedade?)

Em silêncio, chegamos à rua Soufflot (ele leu a carta de seu amigo).

– Eu fico por aqui – disse, apontando para o prédio à direita, oposto à rua de onde vínhamos.

Ficando sozinha, logo entendi o que havia acontecido. Ao chegar ao meu quarto, fiquei histérica e gritei que iria matá-lo. Ninguém ouviu. Então me deitei e por um tempo não pensei em nada. Eu senti o calor subir à cabeça, e pensei que ia ficar doente, o que me deixou feliz. Então comecei a pensar no que fazer e decidi... Queria mesmo era escrever uma carta para minha irmã. Preparei tudo, queimei alguns dos meus cadernos e cartas (aquelas que poderiam me comprometer). Senti-me maravilhosamente bem. Tinha apenas pena da minha mãe e de Hogerman, que poderiam ser afetados. Fiquei a pensar na possibilidade de poupá-los. Passei a noite em claro, e no dia seguinte, às sete horas da manhã, fui ter com Dost(oiévski). Ele dormia. Quando cheguei, acordou, abriu-me a porta, depois deitou-se novamente, enrolando-se no lençol. Ele me olhava com surpresa e consternação. Eu estava *muito* calma. Pedi que fosse até minha casa, pois queria contar-lhe tudo e que fosse meu juiz. Eu não queria ficar ali porque ia esperar Salv[ador]. Quando F[iodor] M[ikhailovitch] chegou à minha casa, me levantei para recebê-lo, pois tomava o desjejum, e segurava uma fatia de pão que começara a comer.

– Bem, você está vendo que estou em paz – disse-lhe, rindo.

– Sim – disse ele –, estou feliz, mas o que é que você tem para me contar?

Depois de algumas questões sem importância, comecei a contar-lhe toda a história do meu amor, e depois do nosso reencontro ontem, sem esconder nada.

F[iodor] M[ikhailovitch] disse que não precisava de muito para ver que eu havia me sujado, e que estava claro que Salv[ador], como todo homem jovem, precisava de uma amante, que se lançou sobre mim, tirando proveito da situação. E por que não o faria, conseguindo uma mulher bonita para satisfazer todos os seus gostos?

F[iodor] M[ikhailovitch] tinha razão, eu entendia perfeitamente, mas o que não senti naquele momento!

– Eu só temo que você *ponha na cabeça* alguma bobagem, cometa alguma loucura (eu havia contado dos pensamentos que tivera quando não havia encontrado Salv[ador] na casa dele).

– Eu não queria matá-lo – disse-lhe –, mas gostaria de fazê-lo sofrer muito.[7]

– Deixe pra lá – disse ele –, não vale a pena, ele não entende nada, esta é uma sujeira que é preciso limpar com talco; seria tolice arruinar sua vida por causa desse estúpido.

Eu concordei. Mas, apesar de tudo, ainda estou muito apaixonada e prestes a dar a metade de minha vida para que ele sinta remorsos, que se arrependa diante de mim. É claro que isso nunca vai acontecer; por vezes a angústia volta, e num instante só sinto desejo de realizar o que eu tinha imaginado antes, desejo de vingança – mas como? de que forma? Certamente tem uma amante, uma dama que tem uma série de admiradores. Ele devia estar brigado com ela, e depois fez amizade comigo, mas que agora, provavelmente, tenha se reconciliado.

Ele não veio ontem, e nem virá, é claro, nem hoje nem amanhã, mas o que ele vai fazer? Afinal, ele prometeu que viria, ainda que eu não tenha

---

[7] Liúba, filha do escritor, conta que ela apareceu no quarto do hotel onde o escritor estava hospedado, acordou-o e mostrou-lhe uma faca enorme, teatralmente tirando-a de dentro de seu espartilho, dizendo-lhe que ia cortar a garganta dele para lavar sua vergonha, e que estava se despedindo. Dostoiévski teria ficado chocado, por desconhecer seu lado mal e insano (NT)

pedido nada. Acho que a sua vaidade não permitirá que continue a ser um mentiroso aos meus olhos. O que ele esperava ao inventar essa história de doença? Decidi enviar-lhe dinheiro para [*ilegível*]. F[iodor] M[ikhailovitch] disse que isso é inútil, que não gosta dessa ideia, e depois, acha que, aparentemente, devo sofrer (permanecer sem vingança) para expiar minha estupidez, mas ocorre que esta estupidez tinha um sentido.

Em 2 de setembro

F[iodor] M[ikhailovitch] disse que não tinha sentido nenhum enviar o dinheiro, pois não era importante. Ele pensava que, desta forma, eu estava procurando *inconscientemente* um pretexto para me aproximar de Salv[ador]. F[iodor] M[ikhialovitch] disse que isso permitiria a este último se justificar diante dos meus olhos e de me enganar.

– Então devo ter medo, não ter confiança em mim mesma? – perguntei. – Se a pessoa tem medo de ser enganada, não pode ter respeito por si mesma.

Definitivamente F[iodor] M[ikhailovitch] não me entendeu, não sabia de que carta se tratava, e aqui está:

"Caro senhor, eu me permiti um dia obter de vós um serviço que normalmente se paga. Eu penso que para receber esses serviços, nós devemos considerar aqueles que o fazem como amigos, em quem nós confiamos. Envio-lhe este dinheiro para reparar o meu erro. Você não tem o direito de se opor à minha intenção.

P.S. – Gostaria de acrescentar que você não tem que se esconder ou ter medo de mim: eu não tenho nenhuma vontade de persegui-lo. Você pode até cruzar comigo (isso talvez aconteça) mas será como se jamais tivéssemos nos conhecido. Da mesma forma, peço-lhe que faça o mesmo comigo. Digo isto supondo que você deva aceitar o meu dinheiro, caso contrário, recomendo que, de fato, se afaste de mim o mais longe que puder (porque de outra forma ficaria irada, o que é muito perigoso). Vai ser melhor para você, porque eu sou uma pessoa ignorante (uma bárbara completa) e suas piadas totalmente artificiais me soam ininteligíveis. E o digo seriamente."

Eu mostrei esta carta a F[iodor] M[ikhailovitch]. Depois disso, ele disse que estava claro que eu deveria enviá-la, porque, pelo menos, eu não ficaria passiva. Enviei esta carta faz três dias e ainda não obtive resposta (e provavelmente não a terei). Confesso que não esperava por isso. Este homem não é fino o suficiente para silenciar com dignidade, mas é atrevido o suficiente para ser insolente e se acovardar. Além disso, pode ser que invente qualquer coisa para me responder, mas duvido. A julgar por sua natureza, suponho que se ele não se acovardar, poderá devolver o meu dinheiro, ainda que sem uma carta. Esta carta poderia mexer com sua autoestima, e até mais, porque ele tem uma espécie de honra, que *não é de sua natureza*, nem de sua cabeça, mas de sua memória elaborada a partir do catecismo católico.

5 de setembro. Baden-Baden

Antes de deixar Paris, eu estava muito triste. Este não é apenas um sentimento com o qual esteja habituada; deixei Pet[ersburgo] facilmente; deixei-a plena de esperança, enquanto que em Paris eu tinha perdido muito. Acho que nunca vou amar alguém. A vingança ainda estava muito latente em mim, e *decidi* que, se eu não pudesse mudar o pensamento na Itália, voltaria a Paris para completar o que havia proposto... Durante a viagem, F[iodor] M[ikhailovitch] e eu começamos a falar sobre Lermontov. Lembrei-me deste personagem, e tudo o que tinha acontecido comigo parecia tão mesquinho, tão indigno de uma verdadeira consideração...
 "*Nada em todo o mundo ele quis abençoar*".[8]
 Ele tinha razão. Não tem mesmo que se envolver nessa história.
 Sinto-me doente, o que é muito injusto. Acredito que existam na natureza determinadas leis de justiça.

Em 6 de setembro. Baden-Baden

Minha viagem para cá com o F[iodor] M[ikhailovitch] foi bastante divertida; indo endossar nossos vistos, ele teve uma discussão na embaixada

---

[8] Na verdade, a autora se confunde. O verso é do poema "O Demônio", de Aleksandr Pushkin, de 1823 (И ничего во всей природе Благословить он не хотел), e não de Lermontov, que também tem um longo poema chamado "Demônio", escrito em 1839. (NT)

papal; durante toda viagem ele falou em versos, e por fim, aqui, onde tivemos certa dificuldade para encontrar qua[rtos] com duas camas, assinou o registro como "Officier"[9], o que nos fez rir muito. Ele joga na roleta todo o tempo e em geral se mostra muito descuidado. Durante nossa viagem, ele me disse que tinha alguma esperança em nossa união, mesmo que antes eu tivesse argumentado que não lhe restava nenhuma. Nada respondi a respeito, mas sabia que isso não aconteceria. Agradava-lhe o fato de eu ter deixado Par[is] com tanta decisão, pois que ele não esperava por isso. Mas ele não devia basear suas esperanças nisso, pelo contrário. Ontem à noite minhas esperanças se manifestaram de uma maneira toda particular. Por volta das dez horas bebemos chá. Quando terminamos, e como eu estava cansada, deitei-me e pedi a F[iodor] Mi[khailovitch] que se sentasse ao meu lado. Eu me sentia bem. Peguei sua mão e a segurei durante um bom tempo entre as minhas. Ele me disse que estava bem sentado assim.

Eu lhe disse que em Par[is] havia sido injusta e grosseira para com ele, que podia parecer que eu só havia pensado em mim mesma, mas que também havia pensado nele, e não lhe disse para não chateá-lo. De repente, ele levantou-se, fez menção de partir, mas tropeçou nos sapatos colocados ao lado da cama, retornou rapidamente e sentou-se.

– Para onde querias ir? – perguntei.

– Eu ia fechar a janela.

– Então, feche-a se quiseres.

– Não, não é preciso. Você não sabe o que aconteceu comigo, hoje! – disse ele com uma expressão estranha.

– O que foi? – olhei para o seu rosto, ele estava muito perturbado.

– Eu queria beijar seus pés.

– Ah, mas o que é isso? – disse constrangida, quase assustada, e encolhi minhas pernas.

– Eu queria, e decidi beijá-los.

Então ele me perguntou se estava com sono, respondi que não, que queria ficar com ele. Como eu pensava em me trocar para ir para a cama, perguntei se a empregada viria limpar a mesa depois do chá. Ele respondeu que não. Depois me olhou de tal maneira que me senti embaraçada, e disse isso a ele.

– Eu também estou embaraçado – respondeu com um sorriso estranho.

---

[9] De certa forma, Dostoiévski foi oficial reformado do Exército russo e tinha direito a esse título, conforme Joseph Frank, em seu livro *Dostoiévski – A sequela da libertação, 1860-1865*.

Escondi meu rosto no travesseiro. Então, novamente perguntei se a empr[egada] viria, e, de novo, ele me respondeu que não.

– Bom, então saia, eu quero dormir – disse.

– Agora mesmo – disse ele, mas permaneceu parado por um instante. Então me beijou apaixonadamente e, finalmente, começou a acender uma vela para si mesmo. A minha acabara de queimar.

– Você vai ficar sem vela – disse ele.

– Não, ainda me resta uma inteira.

– Mas ela é minha.

– Eu ainda tenho uma.

– Você tem resposta para tudo – disse ele, sorrindo, e saiu. Ele não fechou a porta e logo voltou ao meu quarto com o pretexto de fechar minha janela. Aproximou-se de mim e sugeriu que eu me despisse.

– Eu ia fazer isso – respondi, fingindo apenas esperar que saísse.

Ele saiu novamente, e em seguida voltou com um outro pretexto, mas saiu e fechou a porta. Hoje, lembrando-se de ontem, disse que estava bêbado. Depois disse que queria me irritar da mesma forma que eu o tinha atormentado tanto. Respondi que isso não era nada sério, que não queria voltar a essa questão, portanto, que ele não tivesse nem esperança e nem se desesperasse. Ele disse que eu tinha um sorriso muito pernicioso, que sem dúvida tinha sido estúpido, que estava ciente de sua loucura, mas que não fora intencional.

Mesmo dia, à noite

Lembrei-me de repente de minha irmã, que certamente teria me censurado por causa dessa viagem à Itália; eu mesma não creio que tenha agido corretamente. É a paixão que me faz viajar: para aprender, para ver, então, não é legítimo? Na verdade, esse catecismo que havia estabelecido para mim mesma no passado, e pelo qual eu tinha orgulho de ter seguido, me parece agora bem estreito. Era uma paixão que teria feito de mim uma pessoa mesquinha e estúpida. Talvez seja apenas uma transição para algo compl[etamente] novo e oposto... Não, porque eu teria admitido que fiz isso deliberadamente, cometido besteira; além do mais, agora estou calma. Percebo que ocorreu uma reviravolta em meus pensamentos.

F[iodor] M[ikhailovitch] apostou, perdeu, e está preocupado porque tem pouco dinheiro para nossa viagem. Sinto pena dele, e lamento por não poder de maneira alguma recompensar o cuidado que tem para comigo, não sei o que fazer – eu não posso ajudá-lo. Sei que lhe devo favores – o que é para mim um absurdo.

14 de setembro de 1983. Turim

Ontem F[iodor] M[ikhilovitch] e eu almoçamos em nosso hotel, *à la table d'hôte*. Os demais eram todos franceses, jovens; um deles muito descaradamente olhou para mim; o próprio F[iodor] M[ikhailovitch] notou que ele havia feito um sinal ambíguo com a cabeça para seu amigo a meu respeito. F[iodor] M[ikhailovitch] ficou enfurecido e tão embaraçado que em caso de necessidade teria sido difícil para ele me proteger. Decidimos comer em outro hotel. Depois o francês acenou para seu vizinho, F[iodor] M[ikhailovitch] deu-lhe uma olhada tal que ele baixou os olhos e começou a fazer algumas piadas bem ruinzinhas.

17 de setembro de 1863, Turim

Uma vez mais senti ternura por F[iodor] M[ikhailovitch]. Aconteceu que em dado momento eu o repreendi, mas depois me senti mal, vi que estava errada e quis expiar essa culpa e acabei me mostrando gentil para com ele. Ele respondeu-me com uma alegria tal que me comoveu, e redobrei minha ternura. Quando me sentei ao seu lado, olhei-o com doçura e ele disse: "Ora, esse olhar me é familiar, faz muito tempo que não o vejo." Encostei a cabeça em seu peito e comecei a chorar. Durante o jantar, ele disse, olhando para uma mocinha que fazia suas lições: "Bom, imagine que você visse uma mocinha como essa com um velho e de repente aparecesse um Napoleão dizendo: 'Vou destruir essa cidade.' As coisas têm sido assim neste mundo".

22 de setembro. Gênova. Terça-feira.

Que cidade! As casas são altas como campanários, e as calçadas tão estreitas, de duas polegadas, que mal se tem onde pisar. As casas são pintadas, sua arquitetura é medonha, a erva cresce nos telhados; nas ruas, andam os italianos com o peito nu e as mulheres com um véu branco sobre a cabeça; esse véu substitui o chapéu e a mantilha.

Ontem, em Turim, li algo sobre filosofia e, contrariando todas as minhas expectativas, entendi alguma coisa. O aut[or] diz que Kant se prendeu à seguinte proposição: "Não podemos conhecer a coisa-em-si". E Hegel foi mais longe dizendo que as coisas existem apenas no conceito. A palavra conceito significa que não há conceito individual, mas um conceito que está contido na coisa-em-si. Em seguida, o au[tor] faz uma distinção entre conceito e concepção. A concepção é, para ele, absoluta, universal, enquanto que o conceito é pessoal, individual. Depois ele compara concepção e realidade. Ele diz que, embora sejam interdependentes, não são diametr[almente] opostas: o conceito refere-se a algo que existe ou pode existir, enquanto a realidade é algo que *se refere* ou *pode se referir* a um conceito.

24 de setembro. Quinta-feira. Livorno. No convés.

Ontem houve uma onda pesada, pensei que íamos morrer. Neste navio há um marinheiro que fala russo e um escritor norueguês que traduziu e leu algo da literatura russa, um homem idoso. Hoje temos o dia inteiro para ficar em Livorno porque o nosso navio receberá uma nova carga. Quando quis vê-lo, o marinheiro que fala russo levou-me para mostrar todo o navio; ele me tratava por "tu", o que gostei muito (me lembra os camponeses russos, que não conhecem o "você"), pois foi com os agricultores que ele aprendeu russo.

Dois italianos que estavam conosco durante a travessia do Monte Cenis acabavam de chegar: um é muito jovem, o outro deve ter uns trinta e dois anos, ambos muito sérios, severos mesmo; durante a viagem, o mais velho lia *Petit Napoleon*[10]. O mais novo me ofereceu uvas. Ambos me agradaram. O italiano que está em nosso navio, aquele que me perguntou

---

[10] Na verdade, a obra de Victor Hugo se chama *Napoléon le petit* e é um libelo contra Napoleão III. Importante livro tanto como documento quanto como peça literária, seja pela grandeza de seu autor, seja pela relevância do tema que aborda. (NT)

tão ansiosamente se eu me sentia bem e que cuida de todos os que estão doentes, não me agrada, pois mais parece um francês, sobretudo quando conversa com uma jovem a quem fez a corte no estilo francês.

Neste momento, estou sentada no deque superior, perto dos dois italianos. Uma francesa, que faz uma peregrinação a São Pedro, ensaiou uma conversa comigo, mas eu não tinha tempo a perder. Respondi que estava trabalhando, que lamentava e tinha que aproveitar o tempo durante a viagem.

Roma. 29 de setembro

Ontem F.M. mais uma vez contrariou-me. Ele disse que eu levava as coisas muito ao pé da letra e com muita severidade, e que não valia a pena. Eu lhe respondi que havia uma razão para isso, que eu não tive a oportunidade de lhe revelar. Então ele me disse que eu estava consumida por meu utilitarismo. Respondi que não podia sucumbir ao utilitarismo, mesmo que tivesse alguma inclinação. Ele [não] quis concordar, mas disse que tinha provas. Sem dúvida, ele queria saber a razão de minha teimosia, e tentou adivinhar.

– Você sabe, não é o que você pensa – respondi às suas diferentes suposições.

Ele havia pensado que era um capricho, desejo de atormentá-lo.

– Você sabe – ele disse –, não podes torturar um homem por tanto tempo, pois ele acabará te abandonando.

Eu não pude deixar de rir, e mal consegui lhe perguntar por que dizia isso.

– Há uma razão principal para tudo isso – recomeçou afirmativo (mais tarde eu soube que ele não tinha certeza do que estava dizendo) –, uma razão que inspira desgosto: é uma península[11].

Esta alusão inesperadamente me perturbou [muito].

– Você sempre espera.

Eu nada respondi.

– Agora tu não mais respondes – disse ele –, nem dizes que não é nada disso.

Não respondi.

– Eu não tenho nada contra este homem, mas ele é muito vazio.

– Eu não espero nada, não há nada para esperar – disse eu, depois de ter refletido.

---

[11] Alusão à Espanha, país de nascimento de Salvador.

– Isso não significa nada, teu espírito rejeita todas as esperanças, mas isto não muda nada.

Ele esperava protestos, que nunca vieram, mas senti que suas palavras eram justas.

Ele levantou-se, mas de repente esticou-se na cama. Eu comecei a andar uma centena de passos pelo quarto. Meus pensamentos foram subitamente renovados, um vislumbre de esperança apareceu, de fato. Então comecei a ter esperança, sem vergonha nenhuma.

Quando ele despertou, mostrou-se insolitamente desenvolto e tranquilo, alegre e carinhoso. Era como se desse modo quisesse superar suas próprias feridas internas e sua tristeza, e encher-me de inveja.

Desanimada, eu observava suas estranhas tiradas. Ele parecia querer transformar tudo em ridículo para me machucar, mas eu não fazia mais que observar com olhos espantados.

– Eu não gosto quando estás assim – acabei por dizer-lhe, com toda simplicidade.

– Por quê? O que eu fiz?

– Nada, mas em Par[is] e em Turim tu estavas melhor. Por que estás tão alegre?

– Esta alegria vem da minha decepção – ele disse.

Saiu, mas logo voltou.

– Eu não sou assim – disse ele, melancólico e sério. – Eu vejo tudo como um dever, como se eu tivesse uma lição a aprender; eu esperava ao menos te distrair.

Passei com ímpeto meus braços em volta do seu pescoço, dizendo-lhe que ele tinha feito muitas coisas por mim, que isto me fez muito feliz.

– Não – respondeu tristemente –, você está indo para a Espanha.

Senti um misto de terror e uma dor misturada com doçura, ao ouvir estas alusões a S[alvador]. No entanto, que loucura tudo isso que estava acontecendo entre mim e Salv[ador]! Que abismo de contradições em sua atitude em relação a mim!

F[iodor] M[ikhailovitch] novamente transformou tudo numa piada, e, se afastando, disse que se sentia humilhado ao sair dessa maneira (era uma hora da manhã, e eu estava deitada, sem roupa). "Porque os russos jamais batem em retirada."

6 de outubro. Nápoles.

Em Roma, eu havia me deparado com uma confusão: prendiam dois ladrões muito jovens (20 e 16 anos); uma multidão estava reunida para ver o espetáculo, as damas em suas carruagens paravam e se erguiam.

No primeiro dia em Nápoles, mal saímos à rua e uma mulher jogou em minha mão uma flor amarela e começou a exigir dinheiro; no primeiro dia, cruzei com várias mulheres do mesmo tipo, mas agora não as vi mais. As crianças também nos incomodam pedindo esmolas (*ilegível*) e se você der algo para uma, outras chegam aos montes. E se nada lhes damos, elas te imploram, fazem trejeitos: procuram fazer você sorrir, fazem caretas, dão cambalhotas, levantam suas roupas e mostram seus corpos. Quando damos dez centavos de caixinha a um cocheiro, ele se precipita para beijar-te a mão. Na rua, quando perguntamos por determinado trajeto, e que é difícil de explicar, todo mundo corre para te informar. Ontem, fui ao Coliseu. O soldado que havia me escoltado até lá, me disse imediatamente que eu era russa, que ele tinha visto em meu rosto. Em um restaurante perto do Coliseu, conheci um homem que passou a falar russo; ele começou dizendo que em alguns dias houve uma mudança climática muito brutal por lá (ele vinha de São Petersburgo), depois começou a falar da cidade de Gênova, que é chata, que nada acrescenta ao espírito, que ele não gostava dela, mesmo sendo originário dessa cidade onde seus antepassados habitaram há setecentos anos e onde tinha uma propriedade.

Ele ainda teve tempo de me dizer que na Rússia tinha uma esposa e dez filhos, que sabia russo, que tinha sido administrador de uma propriedade, e que estava em Nápoles por causa do trabalho.

Durante a nossa viagem entre Roma e Nápoles, nos pararam muitas vezes e sempre pedindo nossos passaportes.

Paris, 22 de outubro

Cheguei hoje às quatro horas, e às cinco já estava no Mundial. Descendo da carruagem, perguntei ao cocheiro quanto lhe devia (embora eu soubesse que eram dois francos). Ele me disse que eram dois francos; eu lhe dei o dinheiro, mas de repente ele me disse que eram dois francos e cinquenta. Paguei sem dizer uma palavra. Ele levou minha mala até o pátio (o que os cocheiros daqui não fazem) e procurou me ajudar, como se estivesse envergonhado. Procurei M., mas já eram cinco horas e todo mundo estava dormindo. A Sra. R. apressou-se a me receber, perguntou se estava com fome, e começou a preparar a minha cama; ela levou o meu lanche no quarto e ficou andando de um lado para outro.

Toda essa atenção era por uma velha saia que eu tinha lhe dado outro dia ... Pobre gente! Agora descendo para procurar tinta, conheci Katherine. Ela logo me perguntou se eu queria mesmo a tinta, e se ofereceu para procurar; aceitei porque tinha a intenção de dar-lhe uns botões que comprara em Nápoles. Katherine ficou encantada e me pediu que a procurasse sempre em qualquer circunstância.

Pobre, pobre gente!

Durante a viagem no navio, ainda em Nápoles, encontramos Her[zen][12] com sua família. F[iodor] M[ikhailovitch] apresentou-me como uma parente, mas em termos muito vagos. Diante deles, ele comportou-se comigo como se fosse meu irmão, ou algo mais próximo, o que deve ter embaraçado Her[zen]. F[iodor] M[ikhailovitch] disse-lhe muitas coisas a meu respeito, e Her[zen] o ouviu atentamente. Eu também conversei com Herzen [Jun(ior)][13]. Era um tipo de jovem desesperado. Ao falar sobre as minhas impressões ocidentais, disse a ele que havia achado mais ou menos a mesma situação desagradável em toda parte, e ele tentou me convencer de que não era mais ou menos, mas era igual em todas as partes. Enquanto eu conversava com ele, F[iodor] M[ikhailovitch], vendo-me tão animada, passou diante de nós sem parar; então lhe pedi que se juntasse a nós, o que o deixou deveras contente. O jovem Her[zen] disse que iria a Paris neste inverno, que passaria para me ver, e pediu o meu endereço, depois acrescentou que poderia obtê-lo com um conhecido nosso comum. Falei com F[iodor] M[ikhailovitch], ele disse que lhe desse o endereço, para demonstrar-lhe atenção. No momento da despedida (em Livorno), dei meu endereço a H[erzen]. Em seguida, F[iodor] M[ikhailovitch] acompanhou

---

[12] Alexandre Herzen: intelectual e revolucionário russo, ideólogo da revolução camponesa. Manifestou-se contra a ditadura e o regime de servidão, depois de criar uma variante peculiar do socialismo utópico, o chamado "socialismo camponês", baseado na ideia de que a sociedade russa devia progredir através da revolução camponesa. Herzen morreu em Paris em 21 de janeiro de 1870. (NT)

[13] Alexandre Alexandrovitch, filho de Herzen, mais tarde bem conhecido como fisiologista. Já naquela época, era um estudioso profundo. Poucos meses mais tarde, publicou seu primeiro trabalho: *Os centros moderadores da ação reflexa* (Turim, 1864). Em russo, ele editou *A fisiologia geral da alma* (São Petersburgo, 1890). (NT)

Herzen e disse que o visitaria em seu hotel. Quando voltou me disse, sumamente nervoso, que eu de maneira alguma deveria escrever-lhe, caso H[erzen] quisesse me ver. Prometi que o faria. Fora isso, nada mais se falou a respeito do jovem H[erzen], mas quando, de passagem, fiz referência a seu nome, ele respondeu-me falando em termos não muito favoráveis. Ele também me disse que tinha visto com H[erzen] o cartão que eu lhe havia dado com o meu endereço. Alex[andre] havia anotado nele uma frase de seu pai: "Se os homens tivessem apenas a sua inteligência, não teriam ido muito longe."

No dia de nossa partida de Nápoles, F[iodor] M[ikhailovitch] e eu tivemos uma briga, mas nesse mesmo dia, a bordo do navio, e sob a influência de nosso encontro com H[erzen], que nos animou, tivemos uma conversa franca e fizemos as pazes (foi acerca da emancipação das mulheres). Desse dia em diante não tivemos mais brigas. Eu estive com ele quase como havia estado antes, e lamentei ter que abandoná-lo.

Minha irmã me escreveu dizendo que é impossível ficar na academia por causa das palhaçadas vulgares dos estudantes, e me pergunta sobre as possibilidades de frequentar as aulas em Paris. Acho que isso é possível, sim, mas vou me informar melhor com M. Émile. Este revelou-se um jovem sério, é o que pude comprovar uma vez a seu respeito...

Mal cheguei em casa, o sono apertou e fui para a cama, mas não consegui dormir. Meus pensamentos estavam embaraçados, mas pouco depois eles clarearam... Eu me lembrei do momento em que havia deixado Paris... Refleti, e mesmo contra a minha vontade veio em minha mente a vontade de machucar, de me vingar, ou então era outra coisa... Meu coração sofria e reclamava de sua parte, me persuadindo, me lisonjeando. Ah, como me fazia mal, como doía, como se revirava! Indo dar um passeio, eu me achei na St. Denis, depois perto da St. André-des-Arts. Meu pobre coração, por que mentir? Voltando para casa, entrando em meu quarto, imediatamente notei uma mancha no chão e vestígios de papéis queimados – foi o dia em que o vi pela última vez.

Decididamente, Paris me enjoa.

27 de outubro

Ontem recebi uma carta de F[iodor] M[ikhailovitch]. Ele havia perdido no jogo e me pedia para enviar-lhe dinheiro. Eu não tinha: havia dado tudo a Mme. Mir. Mas prometi dar o meu relógio e minha corrente, e me aconselhei com Toum. Este me sugeriu, no caso de não ser o suficiente, pedir a M., que me prometeu ajuda do seu próprio bolso, dizendo que dispunha de cinquenta francos. M. emprestou-me toda a soma, trezentos francos, por um mês. Foi um pouco complicado para enviá-los. Toum me explicou como deveria fazer, e fui ao correio, mas no caminho, eu me perdi um pouco e, chegando lá dei de cara com Alkh[azov][14], que explicou-me como fazer. Mas não consegui concluir, foi necessário ir para casa, para depois voltar ao correio. Eu mal havia chegado quando T. veio ao meu socorro. Enquanto eu falava desta carta com o cart[eiro], um jovem entrou, e tive a impressão de que parecia muito com Baskov. Ele estava atrás de mim. Virei-me e dei uma olhada rápida. Eu praticamente tinha certeza de que era ele e me dirigi a Toum. O jovem se distanciou e começou a ler os anúncios no mural. Ao sair, dei-lhe uma olhada, embora menos fixamente, e tive a certeza de que era ele. Ele tinha visto quando cheguei, ouviu quando citei a cidade de Hamburgo, me viu enviar o dinheiro que eu tinha tirado de minha carteira, o que quer[ia] dizer que era coisa minha, e que o meu camar[ada] estava lá para me ajudar.

Hoje, à mesa, a conversa era sobre os cafés. Alguém disse que em Londres não havia cafés, que os homens passavam mais tempo em casa, o que, é claro, dava prazer às esposas. Uma senhora comentou que provavelmente as senh[oras] eram mais alegres e mais agradáveis quando os maridos não estavam lá; o patrão responde que somente as senhoras que não têm honra podiam preferir isso. Em seguida, ele defendeu os cafés, porque era onde se podia encontrar os amigos e falar de polí[tica]. Um inglês disse, para lhe apoiar: "Os russos, por exemplo, não precisam de café, porque eles não têm nenhum senso polí[tico]." Eu tive vontade de lhe dizer que ele não conhecia nem o povo russo nem sua história.

9 de novembro

Faz uma semana, enviei a seguinte carta para Salv[ador]:
"Eu sou obrigada a lhe escrever para perguntar se você recebeu a carta que eu havia enviado no final do mês de agosto. Devido a certas circuns-

---

[14] Piotr Alkhazov, estudante da universidade de São Petersburgo, tinha sido preso por ter participado de agitações estudantis. Depois, em 1861, foi preso na fortaleza de Pedro e Paulo. Em dezembro desse mesmo ano foi solto, mas sob vigilância cerrada. Ignora-se se a sua ida a Paris foi feita clandestinamente ou com o aval das autoridades (NT).

tâncias que você conhece, receio que ela fora extraviada. Eu preciso saber sem falta se você a recebeu, porque eu não queria ficar sem enviar-lhe uma, dizendo o que eu tinha para dizer. Estou certa de que, geralmente, as cartas enviadas desta maneira não se perdem, mas esses argumentos não me confortam, eu não quero argumentos, eu quero é saber se você a recebeu. Você sabe muito bem que este é um negócio comercial, e não pessoal. Você não respondeu nem a primeira carta nem a segunda, que também não exigia uma resposta. Caso não responda esta carta, pensarei que não recebeu a que enviei em agosto, e gostaria de enviar uma outra."

15 de novembro. Domingo.

Não tendo recebido qualquer resposta à minha carta, enviei outra a S[alvador], contendo dinheiro (eu não tinha, mas penhorei meu anel). Eis aqui a carta:

"O seu silêncio, caro senhor, prova que não recebeu a minha carta do mês de agosto ou que, pelo menos, deseja receber outra. Eu a reproduzo, com todos os anexos, conforme prometido. À época eu lhe enviei esses míseros quinze francos, pois queria pagar minha dívida pelo serviço que havia aceitado antes em sinal de amizade. Eu não quero mais te dever, porque é contra os meus princípios ser devedora de pessoas de quem não gosto. Eu havia escrito na primeira carta que não tinha nada contra você, como eu não teria nada contra uma pedra que caísse sobre mim na rua, por acaso. Mas se o que você fez foi se negar a ler minha carta, então eu o teria olhado de uma forma totalmente diferente, isto é, como a um ser não dotado de alma. Porém, no momento, esta última opção me parece inútil... Pessoas como você não têm instinto de sobrevivência... Mas você viverá muito tempo e será muito feliz.

Envio-lhe esta carta tomando todas as precauções para me proteger de uma fraude enquanto estrangeira."

Enviei esta carta por um portador, a quem eu disse que a entregasse em mãos e lhe fizesse assinar uma declaração de recebimento. Expliquei ao portador que duas cartas enviadas desta maneira tinham sido extraviadas, e pedi que dissesse isso a S[alvador].

Irmãos, me deixem morrer com vocês.

CADERNO DE VIAGEM

Eu praticamente não vi a Alemanha. Passei dois dias em Ber[lim], e depois retornei a Paris sem parar em lugar algum. Pensei em ver a galeria de Dresden, dar um passeio pelo Reno, mas bastou ver os alemães para abandonar este projeto. Decididamente, os alemães me deixam louca; a grosseria e autossuficiência dos ferroviários me parecem verdadeiramente fabulosas.

Esta nação infeliz me parece abandonada por Deus. Uma vez, por causa deles, fiquei perdida na estação; outra vez, errei o destino; em ambas as vezes, tive que mudar de carro.

16 de novembro. Paris. Segunda-feira

Ontem fui à casa do portador a quem havia entregue a carta para Cor. e não o encontrando, fui à casa do porteiro para que o avisasse da minha visita e lhe dissesse que fosse à minha casa por volta das seis horas... Hoje, o portador não apareceu; eu mesma retornei a sua casa. Esse mensageiro olhou para mim apenas porque lhe perguntei como estava o meu caso. Ele entregou-me a carta dizendo que não tinha encontrado Cor.; que ninguém conhecia este senhor no endereço indicado, que ninguém nunca o tinha visto. Isso me deu um acesso de raiva. Certamente, Cor. não sabia mentir. Ele poderia ter dito que não estava em casa, mas não me fazer crer que jamais havia morado ali. Enviei minha carta pelo correio.

Também escrevi a seguinte carta para S[alvador]:
"Eu não pensei em lhe escrever e, provavelmente, jamais teria feito se

você não se decidisse se esconder de mim. Você comprou esse pobre portador para me convencer de que não existe ou nunca existiu. Provavelmente eu teria acreditado se eu já não tivesse escrito para este endereço e recebido respostas... Esse truque tão desajeitado de sua parte me dá o direito de pensar que você recebeu todas as minhas cartas. Eu lhe peço que me responda se é verdade ou não. Eu [não poderia] realmente ofender pessoas, provavelmente honestas, acusando-as de ter guardado o meu dinheiro. E se você não me responder afirmativamente, vou ter que entrar em contato com a minha embaixada para exigir que a polícia francesa encontre o ladrão da minha primeira carta. Não fujas, pois, da resposta honesta, você pode se complicar ainda mais, como geralmente acontece."

17 de novembro

Hoje, quando desci para almoçar, Mme. R. me disse que um senhor havia perguntado por mim, e que voltaria depois. Surpreendeu-me que alguém tenha me visitado. Apesar de tudo, pensei em S[alvador] e meu coração começou a bater.
– Um jovem? – perguntei.
– Sim, alto.
– Com uma barba? – perguntei supondo que fosse Her[zen].
– Com uma barba preta.
Não imaginava quem poderia ser. Depois do almoço me chamaram, pois alguém queria me ver. Era um jovem alto e magro. Ele me disse que vinha da parte de S[alvador]. Corei e comecei a tremer. Peguei uma vela e pedi-lhe que me acompanhasse até o meu quarto. Ao entrar, dei-lhe uma cadeira e fechei a porta. Então, sentei-me e perguntei-lhe o que ele queria (minha voz tremia terrivelmente). Ele entregou-me quinze francos, e disse que S[alvador] os havia recebido no mês de agosto e que ele não queria mais.
Imaginei que era o irmão de S[alvador], por causa de uma fotografia que ele havia me mostrado um dia... Um maravilhoso espécime de plantador, este jovem estava conveniente, bem vestido, sério. Quando ele me disse que eu havia ofendido Salvador, seus olhos brilharam. Ele pensava que de fato eu havia chateado S[alvador]; respondi que não podia falar de negócios referentes ao Sr. S[alvador] com qualquer outra pessoa. Não me expressei bem, pois tinha esquecido todas as palavras francesas: estava

muito emocionada. Nossa conversa foi muito breve. Levantei-me, fazendo-o entender que não tínhamos mais nada a dizer. Ele deu-me o endereço de S[alvador], se por acaso eu quisesse escrever-lhe, mas eu disse que não havia nenhuma necessidade. Eu o acompanhei, iluminando seu caminho. Ele pediu-me que não me incomodasse, mas eu o acompanhei até a porta de entrada; depois, fui ao salão, onde havia música, mas logo voltei para meu quarto. Uma profunda angústia apertava o meu coração, e comecei a ler em voz alta: "Conduza-me sobre o caminho", etc., como se lê uma oração contra as tentações do diabo... Eu me senti melhor.

24 de novembro. Terça-feira.

Uma história muito estranha! Há na casa de Mir. um inglês com quem tenho falado várias vezes. Muito sério e muito jovem. Várias vezes, ficando a sós na sala de estar, conversamos com muita simpatia: sobre os franceses, sobre a sociedade russa atual; eu era sempre a primeira a iniciar a conversa. Depois parei de conversar com ele, mas continuei a descer regularmente para o salão, aonde ele ia também.

Ficamos ambos em silêncio.

Domingo (22), ele declarou que em dois dias voltaria para casa. Naquele dia, durante a refeição, eu estava muito triste, quase não comi, alguns perceberam (Toum e Madame). É que naquele dia eu estava entediada, particularmente porque sentia solidão; Mme. Mir. A. Toum, e os outros foram a um concerto, e não tinham me convidado, embora eu tivesse expressado o desejo de ir. "Que fossem para o inferno", pensei, e depois do almoço, comecei a prosear com o ing[lês]. Eu lhe fiz perguntas sobre J. Stuart Mill[15]. Ele correspondeu ao meu desejo de conversar com a maior vivacidade. Alkhazov juntou-se à nossa conversa. Eu comecei a lhe contar que na biblioteca havia um jovem que me abordava de tempos em tempos,

---

[15] John Stuart Mill, um dos pensadores liberais mais influentes do século XIX. Foi defensor do utilitarismo, a teoria ética proposta inicialmente por seu padrinho Jeremy Benhtham. Destacam-se seus trabalhos nos campos da filosofia política, ética, economia política e lógica, embora tenha escrito crítica literária e poesia. Mill ficou horrorizado com o fato de as mulheres serem privadas de direitos e comparou a saga feminina à de outros grupos de desprovidos. Condenava a ideia da submissão sexual da esposa ao desejo do marido contra a própria vontade, e a proibição do divórcio com base na incompatibilidade de gênios (NT).

e que havia me mostrado um tratado de um filósofo sobre o amor, me perguntando o que eu pensava a respeito, o que me fez rir muito.

Nesse artigo, o autor dizia que o homem nasceu para pensar, mas, como era insuficiente para seu desenvolvimento, precisava experimentar mais das paixões: o amor e a autoestima.

Alkh[azov] e o ing[lês] riram muito. Alkhazov observou que esse jovem devia ser mesmo muito jovem. Eles me perguntaram o que eu havia respondido. Eu disse que, de minha parte, havia achado essas ideias medievais, que o amor e a vaidade poderiam existir, mas que era ridículo cultivá-los quando tínhamos tanto o que fazer, tanto trabalho indispensável, e que era um luxo quando precisávamos de pão, quando estávamos morrendo de fome, e mesmo que tivéssemos o que comer, ainda tínhamos a necessidade de defender os direitos de milhões de soldados, de policiais, etc. Falei muito inflamada, o ambiente estava cheio de gente, entre outros, estava William[16], sentado perto do ing[lês], que ocasionalmente trocava algumas palavras com ele. "Este jovem, me disse o inglês, apontando Wil[liam], percebeu que tínhamos simpatia um pelo outro."

– Talvez – disse eu.

– Talvez – respondeu ele –, e o jovem [da biblioteca]?

– E então – respondi num excesso de alegria –, eu não tenho exclusividade.

E nós rimos muito. A minha resposta audaciosa, aparentemente, satisfez ao ing[lês].

Ele retomou a hist[ória] do jovem, dizendo que era ridícula, mas provavelmente muito interessante sobre o plano pessoal. Depois me disse que provavelmente esse jovem estava pessoalmente interessado no amor e na autoestima. Eu disse que não tinha nenhum direito de pensar nisso. De repente, o ing[lês] me disse que durante este ano ele tentaria me explicar melhor seu ponto de vista sobre o amor... e sobre a ambição. Eu o olhei consternada. Madame estava sentada não muito longe.

– Isso significa que durante este ano tentarei aprender melhor o francês – disse ele.

No dia seguinte, encontrando-me no café da manhã, ele mostrou-se reservado. Mar. lhe perguntou onde mo[rava] em Lon[dres], porque se propunha a visitá-lo em janeiro, quando de sua viagem à Inglaterra.

– Você virá a Pa[ris] em ja[neiro]? – perguntou Madame.

– *C'est probable!* – respondeu o ing[lês] friamente.

---

[16] Trata-se de amigo de Herzen (NE).

Após o almoço, como de costume, fui até o salão onde ele também apareceu pouco depois; estivemos sentados cara a cara por um momento. Ele estava taciturno e calado.

Na manhã seguinte (hoje) Madame lhe perguntou:
– Partirá amanhã, senhor?
– Não sei, ele respondeu, ainda não decidi.

Senti um forte desejo de rir e me apoiei no espaldar da minha cadeira, me furtando assim do olhar do ing[lês]. No entanto, eu estava curiosa para saber o que ele iria fazer depois de tudo isso, mas nada aconteceu.

E apesar de tudo, eu gosto mesmo é de S[alvador].

5 de dezembro. Sábado.

Ontem eu estava no café Rotonde, onde conheci um jovem médico[17], cidadão holandês, que, contudo, pode ser considerado russo: ele *parle et pense* em russo; nasceu na Rússia, foi criado lá, e quer ser útil à Rússia. Hoje, ele veio me ver, nós conversamos bastante. É um homem estranho! Quando eu disse, a propósito de uma coisa qualquer, que seria humilhante para os homens se rebaixarem ao estado de um animal, ele me respondeu: "Então você é uma aristocrata!" – e começou a me convencer de que os animais eram mais inteligentes que os homens, porque eles sabiam como se comportar diante dos humanos e compreendê-los, enquanto que o homem na companhia de animais se mostrava um verdadeiro ignorante; que ele tinha os cavalos como sagrados e que, na natureza, ele só respeitava seu vigor, não se permitindo jamais brincar sem razão com os animais, que a religião era um meio formidável contra os bastardos. Como expressei meu desejo de ir para a América, ele respondeu que, realmente, não havia nada de bom por lá, e que para ver cobras, era suficiente ir ao Jardim das Plantas, o que era bem mais prático, porque elas estavam atrás de uma grade.

Eu odeio Paris, mas não posso me afastar daqui. Provavelmente porque esta cidade tem realmente qualquer coisa para aqueles que não têm lugar ou propósito definido. O desejo de ver a América não me deixa...

---

[17] Mencionado mais à frente sob o nome de Benni, provavelmente irmão de Arthur William Benni, muito conhecido nos círculos revolucionários de São Petersburgo na década de 60. Mas aqui há um erro com relação a sua cidadania, visto que era cidadão britânico. (NT)

Apesar das caras novas, das novas ocupações, sou perseguida por um único pensamento, uma única imagem... O que vi nele?... Será que esta mentalidade é o que lhe impede de julgar certas coisas? Não, é porque não há homens verdadeiros, porque entre os outros tudo é tão mesquinho, tão prosaico.

12 de dezembro. Sábado.

Hoje, recebi a visita de Zadler.
— Saiba – disse ele –, nós queremos ir para a Inglaterra, em um pequeno grupo. Se você quiser, pode ir conosco.
— Por que não, mas como? Quando?
— Logo, quanto mais cedo melhor, e o mais importante é que não é caro, 37 f[rancos] ida e volta. A passagem é válida por um mês, mas você pode ficar uma semana, visitar tudo e voltar.
— De fato, não é ruim.
— Então, vamos lá!
— Vamos, mas como, você conhece a língua?
— Não, mas isso não importa, nós podemos aprender.
— Mas como, quando?
— É preciso ser rápido, encontrar um professor, fazer um curso durante uma semana, e pronto.
— Como, uma semana apenas?
— Certamente, e se precisar de mais? O que precisamos é saber dizer: "dê-me aqui", "sirva-me isto", "onde fica a rua tal", "por favor"; eis tudo o que precisamos saber.
— Uma semana, concordo!
— Não há que coçar a cabeça! Começamos a estudar amanhã, eu irei procurar um professor. O que há de tão complicado? Além disso, tem aqui o dicionário, há palavras em inglês.

Ele abriu o dicionário.
— Bem, o que há de tão complicado se eu já estudei inglês no passado?
— Bem, olhe aqui, há palavras: "luz", "diversão"... não, disso não precisamos. Mais adiante: porcelana, varanda, isto não... pórfiro, ah, aqui está: *return, turn, take off*. Senhor, posso perguntar-lhe como chegar a tal rua? Onde achamos o *return?*, no momento precisamos encontrar "eu posso", depois, "rua". Procure a "rua"; sim, vamos falar inglês, não é difícil! Vamos

olhar para as ruas, edifícios, vamos ao teatro, ao Parlamento, é preciso ver Palmerston[18], gritar "Viva!", realmente, gritar isso. Em Berlim, visitei a Câmara dos Deputados e gritei – Hurra! Hurra! Espere, como é em inglês: *to see*. Além disso, parece com o alemão. Então, vamos?

– Vamos.

– Formidável. A viagem custa trinta e sete francos, haverá cinquenta francos de taxas diversas, 10 francos por dia para comer, para tudo é suficiente cem francos. Ficaremos num hotel decadente, que é o que podemos pagar.

Então ele me contou como alguns professores se comportavam como seus alunos.

Um velho de sessenta anos chega para ministrar um curso. "Bom, meus senhores, vamos começar, entenderam? Ouça, você lá embaixo, atrás, porque você fica assim, você não escreve? E você, o que você procura? Não se atrevam a vaiar o professor – disse ele

– Recentemente foi vaiado – alguém disse.

– Quem? Quem?

– Foi vaiado pelo G, por essa sua opinião.

– Como! O que diz! Eu também acho. Então, vá em frente, pode vaiar!

– Pro[fessor], eu não tenho nada contra seu ponto de vista, pelo contrário, eu só disse que G. o tinha vaiado.

– Ah, você concorda com essa opinião?

– Absolutamente.

– Ótimo, me dê sua mão."

Zadler trazia um livro de Thiers[19] que já tinha lido. Ele me disse que quando lia as páginas sobre a Santa Aliança tinha vergonha da raça humana; que depois de ler este livro, tinha vergonha de pertencer ao gênero humano.

---

[18] Político britânico (1784-1865), à época primeiro-ministro. (NT)

[19] Louis Adolphe Thiers, historiador e político francês. Ele foi repetidas vezes primeiro-ministro sob o reinado de Luís-Felipe de França. Depois da queda do Segundo Império, tornou-se presidente provisório da Terceira República Francesa, ordenando a supressão da Comuna de Paris em 1871. Mas, depois de perder uma moção de confiança na Assembleia Nacional, pediu demissão, o que foi aceito. Foi substituído por Patrice Mac Mahon, duque de Magenta. (NT)

12 de dezembro. Sábado.

Em Paris, tudo, tudo está à venda, tudo é contrário à natureza e ao bom senso, e eu diria, como uma boa bárbara que sou como o célebre bárbaro sobre Roma: "O povo perecerá!" As melhores mentes da Europa pensam da mesma maneira[20]. Aqui se vende de tudo, tudo: consciência, beleza; este lado venal está em toda parte, nos gestos e nas palavras cinzeladas de M.M., nas formas de vespa e dos penteados bufantes das mulheres que andam aos pares pelas ruas. Podemos perceber isto sobretudo quando se vive só. Estou bem acostumada a pagar por tudo: pela atmosfera calorosa de minha casa, pela acolhida amável, que me parece estranho receber qualquer um que seja sem que isso me custe dinheiro. Se eu [peço] uma informação na rua, fico embaraçada, fico mesmo assustada, porque isto vai me custar mais caro do que eu previa, como já me aconteceu uma vez...

Eu me lembro da uva que comi no Monte Cenis, gratuita, completamente gratuita.

Hoje, durante o almoço, conversamos sobre as qualidades do champanhe. M.M. dizia com paixão que esta bebida tinha personalidade e desafiou qualquer um a contestar.

23 Quarta-feira [dezembro]

Às vezes, a estupidez das pessoas que encontro me faz mergulhar no desespero. Foi o caso deste domingo: o prop[rietário] começou a dizer... que o casamento por interesse era uma coisa muito boa, e ninguém tentou provar o contrário de uma maneira séria; eles não sabem como fazê-lo. Dizem coisas inauditas. Apresentam como contra-argumento... que casando desta forma, poder-se-ia ser enganado, cair em cima de uma mulher amoral, mas o prop[rietário] replicou que nesse caso, não tinha como se enganar, pois poder-se-ia procurar informações mais precisas, e ele tinha razão; isto me desmoralizou tanto que saí para fazer uma caminhada. Andei por um longo tempo, como se estivesse perdida, esquecendo onde estava; quantas vezes me peguei chorando de verdade...

---

[20] Alusão a *Fins et débuts* de Herzen, que estava sendo editado (1863), e às *Notas de inverno sobre as impressões do verão* de Dostoiévski, publicado no número de fevereiro da revista "*Vremia*". (NT)

Comecei a aprender espanhol: isto me interessa muito, gosto mesmo do processo de aprendizagem de uma língua. Estou muito feliz quando fico de espanhola, mas às vezes no meio desses exercícios, a lembrança daquele homem aflui por um momento, e meu coração apertou dolorosamente.

Hoje chegaram novos inquilinos: dois americanos (do Norte). Eles me agradam, sobretudo um deles: tem um ar muito enérgico e sério. Olha para mim com atenção e seriedade; eu também olho para ele, às vezes. Acho que são seres humanos, graças a Deus. Mas será que terei a oportunidade de sair com eles?

31 de dezembro. Quinta-feira.

Hoje, depois do almoço, sentei-me na sala de jantar para ler uma carta que havia recebido. Ali estavam o proprietário, a proprietária, um georgiano[21] e não sei quem mais. O proprietário disse qualquer coisa sobre mim, sua esposa acrescentou algo, mas entendi somente: *Cette pauvre fille...* Ela calou (provavelmente alguém lhe tenha dito que eu não estava longe), depois Toum entrou, disse algo insignificante, perguntou o que eu estava escrevendo, e saiu. Lida a carta, fui lhe dar notícias de Tchernich[evski], mas logo saí, porque um cavalheiro tinha chegado.

07 janeiro de 1864

Faz muito tempo que ouvi Francis. Este senhor me agrada muito. Suas ideias corajosas, honestas e vivas, não chegam ao desastroso extremo onde se pretende que os fins justificam os meios; a sua linguagem é bonita, mas sem ênfase. Este homem encarna completamente o meu ideal de francês. Mesmo o seu físico me agrada muito: é um velho magro com um rosto expressivo, olhos penetrantes, com uma ironia evasiva nos traços; ao mesmo tempo tem uma espécie de nobreza e de simplicidade.

---

[21] Trata-se de um publicitário conhecido, Nikolai Iakovlevitch Nikoladze (nascido em 1843). Este revolucionário estava na prisão e era doutor da universidade de Zurique, além de colaborador da revista de Herzen, "Kolokoi" (O sino). (NT)

É de uma silhueta fina, aristocrática; notei suas mãos com dedos longos e finos. Também percebi que ele sabia como acariciar as massas... e que isto não lhe desagradava. Ele causou-me uma boa impressão, pois há muito tempo não ouvia uma palavra honesta, viva.

Hoje, fui à biblioteca. Retornei à mesma depois de três dias, e ontem, pela primeira vez, testei meu conhecimento, mas eu tinha mudado de lugar, pelo que ele me censurou ao ver-me. Hoje, quando entrei na biblioteca, ele já estava lá. "Talvez hoje você fique em seu antigo lugar" – disse-me quando passei ao seu lado.

E eu fiquei. Conversamos longamente. Ele me perguntou o que eu achava da insurreição polonesa, perguntou-me se entre nós não havia mulheres cultas, se eu estudava. Depois perguntou-me qual era o meu curso. Perguntei-lhe a mesma coisa. Ele faz filosofia. Questionou-me sobre um monte de coisas a respeito da Rússia e me disse que iria lá, talvez; disse-me que conhecia um jovem que fa[lava] ru[sso], e procurou saber o significado de certas palavras que ele queria escrever, mas eu, com a minha franqueza habitual, respondi-lhe que não estava entendendo nada, que seria melhor que ele me mostrasse o papel onde havia anotado. Um pouco embaraçado, ainda assim mostrou-me. Ali estava escrito: "Minha alminha, minha querida, meu doce." Eu respondi que era uma bobagem. "Então vou rasgar isso", disse. Esse rapaz é adorável, muito adorável. Que coragem ele tomou para falar comigo!

Depois de algum tempo, penso de novo em Salvador. Eu estava muito quieta, trabalhando bem, mas às vezes, de repente, eu me lembrava da ofensa, e um sentimento de indignação me invadia. Agora, muitas vezes penso particularmente nele, e não posso tirá-lo da minha mente. Não sei como irei pagar esta dívida, sei apenas que certamente pagarei, senão morrerei de tristeza.

Eu sei que, enquanto ela existir, esta casa onde fui ofendida, esta rua, enquanto este homem gozar de respeito, de amor, de felicidade, eu não posso ficar tranquila; em meu foro íntimo, digo a mim mesma que não posso deixá-lo impune. Muitas vezes fui ofendida por aqueles que eu amava ou por aqueles que me amaram, mas suportei... porém a sensação da ofensa nunca desapareceu, e hoje quer falar; tudo o que vejo e ouço todos os dias me dói, e me vingando dele, eu me vingaria de todos os outros. Depois de muito pensar, chego à convicção de que é preciso fazer o que acho necessário. Não sei o que vou fazer, só sei que farei alguma coisa. Eu não quero matá-lo, porque isso é muito pouco. Eu o envenenarei lentamente. Eu lhe privarei de suas alegrias, eu o humilharei.

Paris, 13 de fevereiro.

Hoje, comprei sapatos. Foi a segunda vez que estive naquela loja. O vendedor e sua esposa foram incrivelmente amáveis, e me fizeram experimentar vários, me mostraram uma pilha de sapatos. Eu até tive vergonha de ter pagado três francos por um, já que foram tão prestativos. No final, descobri que eles tinham me roubado meio franco; isso me choca.

14 de fev., Dom[ingo]. Paris

Ontem fui à casa de Goer. Eu estava terrivelmente deprimida nestes dias; chorei indo à casa de G. Mas pareceu-me que eu iria encontrar nele algo maravilhoso. Eu imaginei um ideal de homem velho, doce, cheio de amor e de tristeza. Faz uma hora, entrei em sua casa. Não havia ninguém. Fiquei por um bom tempo de pé, sem saber para onde ir. Finalmente, ouvi alguém tossir atrás de uma porta; bati. "Aleluia!", gritou uma voz bem forte.

– Desculpe-me – disse eu, abrindo a porta.

Entrei. Um homem gordo e forte escrevia sentado numa mesinha. Coisa estranha, ele me pareceu muito diferente daquele que tinha visto na igreja.

– O que você deseja? – disse ele, erguendo a cabeça, com um ar severo e impaciente.

Uma acolhida dessas me derrubou completamente. Meus nervos já estavam à flor da pele. Senti os soluços subirem em meu peito, e não conseguia dizer uma palavra.

– Então – disse ele, olhando para mim, perplexo e irritado.

Aí eu não pude me conter, e explodi em soluços. Ele começou a olhar pela janela. Nesse momento, alguém bateu à porta. Um operário entrou e começou a conversar com ele para comprar alguns objetos, descritos em uns anúncios. O p[ai] regateava como um judeu. Essa discussão me deu tempo para organizar meus pensamentos. "Você é russa" – disse ele, logo que o homem foi embora.

– Você provavelmente tem um pai espiritual. Por que você não vai ver B.?

– Peço desculpas se vim vê-lo; eu o fiz por inex[periência], mas me haviam falado de você.

– Isso não importa, isso não importa – disse o pai com indulgência –, mas eu acho que teria sido mais apropriado você ter ido ver seu p[ai] espiritual.

Fiquei silenciosa, a cabeça abaixada sobre o peito.

– Em que lhe posso ser útil? – ele perguntou, mais suavemente.

Por um bom tempo [eu] não pude falar.

– Você procura um lugar? Você não tem dinheiro, família, amigos? – começou ele, precipitando as palavras. – Ou talvez tenha pecado contra a lei moral? – perguntou com uma especial gravidade.

Eu corei e levantei a cabeça. Vendo que não respondia, vendo que se tratava de outra coisa, [ele] não conseguia entender o que lhe pedia, mas no final das contas, mais ou menos adivinhando, ele começou a falar de Deus como se recitasse uma lição, e até fechou os olhos.

Concluindo, ele me disse que todos os meus pensamentos eram tolices. Que se na terra havia crimes e sofrimentos, havia também uma lei. E só os preguiçosos e bêbados sofriam. E que o imperador Alex[andre] era um ideal de soberano e de homem.

17 de fev.

Mais uma vez, penso na vingança. Que vaidade! Agora estou sozinha e olho para o mundo como se estivesse de fora, e quanto mais eu o olho, mais sinto náuseas. O que fazem? Por que se agitam? Sobre o que escrevem? Eu tenho um pequeno livro aqui; está na sexta edição em seis meses. E onde encontrá-lo? L. se extasia, porque na América um padeiro pode ganhar milhares de dólares por ano, porque lá uma garota pode se casar sem dote, porque um filho de dezesseis anos de idade é capaz de ganhar sua vida. Eis suas esperanças, eis o seu ideal. De bom grado eu o cortaria em pequenos pedaços.

Quarta-feira, 3 de março.

Ontem fui ao curso de Philaret Charles[22] e fiquei impressionada com as palhaçadas deste senhor. Subindo no púlpito, esse senhor fechou os olhos, depois começou a falar agitando as mãos, (*ilegível*); às vezes, para se mostrar cômico, para o grande prazer de sua audiência, dava cambalhotas, quase deitava sobre a mesa. Eis como ele falava:

"Meu curso não é igual a nenhum outro: ninguém na Europa teve a ideia de adotar esse método... eu vou falar sobre o reinado de L[uís] XIV. Vocês acham que foi um grande século? Escutem, pois vocês têm que ler. Sim, sim, ler, ler... Não faz muito tempo, foi publicado um livro de um alemão, e eu aposto que vocês não leram. Sim, tenho certeza que nenhum de vocês sabe o nome deste alemão. Pois bem, vocês acham que L[uís] XIV era o pro[tetor] das ciências, das artes, da literatura? Bom, talvez gostasse da arte: Apolo de Belvedere, a Vênus de Médici, porque é a beleza, o sol. Mas vocês sabem o que ele pensava da pintura fla[menga]? 'Não é importante – dizia ele –, eles desenham camponeses com cachimbos.' Vocês sabem, os hol[andeses] e os ing[leses]... eram pessoas sérias, que não pintavam muito, pois tinham outras coisas a fazer, mas, quando pintavam, não corriam atrás de beleza, era a verdade o que eles procuravam. Não há sol entre eles, enfim, um pouquinho de sol, apenas um pouquinho. Nem sempre é bonito, os Meridionais, eles não gostam disso, de tudo mesmo, eles detestam isso. Bem, L[uís] XIV, ele estava cheio de carrascos: um carrasco chefe, depois um carrasco menos importante, um carrasco pequeno e um carrasco bem pequenininho. Escutem como ele tinha cuidado com a literatura: ele dizia ao seu carrasco-chefe: 'Proíba a literatura, persiga-a, queime-a.' Há um que foi queimado por causa do seu livro... Vocês acham que ele escreveu contra Sua Majestade? Não, contra a Mme de Maintenon[23]. Ah, era uma época dura, muito dura, e estou muito feliz por não ter

---

[22] Homem de letras bastante ativo, publicou várias obras de crítica literária, escreveu ficção e colaborou com diversas revistas francesas concomitantemente, tais como "Journal de Débats", "Revue Britannique", "Revue des Deux Mondes en Revue Encyclopédique". Após terminar os estudos no liceu, foi trabalhar como aprendiz de tipógrafo. No entanto, estando em vigor o período da Restauração, foi preso junto com o patrão por este ser partidário de ideias jacobinas. (NT)

[23] Foi a esposa e depois a viúva do escritor Paul Scarron. Ela foi a fundadora da *Maison Royale de Saint-Louis* (em português: Casa Real de São Luís). Casou-se secretamente com Luís XIV, rei de França e de Navarra. (NT)

vivido nessa época; com meu temperamento provavelmente não teria me saído bem. Como escrevem romances hoje em dia? Tome um romance contemporâneo: as primeiras palavras vão parecer engraçadas, as segundas um pouco chatas, as terceiras e as quartas interessantes, as quintas deixarão vocês com vontade de saber o que aconteceu com a mocinha; isto é o romance francês. Os ingleses não escrevem assim: são sermões, moralidades. Alguns até adormecem lendo-os, outros suportam e vão até o fim."

Falando de ódio entre fran[ceses] e ingleses:

"Eu fui educado na Inglaterra, mas não pensem que sou um anglômano: eu sou um francês puro. Um dia entrei em uma igreja, eu era um bom menino, fiquei num canto, e eles, todos eles, começaram a me olhar, adivinhando que eu era um francês, porque o laço da minha gravata não estava dado à moda inglesa. E eles me olhavam. 'Há um monstro aqui', disseram. Eu juro a vocês (talvez haja um inglês entre vocês, não me importa). Mas hoje, os ingleses compreendem que Molière não era um imbecil. Nós também, nós lemos Shakespeare."

No começo, ri bastante, e logo percebi que os outros estavam rindo também; só que suas risadas eram diferentes: eles riam e batiam palmas. Eu me senti despeitada.

Minha pessoa atrai a atenção de todo mundo, e isso me incomoda. Não é por isso que as mulheres não frequentam cursos nem vão a uma biblioteca: elas frequentam, mas suas cabeças diferem da minha. Essas mulheres usam flores, falabellas, véus, vivem acompanhadas de suas mamães. Vê-se que são sérias, e há uma em particular, que é uma niilista completa.

Eu estou bem, mas ela aplaude, bate com os pés e grita "Bravo!", se veste mal, chega sozinha, e ninguém lhe dá qualquer atenção, porque ela nem parece que é jovem. Todo mundo acha natural que uma moça que envelheceu à espera de seu destino, enfie a cara nas ciências, não tendo mais nada a fazer. Mas a mim não me dão descanso, me incomodam constantemente durante os intervalos: "Você provavelmente é professora de inglês. Você é estrangeira? Você está aqui para estudar ciências?" Para fugir das perguntas, eu praticamente pego um livro, *Cartas de França*[24], e finjo estar afundada na leitura.

---

[24] Trata-se do livro *Cartas de França e Itália*, ensaio de Herzen, onde relata acontecimentos políticos europeus. O livro apareceu em 1855, em Londres, em plena guerra da Criméia. Pertence a um gênero literário indefinível: há nele reportagem, diário de viagem, sobretudo as primeiras cartas, confissões e ensaio filosófico-político. (NT)

– Este livro é polonês ou grego? Você é estrangeira, não é? – perguntam-me sem falta.
– Nem polonês nem grego – respondo –, sem levantar os olhos, vermelha de raiva, escondendo deliberadamente minha nacionalidade para não chamar mais a atenção.
– Que língua é essa, então?

8 de março. Terça-feira

Atingi o grau má[ximo] do tédio. O tempo está bonito, uma vista maravilhosa se abre da janela do meu andar, e fico em meu quarto como um animal enjaulado. Nem os verbos ingleses nem as versões espanholas, nada me permite acabar com meu sentimento de melancolia. Até tentei me distrair, tomando um chá, mas não, não é um bom remédio.

17 de março.

Ontem eu fui à casa de Matcht. Ele tem um apartamento muito refinado e uma grande biblioteca de livros suecos, ing[leses], fr[anceses], rus[sos], tudo muito confortável. Ele se senta na frente de sua lareira, e se põe a escrever. Que vida mesquinha! No entanto, sei muito bem que há jovens que trabalham para alcançar uma vida assim. Quanto esforço, sacrifício e perseverança para se constituir uma biblioteca tal e uma coleção de pinturas como essa!

02 de abril.

Uma angústia pungente não me deixa em paz. Uma estranha sensação de opressão me invade quando olho para esta cidade do alto do belvedere. A ideia de que eu poderia me perder nessa multidão me enche de terror.

3 de abril.

Ontem entrei em uma loja; não havia ninguém lá dentro; ao cabo de alguns minutos, o proprietário, que estava fora, apareceu vermelho [*ilegível*] vestindo uma camisa suja, com o tabaco saindo de suas narinas: tinha um machucado no nariz.

– Eu a fiz esperar, senhorita – perguntou-me –, será que cuidou bem da loja?

Ao vender-me papel, ocorreu-lhe me dar duas folhas *pour rien*.

– Você é muito generoso – eu disse.

– Nunca se é generoso o bastante com uma senhora – respondeu.

Esta conversa se desenrolou com a maior seriedade.

Recentemente passei uma tardinha pela Rua Médecin. Na esquina do Boulevard Sebastopol estavam vários jovens e com eles uma bela mulher, muito jovem, com a cabeça descoberta, um penteado bufante muito arrumado. "*Dites donc*" – ela se dirigiu a um dos jovens, e com uma voz caprichosa, colocou as mãos em seus ombros. Esta imagem ficou gravada em mim muito intensamente, e eu não sabia porquê; depois disso, senti um alívio em meus sofrimentos, uma luz iluminou-me. Não sei nada de mais desprezível do que mulheres assim. Acontece de ver mulheres cujos gestos são bruscos e a expressão insolente, mas também já encontrei umas mais suportáveis.

17 de abril.

Alguns dias atrás, conheci duas personalidades: Ev[guenia] Tur[25] e Mar[ko] Vovtchok[26]. Evgenia Tur tinha ouvido falar de mim por Koram, a quem ela havia pedido que me levasse em sua casa. Desde o nosso primeiro encontro, ela me encantou completamente. Vivaz, apaixonada, ela causou-me

---

[25] Evguenia Salias Tournemire, conhecida escritora, jornalista e editora russa. Participou ativamente das revoltas estudantis de Moscou. Em sua primeira viagem a Paris, conheceu o conde francês Henri de Tournemire Adoue de Salinas, com quem se casou e recebeu o nome pelo qual é conhecida. Em fins dos anos 40, regressou à Rússia e se instalou como antes em Moscou, mas foi abandonada pelo marido. Ao ter que manter os filhos, decidiu trabalhar como escritora. (NT)

[26] Pseudônimo masculino de Maria Aleksandrovna Vilinska, escritora e tradutora russa, nascida na Ucrânia, e uma das primeiras escritoras ucranianas. (NT)

forte impressão. E, com toda sua inteligência e educação, que simplicidade! Com ela eu não sentia aquela vergonha, aquela tensão que em geral se sente num primeiro encontro, mesmo com pessoas altamente educadas e humanas. Falei com ela como se fosse minha mãe. Choramos e nos beijamos, quando ela me con[tou] suas aventuras polonesas. Des[de] a primeira vez que ela me convidou para morar com ela (ela vive com seu filho), prometeu me dar aulas de fr[ancês] e ing[lês] e de falar sempre em francês. Depois convidou-me para passar o verão na dacha de seu amigo, lamentando muito não ter me conhecido antes. Dois dias depois, ela veio me ver com seus amigos, e fomos ao cemitério, os cinco. No caminho, Louguinine[27], sentado à minha frente (a con[dessa] me havia apres[entado] com uma ênfase especial, dizendo: 'quando você for fazer uma caminhada, passe para pegar a Srta. Suslova') tentando me distrair, mas escutei a condessa que falava com um senhor, seu am[igo]... Ela não gostava das concessões. Eu estava surpresa com sua energia.

– Se aos vinte anos – dizia ela, falando de um homem – ele se coloca como eu, que já vivi quarenta anos, tendo ainda forças para odiar, o que acontecerá com ele aos trinta? Será um espião.

Em seguida, o senhor que falava com ela lhe disse que as ideias conservadoras também tinham o direito de existir.

– É exatamente isto o que há muito questionei – respondeu ela, com paixão. – De fato, elas têm o direito de existir, mas não entre nós. Existe, por ex[emplo], um partido cons[ervador] na Inglaterra, na França, mas não há exemplo de um partido que defenda o chicote cons[ervador], entre nós; pelo contrário, eles são muitas vezes mais liberais e mais humanos do que os partidos revolucionários.

Ela havia rompido sua amizade com Tur[gueniev], porque ele tinha escrito uma carta ao c[zar] na q[ual] dizia que, por respeito a este último, tinha rompido com todos os amigos de sua juventude[28].

---

[27] Vladimir Fedorovitch Louguinine (1834-1911), químico e pesquisador russo. Foi professor da Universidade de Moscou, trabalhou na França e na Alemanha. Seus trabalhos são comparáveis aos de Henri Victor Regnault, no que diz respeito às propriedades térmicas dos fluidos. Mantinha estreita relação com Herzen. (NT)

[28] Trata-se de uma carta endereçada por Turgueniev a Alexandre II. No começo do ano de 1863, a 3ª seção da polícia russa exigia que Tourgueniev retornasse à Rússia. Entre as acusações levadas contra ele, estava sua amizade com Herzen; numa resposta ao czar, Turgueniev fez o histórico de suas relações com Herzen, mostra que ele estava distanciado deste último, entre outras coisas por causa de seus engajamentos políticos. (NT)

Quanto a Markovitch, fui ter com ela sem nenhuma recomendação. Ela me recebeu com hospitalidade, simplesmente dizendo que tinha ouvido falar de mim, que queria me ver, mas não sabia o meu endereço. Ela encantou-me no espaço de alguns instantes. Ofereceu-me chá, que não recusei, porque eu estava com muita sede. Logo percebi que eu deveria ter recusado; sua bondade parecia com a de um fidalgo russo, pronta para receber, não importa quem, a dar de beber e de comer a todo mundo. Depois da nossa conversa, ela me pediu (Deus sabe por que) para esperar que escrevesse uma carta; em seguida, mandou esta carta ao correio e me pediu para esperar novamente, mas eu quis sair dizendo que voltaria. Foi bom, porque Mme. Mark[ovitch[acompanhou-me até o ônibus... No caminho, conversamos sobre muitas coisas: sobre Her[zen], sobre o que ela escrevera, sobre o que eu escrevi, sobre o que eu já tinha escrito. Ela falava dos honorários que as revistas pagavam, me perguntava se eu tinha comprado roupas de verão, e a que preço, e como elas eram.

Eu havia notado nela uma certa frieza, uma prudência, estudava as pessoas. Via-se que era uma mulher de cabeça, de sangue frio, que não estava sujeita a caprichos. A con[dessa] me disse que era uma mulher refinada, mas não achei que fosse, em todo caso, não o foi para comigo. Eu não poderia deixar de comparar estas duas mulheres. Pensei que com Mar[kovitch] eu não iria mais chorar, mas foi o contrário: no dia seguinte, estava em sua casa no horário marcado, pois ela tinha me convidado, me prometendo preparar um de seus escritos e que eu não tinha lido. No caminho, numa ruela estreita, encontrei uma mulher muito jovem, vestida pobremente, mas limpa, que chorava. Ela se aproximou de mim timidamente. Pensei que quisesse me perguntar como encontrar uma rua. "Dê-me dois centavos, por favor – disse –, eu não comi nada." Sua aparência muito nobre e tristemente resignada me surpreendeu. Eu lhe dei um franco, o único trocado que tinha. Ela me agradeceu e foi embora. Eu continuei no meu caminho, mas esse encontro me causou uma impressão muito forte; eu me perguntava se eu não podia ajudar essa mulher. Refiz meus passos de volta e a alcancei. "Escute – eu disse –, será que posso ser útil de alguma forma? Você provavelmente esteve doente, ou teve algum infortúnio. Se você sabe trabalhar, eu poderia ser capaz de encontrar um trabalho pra você. Vá me procurar." Eu queria anotar o meu endereço, mas não encontrei um lápis. Ela disse que não conseguiria decorar o meu endereço e me pediu para entrar loja para pedir um lápis. Escrevi o meu endereço e agradeci ao lojista perguntando quanto lhe devia por usar o lápis. "Nada" – disse ele. Agradeci e saí; eu estava apressada. "Eu nunca vou lhe esquecer" – disse a pobre mulher com paixão, quando eu saía. Mar[kovitch] não estava em casa. Sua mãe me pediu para esperar, explicando que sua filha tinha saído com Tur[geniev]; ela tentou me fazer saber que ontem Tur[geniev] esperara sua filha por duas horas inteiras, mas que havia ido embora sem vê-la. Ela disse ainda que a esposa do pintor Iakobi[29] estava chegando, que era bonita, jovem e, sobretudo, uma pessoa gentil. De fato, logo chegou uma mulher bem alegre. Imaginei que fosse a Iakobi. Nós começamos a conversar. Ela dava uma de liberal, me jogava poeira nos olhos com frases mal escolhidas. Finalmente, Mar[kovitch] chegou. "Já se conheceram" – disse. Mas ela não pronunciou os nossos nomes. Apertamos as mãos em silêncio. Mar[kovitch] disse que não havia preparado os livros e, novamente, começou a falar em dinheiro. Depois olhamos seus retratos, onde ela estava muito infeliz. Descobri que o único defeito desses retratos era a pose escolhida, e depois ela estava envolta em uma espécie de capa que não combinava com sua fisionomia simples.

Conversamos sobre Salias; deixei escapar que ela tinha voltado para casa. Sem dúvida elas pensaram que eu havia dito com premeditação.

– Se você for à casa da condessa, peça-lhe, por favor, que me devolva meus livros.

– A condessa Salias? – perguntei.

Ela não deu atenção à minha pergunta e tagarelou até que entendi de que con[dessa] se tratava.

– Se você quiser, eu lhe transmitirei o recado – disse –, somente permita-me perguntar o seu nome.

– Ah, como sou descuidada – disse Mar[kovitch]... –, eu lhes apresentei, mas não disse seus nomes.

– "Iakobi" – disse a alegre mulher –, e como eu não expressasse nenhuma surpresa ao ouvir o seu nome, ela provavelmente pensou que eu era tão ignorante a ponto de não saber quem era, e, me olhando com profunda compaixão, propôs que eu anotasse. Eu disse que me lembraria. Ela insistiu que eu anotasse, e por fim lhe disse que eu conhecia esse nome; além disso, não pude conter um sorriso (claro, não falarei de seus livros à con[dessa], e direi a esta alegre mulher que esqueci). Senti uma terrível tristeza vendo esse "júbilo" e essas "tagarelices ociosas." Fui convidada para tomar um café, mas, como já havia almoçado antes de vir, recusei. Minha tristeza não escapou à dona da casa que, me acompanhando, perguntou-me qual

---

[29] Valeri Ivanovitch Iakobi (1834-1902), era um pintor muito popular conhecido por seus retratos e sua pintura de gênero, notadamente por "*Le repos des prisionniers*". Ele viveu muito tempo em Paris. (NT)

era a razão disso. Então me senti ainda mais triste, meus nervos estavam à flor da pele, não pude me conter e as lágrimas surgiram em meus olhos.

– Diga-me, o que aconteceu com você? – perguntou Madame Mar[kovitch], segurando a minha mão com compaixão, e me conduziu para o seu quarto.

Segui-a involuntariamente e, não obstante, as lágrimas rolaram dos meus olhos. Eu estava torturada por um sentimento de impotência e de vergonha, expliquei toda a cena da rua e fui rapidamente para casa. Ela me disse que, se eu tivesse problemas, poderia me abrir com ela.

– Quais dificuldades se pode encontrar num Estado civilizado? – disse eu com um sorriso irônico e triste.

Então ela disse que me veria no dia seguinte, repetindo várias vezes. E chegou no horário previsto. Pela janela eu a vi transpor a cancela e desci para o pátio para recebê-la. Eu a recebi com toda a amabilidade de que era capaz, mas sem nenhuma reverência. Conversamos quase uma hora, desci para acompanhá-la e conversamos ainda por um bom tempo. Depois ela me fez lembrar de minha promessa de passar os meus escritos e, como os tinha, ela me fez prometer que voltasse à sua casa dentro de uma semana para que lesse a minha novela[30].

Durante a nossa caminhada até o cemitério, Louguinine prometeu-me uma lista de livros de história que iriam me ajudar. Aparentemente, ele queria me ensinar, e me falou sobre idealismo e materialismo com a maior ingenuidade, porque eu disse que não poderia definir bem esses dois conceitos.

Mar[kovitch] perguntou-me qual era o meu prenome. Eu lhe disse.

– E me disseram que era Nadejda Suslova – respondeu ela.

– Eu tenho uma irmã que se chama Nadejda...

03 de maio de 1864. Terça-feira.

Voltando de Bruxelas, eu dormia quando nos aproximamos de Paris. O único passageiro que estava no vagão comigo me acordou quando o trem parou. Levantei-me rapidamente e comecei a recolher minhas coisas. Não havia quase ninguém no trem. O controlador se aproximou do meu vagão

---

[30] Trata-se da primeira novela de Suslova, *Por enquanto*, publicada no número 5 da revista "Vremya" (Tempo), de 1861.

e abriu a porta. "Ah, você ainda está aqui" – ele disse, vendo que me apressava, e acrescentou: – "Não se apresse, ainda tem tempo." – "Eu já estou pronta" – disse-lhe aproximando-me da porta. Ele estendeu-me a mão, aceitei de bom grado e saltei na plataforma. "Está frio" – ele disse, mas eu já corria para a parada de ônibus.

08 de maio Sábado.

Ontem fui à casa de Markovitch. Ela leu o meu romance (o primeiro), que lhe agradou muito. Mar[kovitch] disse que o romance era melhor que os escritos de Salias. Eu havia lido um romance inédito, que tinha gostado muito, exceto o final. Durante a leitura, Mar[kovitch] disse: "Muito bom! Formidável!". Mais tarde, na conversa, ela disse que "era preciso olhar para as pessoas com os olhos bem abertos." Eu lhe respondi que não era capaz disso, que isso me parecia cinismo.

Na verdade, que alegria se pode experimentar quando temos que olhar e ser cauteloso a cada passo? Mesmo a felicidade conquistada a esse preço, eu não quero. Essa felicidade seria artificial... Que erre, que zombem de mim, eu quero acreditar nas pessoas, podendo estar enganada. E, além disso, não podem me fazer muito mal.

22 de maio.

Hoje eu me levantei pela primeira vez depois de ter ficado doente durante duas semanas, nas quais a con[dessa] Salias esbanjou cuidados maternos, e fiquei cada vez mais apaixonada por ela.

Durante minha doença, Louguinin e Oussov[31] me visitaram com frequência, e conversei muito com eles. Uma vez, tivemos uma discussão sobre a cidadania russa; descobri que eles não tinham nenhuma estima por ela. No mesmo dia, Oussov disse que gostava do costume dos selvagens: os

---

[31] Pode tratar-se de Piotr Stepanovitch Oussov (1832-1897), engenheiro de caminhos de ferro. Publicou várias traduções e compilações de obras em diversos ramos da engenharia. Destas, a mais importante é *A mecânica do vapor*, de referência para engenheiros e arquitetos. (NT)

filhos quando se tornam adultos matam e comem seus pais. Ele disse que seria bom adotar o primeiro caso.

Hoje, a con[dessa] Sal[ias] e estes dois senhores vieram à minha casa. A con[dessa] falou sobre a educação do seu sobrinho, que ela havia matriculado numa escola na Suíça. Entre outras coisas, disse que a educação suíça tinha uma falha, tornava as crianças cosmopolitas. Louguinine começou a dizer que era ótimo, que o cosmopolitismo era uma coisa boa; que não tinha o mesmo valor para um francês ou para um russo. Disse que era melhor e tinha mais prazer servindo à França e à Inglaterra, e que só permanecia na Rússia porque conhecia os costumes e a língua russa, mas que não tinha nada em comum com os russos nem com o mujique, nem com o comerciante, que não acreditava em suas crenças nem respeitava seus princípios. "As associações parisienses me agradam mais do que..." Eu não ouvi o resto, ou não acabou a frase. Eu estava furiosa, mas não disse nada. A con[dessa] ficou em silêncio. Num primeiro momento, ela defendeu um pouco o patriotismo, mas só por hábito. Quando a con[dessa] falou de meu médico, eu tive que exprimir algumas de minhas opiniões contrárias às suas. A con[dessa] respondeu com paixão. Veja, portanto, como são! Não, eu não vou seguir essa gente aí. Eu nasci numa família de camponeses, fui criada com as pessoas comuns até a idade de quinze anos e vou viver entre os camponeses, pois não há lugar para mim na sociedade civilizada. Eu viverei entre os camponeses e sei que eles não me ofenderão de maneira alguma.

15 de junho. Spa

Aqui estou muito bem. E que milagre! Eu prefiro os alemães aos franceses. A proprietária é uma holandesa que me empanturra de torradas e cerveja. Come-se cinco vezes ao dia. O proprietário é sombrio, parece um assassino, mas é gentil. Aqui está um casal francês. A proprietária me contou que tinha fixado as condições por escrito (por seis semanas), e que estava surpresa com a sua desconfiança. Por exemplo, eles observaram que não devia ter pulgas. Como isso é nojento, como isso é francês! A cozinheira, uma alemã, é um ser ridículo, uma criatura ingênua. Quando fazia tempo ruim, ela se angustiava muito pensando em seu país, em Mecklenburg; *les grains* plantados por seu pai, iam morrer. Ela sonhava mesmo em partir pela porta dos fundos. Não se compreendia como sua presença poderia ajudar *les grains*. Agora ela vem me ver de vez em quando e me pergunta: "Você acha, senhorita, que vai chover amanhã?" Eu lhe respondo: "Talvez sim", depois, me lembrando da palavra mágica, *les grains*, acrescento que choverá apenas em Spa.

16 de julho. Spa de 1864.
(Carta.)

Querida condessa! Há poucos dias, recebi sua carta e li com particular prazer. Você é tão *boa*...

21 de julho. Spa.

No momento, eu me ocupo, sobretudo, dos negócios de minha irmã, isto é, de seus estudos. Disso depende também a minha estadia em Paris. Estou quase inteiramente [dedicada] a estes pequenos negócios e coisas outras. Com isso, comecei a rever minha convicção de que a vida não valia a pena de ser vivida... O homem é assim: às vezes não vê nenhuma razão de viver; outras vezes, aguarda a satisfação de um capricho.

30 de Agosto. Versailles.

Hoje falei de Swift[32] com E[vguenia] Tour. Ela disse que ele era mau e perverso. Eu disse: "Ele é amargo."
– Por que, contra quem? O que teria sofrido? Não era ele rico e respeitado?
– Isso explica um tanto melhor sua animosidade, que não foi feliz em sua vida pessoal.

---

[32] Jonathan Swift, escritor irlandês. A obra que assegurou a Swift a glória literária foi seu romance *Viagens de Gulliver*, de 1726, sátira imaginativa e pessimista da sociedade que se tornaria, curiosamente, em um êxito da literatura infantil. É na verdade uma sátira aguda e sem misericórdia sobre a política e as relações sociais de sua época. (NT)

– Então, por que ele era amargo? Porque a raça humana não é boa? De onde vem esse olhar de desprezo? Ele não prova da ausência de aspirações elevadas? A ausência de qualquer convicção de que o destino da humanidade é elevado. Eu conheço um homem educado, evoluído, que estava na Sibéria, onde foi chicoteado, mas, apesar disso, ele acreditava no homem e o adorava. É uma alma elevada.

É um místico, pensei.

– Quanto a Swift – continuou –, devorado pela ambição, cobiçava um lugar de arcebispo, é por isso que mudava constantemente de partido.

– Talvez ele procurasse ter influência.

– Que influência? Você diz isso para me contradizer.

Eu me dei o direito de replicar. Talvez fosse verdade, ele era estupidamente ambicioso, mas podemos culpá-lo por isso? É uma triste constatação, mas como podemos culpá-lo quando não temos provas? Eu respeito muito as pessoas que sofrem, e apesar da riqueza material e da felicidade pessoal, eu compreendo este sofrimento.

Um dia, diante de mim, ela havia criticado uma moça que não tinha se casado com um homem bom, que ela não o amava, mas que provavelmente teria sido feliz com ele. Defendi essa garota dizendo que ele devia reduzir suas exigências.

– Tanto pior para ela, que continuará a ser uma solteirona, com sua mãe, que é uma verdadeira bruxa.

– Eu respeito ainda mais esta garota, que a despeito das circunstâncias infelizes, tenha recusado o compromisso.

Ela censurou minha melancolia, me mostrando as vantagens de minha situação em relação às outras moças. Como se minha tristeza tivesse qualquer coisa a ver com isso.

Em seguida atacou Pomialov[ski][33] por sua frase que eu tanto gostava, dizendo que o homem tinha sido feito para cumprir com o seu dever e não para gostar da vida. Dever! Um homem honesto, que deve à sociedade, o que pode fazer por ela?

---

[33] Nikolai Guerassimovitch Pomialovski (1837-1863), escritor muito popular nos anos 1860. Trata-se provavelmente de sua novela *Molotov*, cujo herói, depois de longas perambulações através da Rússia, à procura de um ideal social, encontra sem conta no bem-estar material, tornando-se funcionário. Trata-se da frase que ele pronuncia diante de sua noiva: "Está impedida de provar uma simples felicidade burguesa? Milhões vivem para seu objetivo de levar honestamente sua vida... E antes de tudo, nós vivemos para nós mesmos... Eu organizarei minha vida como eu quero e ninguém ousará me pedir as contas, porque eu vivo neste mundo". (NT)

15 de setembro. Paris.

Hoje, meu amigo médico estava lá. Ele me disse que tinha lido *A Véspera* (*Накануне*)[34] e que admirava a felicidade de Insarov. – "É possível que garotas assim existam?" – perguntou-me. Eu disse a ele que fiquei surpresa de ver num médico com atenção e interesse pelas obras de arte. Ele começou a me mostrar que eram essas últimas (e não a química) que educavam os homens. "Acabei de ler isso e tive momentos que a química jamais me proporcionaria".

– Sim, eu entendo que se possa encontrar esses momentos.
– Esses momentos existem, é o que nos formam.

Em seguida, conversamos sobre Pek[35], Stoïanov, Louguinine, que ele tratava como o Girondino russo. Ele contou que assim que encontrou Louguinine pela primeira vez, este tinha um livro de Proudhon sobre o federalismo, que tinha acabado de ler, e que dizia que o patriotismo e o nacionalismo eram tolices. – "Bravo, Louguinine leu Proudhon, e isso lhe foi suficiente, isso é tudo."

Desde a minha chegada, eu fico em silêncio durante quase todas as refeições. De um lado da mesa estão sentadas mulheres idosas, do outro um estudante com sua amante. Ele começou a frequentar a mesa redonda logo após a minha chegada, mas algum tempo depois um homem pegou o hábito de sentar-se entre mim e as idosas, e é tão falante que acabou por entabular uma conversa comigo, na qual o estudante também se meteu. O senhor à minha esquerda perguntou o que eu lia e, vendo que estava com um livro de história, recomendou-me vários outros. Quanto ao estudante, propôs emprestar-me um de seus livros. Como era meu costume, deixei a mesa mal terminara de comer, e fui para o jardim. Passando diante de Robescourt, tive que parar, porque ele havia me dirigido a palavra. Mal sentara no jardim e o estudante juntou-se a mim, em companhia de sua dama, para me dar os livros. A dama também se mostrava interessada. Durante a refeição, ela virou-se para mim com preocupação. Esta senhora está tentando ganhar minha simpatia: ela me faz passar os pratos, através de seu companheiro, e assim por diante. Eu lhe respondo gentilmente. Há uma inglesa que não desce para a mesa redonda, sob pretexto de que ela teria, então, de sentar-se ao lado de uma prostituta. É demais. As relações

---
[34] Livro de Turgueniev, de 1860. (NT)
[35] Asky Pek, imigrante polonês. (NE)

do aluno com a sua dama são muito tocantes. À mesa, ela lhe oferece pedaços; abrindo o vinho, é o primeiro a quem serve; de fato, em parte, ela desempenha o papel de sua empregada: varrer e arrumar seu quarto.

21 de setembro.

Minha senhoria me deixa fora de mim: mil vezes eu lhe pedi para arrumar o meu quarto, e ela não o fez, se contentando com vãs promessas. Até mesmo já dei dinheiro à bondosa, mas foi inútil.

Uma vez Maria se comprometeu a lustrar meus sapatos. Eu tinha que sair e procurei por todos os lugares esses sapatos; o lacaio ajudou-me a procurar, gritava que entregassem os sapatos de Suslova, e ela respondeu com grosseria – sua voz vinha não sei onde, talvez do céu – que não tinha tempo e que meus sapatos não estavam lustrados, que havia prometido mas que a desculpasse. No dia seguinte, ao repreender-lhe, ela disse em tom de brincadeira que não faria mais como na véspera, e fui eu quem corou. Outra vez, ela esqueceu de trazer o meu café da manhã, e no dia seguinte, exatamente da mesma maneira, ela começou a justificar para si mesma.

Alguns dias atrás, meu amigo médico passou. Ele contou-me que uma governanta lhe havia pedido um remédio contra cabelos brancos. Eu disse que também os tinha.

– É uma desgraça! – teria dito ela.

Isso me comoveu muito.

– Eu não tenho quaisquer problemas por isso – e comecei a me controlar por um instante, depois as lágrimas jorraram dos meus olhos e meus músculos faciais começaram a tremer ainda mais.

– Todo mundo tem – disse ele, aparentemente tocado.

Eu tentei falar, mas não podia fazer isso, era mais forte do que eu.

– Você pode resolver isso, na sua idade é possível – ele disse.

– Você realmente acha que isso me incomoda? – perguntei com tristeza simulada, mas desviando os olhos.

– Não, eu disse por dizer – respondeu ele, comovido, evitando olhar para mim.

24 de setembro.

Ontem, o médico veio e demos uma passada nas li[ções] de fr[ancês]. Eu estava alegre, mas de repente me mostrei um pouco desconcentrada. Tudo muito simples, os meus nervos estavam em apuros. Eu disse que estava distraída:

– Você provavelmente pensa no valáquio – disse.

É que eu lhe havia dito algo sobre o valáquio. Irritada, não achei nada para responder, mas da próxima vez vou tentar me mostrar mais séria. Tendo observado jovens que estavam caminhando pelo jardim, ele me perguntou se sempre foi assim. Eu disse que quando ia ao jardim, ninguém andava por lá, e, se encontrava alguém, esse alguém se afastava sempre, porque tinha medo de tudo e isso era bom: era necessário que eles tivessem medo de qualquer um.

Hoje, indo para a casa da Sra. M[arkovitch], caí em cima *dele*. Passando diante do hospital, vi no portão vários jovens que saíam, e imediatamente pensei nele e logo o vi, de fato. Ele havia corrido para o portão sem chapéu, descabelado, com o rosto enrugado, feio. Ele me reconheceu imediatamente, embora eu estivesse oculta por um véu (eu estava de preto, exc[eto] o chapéu) e, embaraçado, ele virou-se para seu amigo (eu não me mexi). Isso começa a me divertir. Depois, eu fico incomodada durante todo o dia. Eu queria isso para minha emoção. É possível que eu não o esqueça? Eu estava em desespero. Mas por que me desesperar? Seria melhor que eu o esquecesse; eu me senti melhor no inverno passado, quando não o via? Mas eu me sentia melhor quando estávamos juntos? Eu me lembro de algumas noites em que acordei de repente, lembrando com horror o que aconteceu durante o dia, e andava para cima e para baixo no meu quarto, e chorava.

Era melhor? Talvez fosse apenas a época em que eu o tinha ouvido falar pela primeira vez, dizer palavras de amor ou quando ele tinha me beijado pela primeira vez. Por que eu estava tão bem, então? Porque era novo e inesperado. E poderíamos desejar que isso nunca tivesse acontecido? Em vez disso, haveria um vácuo, ou um outro erro, talvez mais brando. E como poderia ser melhor com ele? Teria sido melhor se tivéssemos ficado juntos, que eu me tornasse mesmo sua esposa? Era um fidalgo tão prosaico. E o que posso esperar dele agora? Que ele admita, se arrependa, isto é, que se torne F[iodor] M[ikhailovitch] [*palavra ilegível*]. O que aconteceria, então? Considerando que agora eu tenha momentos de triunfo, estou consciente da minha força.

Ouço falar de F[iodor] M[ikhailovitch]. Eu, pura e simplesmente, o odeio. Ele me fez sofrer muito, e tudo poderia ter acontecido sem sofrimento.

No momento, vejo claramente que não posso amar, não posso encontrar minha felicidade nos prazeres do amor, porque as carícias dos homens me fazem lembrar constantemente o sofrimento e a dor do passado. Eu poderia me ocupar com qualquer coisa de novo, mas mesmo com um certo limite.

Há poucos dias, depois do almoço, desci para o jardim, o valáquio me seguiu (pela primeira vez) e começou a me dizer o quanto lhe agradava me ver. Eu lhe fiz lembrar que este prazer não devia ser enorme, porque ele não tinha vindo a Versalhes. Ele me explicou que havia tido uma prova. Conversamos por muito tempo, e quando me preparei para entrar em casa, ele apertou minha mão com força. É simples, ingênuo, porque é jovem.

Enquanto conversávamos, outros jovens que passavam ao lado falavam pouco com as garotas. As senhoras nos olhavam com curiosidade. No dia seguinte, não desci para o jardim.

29 de setembro

Eu estou adoentada. O valáquio vem regularmente a cada dois dias. O médico, sim, vem todos os dias. A principal razão da minha doença foi, ao que parece, o meu encontro com o camponês.

Eu disse ao méd[ico] que um encontro havia mexido comigo. Ele deu uma grande atenção e ficou triste. Eu também fiquei muitas vezes triste e emocionada, e me dizendo adeus, ele estava atormentado pela emoção, começou a tremer cada vez que apertava minha mão fortemente, me propondo seus serviços. Ao sair, ele virou-se na porta para me olhar ainda mais uma vez. Outra vez ele me disse que a Sra. Markovitch viria tal dia, e isso aconteceu quando estávamos estudando francês, o médico e eu. Ela ficou por alguns minutos, sua atitude foi muito estranha. Ela falava muito pouco, em seguida, disse que estavam me esperando no Panteão. A Sra. Yakobi disse que seu filho aprendia russo, e que ela se preocupava em saber se ele conhecia as expressões russas com precisão. Eu não esperei tal estreiteza de sua parte. De acordo, o populismo é uma moda, mas é preciso entender o significado. Ao sair, ela perguntou que rua devia seguir. O médico se ofereceu para levá-la para casa. Ela recusou, dizendo que costumava andar sozinha em lugares mal afamados, mas disse que isso não tinha nada a ver comigo, e partiram.

Hoje, nós conversamos muito, ele e eu, embora a princípio ele estivesse triste. Eu disse que aparentemente a Sra. M[arkovitch] estava descontente comigo. Ele apressou-se a dissuadir-me. Eu disse que a Sra. Iakobi gostava de falar para não dizer nada. Ele confirmou. Perguntei-lhe: seus amigos são americanos ou espanhóis? Ele respondeu que todos eles eram americanos, descreveu-me o seu caráter espirituoso, dizendo que eles agradavam muito às damas francesas. Eu perguntei, por que. Ele respondeu: "Por causa de sua physique – eles são jovens e bem vestidos, têm os olhos tão grandes como um copo de água. Os dentes brancos, luvas limpas e belos sapatos.

– Oh, como você é ruim – eu disse.

Respondeu que eu não o conhecia ainda.

Ele me perguntou por que eu coloquei essas questões, se eu queria conhecê-los. Eu disse que não. Queria ter aulas? Disse que para isso eu tinha um americano. Para dizer qualquer coisa, pedi-lhe para perguntar sobre os livros que se lia na Espanha, sobre os romances, depois acrescentei que eles provavelmente não sabiam nada. "Pelo contrário, isto eles sabem, disse, eles têm uma cultura de salão".

Nós estávamos animados agora, e ele reconheceu, acrescentando que ao chegar estava muito irritado e de mau humor. Perguntei-lhe o porquê. Ele respondeu que tinha fugido de seu dever, que às vezes cumpria o seu dever por covardia, e que não temos o direito de mexer com os sentimentos dos outros. Com o valáquio, eu tinha falado de Proudhon, de Herzen, que estava para ler.

Depois ele me falou da Moldávia. Entre eles, como entre nós, a alta sociedade imita os modos parisienses e fala francês. Ele me prometeu trazer as obras de Racine.

Em 1º de outubro

Ontem, a senhorita Juliette passou em minha casa. Estava triste, não sei por quê; pedi que me contasse. Ela concordou. O valáquio veio quando ela ainda estava lá, mas ficou um pouco, disse até logo mais friamente que de costume, mas fui amável enquanto saía, e o convidei para voltar.

Pareceu-me, eu não sei por quê, que ele estava na origem da tristeza de Juliette. Ele me fez perguntas sobre o meu amigo médico. Eu lhe falei a respeito e comecei a dizer que era um jovem muito estudioso. O valáquio respondeu com um ar muito sério que não havia um grande mérito em ser estudioso, erudito: a partir do momento que se lia, aprendia-se alguma coisa.

Em seguida, a inglesa passou, me ofereceu chá e me fez aceitar. É uma fofoqueira terrível, nela estão reunidos todos os defeitos (ingleses), mais os da humanidade em geral, mas não tem nenhuma das qualidades dos ingleses. Ontem, eu disse, ao imprimir uma frase, que quando determinado inquilino fosse embora, ele me daria um sofá. Ela estava animada: "Quem vai partir? Quando?" Não pude satisfazer a sua curiosidade. Então ela me contou com horror que a senhorita Stward tinha um amante (acho que isso não é da nossa conta, mas da senhorita Stward).

– Mas ela dorme fora! – exclamou a inglesa horrorizada.

O que é que se pode fazer? Se a senhorita S[tward] fosse a minha irmã, eu poderia falar com ela. Mas a senhorita S[tward] não é mais uma criança, e provavelmente sabe o que faz e isto não nos diz respeito, e nem temos sequer como saber como é seu comportamento e se é inconveniente.

A inglesa quer se mudar para outra pensão onde há apenas idosos e onde, sem dúvida, reina a moralidade. Não pode haver amantes nem meretrizes, mas que culpa tem a pobre da senhorita Stward? Eu acho que, como todo mundo, ela não terá nenhum amante quando envelhecer. A inglesa reluta um pouco para se mudar, porque na outra pensão há sujeira e promiscuidade. Ela é, pois, forçada a escolher entre moralidade e conforto. Então ela me falou da mor[alidade] da jovem que mora no fundo do jardim e a quem nunca se vê.

– Como você sabe que vive ali, naquela casa? – perguntei.

Na Inglaterra, muitas vezes há apenas uma família por casa. O marido desta inglesa é muito engraçado, vive a correr por Paris; ele parte cinco vezes ao dia, depois volta com uma ou duas garrafas debaixo do braço. Onde quer que vá, eu cruzo sempre com ele; ele corre no meio da rua e sempre o alcanço, todo enrolado e retorcido, como se uma força exterior lhe carregasse. De vez em quando ele corre para a direita, para a esquerda, enfia o nariz numa vitrine, depois pula e corre para longe. Às vezes, caminha com sua esposa, embora nunca tenha cruzado com eles juntos; mas quando ele cruza o pátio, não voa como de costume, fica atrás de sua bretã, ainda mais encarquilhado. Acho que ele é parte importante nas fofocas da esposa.

6 de outubro. Sexta-feira.

Indo para minha aula, conheci um polonês que, por duas vezes e sob vários pretextos, tinha se aproximado de mim. A primeira vez, ele estava à procura de alguém, de uma mulher, e eu lhe respondi atrás da porta, com um tom muito severo. Uma outra vez, ele veio me dizer que tinha recebido uma carta selada e me perguntou se não fui eu quem a tinha aberto. Eu o convidei para entrar, escutei-lhe, e quando acabou de falar de sua carta, levantei-me e perguntei-lhe se tinha algo mais a dizer. Ele levantou-se, envergonhado, e me despedi. Hoje, passando na frente da Escola de Medicina, ouvi atrás de mim: "Meus respeitos." Eu continuei sem olhar para trás. Houve uma repetição: "Meus respeitos"; e o polonês apareceu, e me disse que ao passar por ele sorri, que provavelmente estava rindo dele, que continue a me divertir. Respondi que não o tinha visto. "E eu vi você lá, disse ele, porque eu estou interessado em você." Deixei esta vulgaridade sem resposta. Então, ele me perguntou se eu não estava zangada com suas duas visitas. Eu disse que não, porque senti que suas duas visitas tinham razões válidas. Ele começou a me dizer que eu o havia rejeitado com grande habilidade, que então ele não tinha nada para dizer, embora quisesse falar comigo. Ele continuou a sua conversa bastante oca, até que cheguei à frente do prédio onde morava a Sra. B.

Eu disse "adeus" e atravessei a rua. Ele permaneceu no outro lado, e depois, rapidamente, correu ao meu encontro, dizendo: "Você quer se livrar de mim com a mesma habilidade". Respondi que ia entrar nesse prédio e, rapidamente, larguei-o lá.

Ontem, antes do almoço, encontrei o valáquio em nosso jardim e falei com ele. Disse-lhe que tinha comprado chá, que bebia chá por tédio, que o chá substitui tudo: os prazeres, os amigos. Ele me falou que o chá não deve substituí-los muito bem. Eu lhe dei razão. Então ele me perguntou que nação eu preferia, e disse: "Você deve amar os seus vizinhos, os valáquios." Respondi que não os conhecia, que eles não eram distinguidos de nenhuma maneira. "Nós, na Rússia, somos ruins, mas pelo menos nós não passamos despercebidos."

9 de outubro. Terça-feira.

Ontem, indo para o meu curso (de esp.), cruzei com o camponês na rua Medecins. Ele andava ao lado de um amigo, aquele de quem havia falado perto do hospital. Ele ia conversando e sorrindo, a cabeça tão inclinada que mal pude reconhecê-lo; provavelmente tinha me visto antes que eu a ele.

Alguns dias atrás, escrevi uma carta muito íntima ao médico, depois que ele havia passado em minha casa sem me encontrar. Ele respondeu com uma carta fria, até grosseira, na qual dizia que não tinha tempo de ir à minha casa (que tinha ido duas vezes e eu não estava lá); ele me propôs vir uma única vez para a aula e para as consultas, fixando a data e hora, desde que não fosse à noite, porque as noites eram reservadas ao descanso. Ao mesmo tempo, me propunha um dia e fixava seu preço pelas aulas. No dia acordado, ele chegou, o ar [*ilegível*] e me perguntou como eu estava. Eu lhe respondi, depois peguei meu caderno dizendo que tinha estudado. Ele me disse subitamente que não poderia trabalhar comigo hoje, e que tinha de sair. Eu não podia acreditar na sua fatuidade e perguntei se ele não estava com raiva de mim. Ele abriu os olhos espantado e perguntou como é que eu podia pensar uma coisa dessas. "Sem dúvida a luta contra o dever terminou, a virtude triunfou", eu disse. Seu tom tinha desagradavelmente me impressionado; incapaz de esconder minha tristeza, respondi que provavelmente estava errada, depois acrescentei com um sorriso triste: "Vá em frente, vá." Na próxima vez que ele veio, no dia acordado, questionou-me sobre a minha saúde, o ar imponente, depois interrompeu negligentemente esta conversa para sugerir que trabalhássemos. Sentando-se, mostrou-me a hora. Olhei com espanto e curiosidade, mas de repente uma tristeza apertou-me o coração. Eu me senti ofendida com essa imbecilidade e mal podia conter minha indignação, e algumas ideias do livro que estava lendo só serviram para aumentar a minha emoção. Então, no final, eu tive que sair da sala para me esconder. Quando ele saiu, eu me pus a chorar. Pobre coração! Não suporta mais esses toques grosseiros. Este fato me inspirou sérios pensamentos. É claro, agirei com determinação e defenderei minha honra, porque não escondo nada, nem ando com rodeios. Mas quanta força é preciso desprender para parar com esses pequenos ataques!

A Sra. Robescourt está doente; ontem, ela teve um colapso nervoso, toda a casa estava em alvoroço, e toda a noite, as pessoas ficaram correndo para procurar os médicos e medicamentos. Eu quis vê-la, mas não sabia como fazê-lo, ou se isso iria agradá-la. O seu esposo almoçou conosco, mas chegou já no fim e foi forçado a sentar-se ao meu lado. Perguntou como eu estava, todo mundo perguntou como estava sua senhora, e ele calmamente respondeu que estava melhor. Eu também, eu queria perguntar o mesmo, mas não tive chance, foi constrangedor.

19 de outubro.

Eu quase me reconciliei com o médico. Eu lhe disse, depois de tudo, que não me lembrava de suas visitas, que nada lhe havia contado, que estava tudo errado por causa de sua inconsequência; lembrei-lhe de que outra vez, ele mesmo havia recusado ser pago, mas que, agora que a comédia chegava ao seu fim, poderia ser mais preciso. Envergonhado, ele disse que não tinha brincado comigo, quis se justificar, mas lhe pedi para deixar isso para outra hora: eu estava muito animada. No nosso próximo encontro, eu estava contente e, depois da conversa, ele começou:

– Você está de bom humor hoje, então podemos retomar a nossa última conversa.

– Por quê? – perguntei. – Você me disse que não brincava comigo, e isso é ótimo, é claro que sou obrigada a acreditar em você. Confesso que eu não tinha sequer o direito de dizer o que disse, isso aconteceu unicamente porque eu tinha conversado muito com você.

– Mas diga-me, pelo amor de Deus, sem ser obrigada, você acha que eu quis causar-lhe desconforto?

– Você não poderia saber se isto era desconfortável para mim.

– E você, você sabe o que é desagradável para mim?

– Você quer dizer que se comportou comigo com toda simplicidade.

– Eu não diria isto porque seria uma mentira muito deslavada, diria apenas que eu tinha minhas razões, e que escaparam. Você não sabe um décimo do que acontece...

Ele falava com paixão e me dava pena. Ele me perguntou se suas visitas não me contrariavam, porque ele poderia parar.

– Não – eu disse. – Por quê? Por que me pergunta? Pois quero que saiba que suas visitas me dão prazer – acrescentei da forma mais calma possível.

– Sim, mas isso pode mudar.

Eu lhe disse que um amigo russo, Outine[36], tinha chegado, que não conhecia ninguém aqui, e que, portanto, ele viria aqui muitas vezes.

– Esse "portanto" é demais – ele respondeu muito sério.

Eu não entendi e pedi que ele repetisse.

Assim ele repetiu sua frase com a mesma seriedade, adivinhei o que queria dizer e fiquei vermelha.

Quando Outine ouviu o seu nome, ele me disse que o irmão desse médico era um homem mau. Isto me impressionou, então várias de suas ações se tornaram mais claras para mim.

19 de outubro, quinta-feira.

Hoje, durante o café da manhã, um francês me disse, quando cheguei, que havia tido uma discussão sobre as vantagens de se viver no campo e na cidade; ele me disse que M.R. era pela cidade, quanto a ele, era mais pela província. Eu disse que estava surpresa com a opinião de M. Robescourt, que eu, eu não gostava das grandes cidades, onde não se podia ter amigos nem nada. Ele disse que estava com medo de apodrecer na província onde a ciência não tinha penetrado, onde não havia nada (que também não se podia ler livros). Eu pensei que a vida das grandes cidades era para o rebanho e não para os indivíduos, que o homem devia ser antes de tudo homem, depois cidadão e, depois somente, artesão e sábio. Que a vida mesquinha das cidades obedecia a um interesse mesquinho, não permitindo um bom desenvolvimento do indivíduo.

20 de outubro. Sexta-feira.

Ontem, de repente, o jovem S[alias] veio com um recado de sua mãe dizendo que ela viria à minha casa naquele dia. Eu a tinha convidado. Falamos um monte de besteiras. Sa[lias] não gosta de mim, mas eu não esperava que gostasse mesmo, mas esperava que fosse melhor: tem um ar murcho.

---

[36] Eugene Isakovitch Outine (1843-1894), irmão do revolucionário Nicolas Outine, um dos principais líderes e membro do comitê central do "Terra e Liberdade". (NT)

É verdade que o georgiano não é muito falador, mas aí é outra coisa. Ao mesmo tempo, ele tenta causar uma boa impressão: não parece querer ser o que não é; não, ele quer mostrar que entende disso e daquilo, mas, apesar disso, pode parecer muito simples. Ele me disse que ao me procurar havia encontrado uma velhinha que tinha acumulado muito dinheiro e vivia com um bom pé de meia.

Outine é mil vezes melhor que ele, um rapaz vivo, corajoso e inteligente. O georgiano é melhor que todos eles.

À noite, Ev[guenia] T[our] veio com seu filho; O[utine] e o georg[iano] também vieram; esse último chegou antes de todo mundo. Não pensando encontrar tanta gente e vendo Ev[guenia] T[our] com seu filho, ele me disse em um aparte: "Quero fugir". "Não, é muito tarde, você não pode", respondi, rindo. Ele ficou. Ev[guenia] T[our], é claro, falou mais do que os outros, e percebi que seu olhar me examinava e quase perguntava: "Que impressão você tem de V(adim]?"

Hoje, para ver a c[ondessa], fui à casa de sua prima, onde encontrei todos aqueles de ontem (com exceção do georgiano). Ali foram ditas um montão de besteiras. Todos eles se tornaram amigos nesse meio tempo. Então, lhes apresentando, fiz uma boa ação.

Troquei algumas palavras com V[adim], sobre a língua, e fiquei animada.

Outine me fez perguntas sobre Alkhazov. Ao retornar, O[utine] e V[adim] me acompanharam, eles falavam da Espanha. "Isso é coisa do passado, mas pode transformá-la em um presente", disse O[utine], e foi só.

– Não, não será mais o mesmo, seria como casar pela segunda vez, como amar pela segunda vez, e só se pode amar uma vez.

– Isso é muito triste – disse O[utine]. – Você pensa assim porque é muito jovem.

"Isso é muito injusto", pensei. Citei "Lu[crécia] Floriani"[37], que havia amado muito e, cada vez que amava, parecia, era como se fosse pela primeira e última vez. V[adim] me disse que para ele era algo de um futuro muito distante.

– Esteja preparado para morrer a qualquer momento – comentou O[utine].

Mas o outro negava obstinadamente.

– Você não tem medo da morte.

Como esta visão das coisas é grosseira e sensual.

---

[37] Romance de George Sand, reproduzindo a história de sua relação com Chopin, publicado em 1846. (NT)

Eles me acompanharam até a minha casa. Diante da porta eu quis me despedir, mas V[adim] propôs ficar um pouco mais.
— Vocês querem entrar? — perguntei.
Eles se recusaram, e quando estendi a mão a O[utine] para me despedir, ele apertou-a fortemente, não me deixando entrar. Olhei para ele com espanto. Eu lhe convidei para entrar, dizendo que estaria ali todas as noites. Depois, me virando para V[adim], disse-lhe que esperava vê-lo muitas vezes. No pátio, o valáquio passou por nós. E me parecia triste.
Neste momento, eu olho pela janela que dá vista para o jardim, vejo Julie junto a um dos valáquios, o mais feio de todos. Eles dão as costas para mim, e me parece que ela chora. Eu começo a olhar mais atentamente. Julie dá um grito e cai, o rosto virado para cima. O valáquio olha, depois, lentamente, cruza os pés e chama minha senhoria. Esta entra no jardim, observa de longe, e diz com raiva: "*Comme c'est inutile*" e chama uma empregada. O lacaio e a empregada levam Julie, que está inconsciente, para a sala de estar, e eu acho que eles vão deixá-la sozinha, porque logo escuto minha senhoria falar alegremente com o valáquio. As palavras do valáquio que me chegam são: *mauvais sujet*.
— Você vai almoçar? — pergunta minha senhoria.
— Eu não sei — disse ele —, depende da comida.
Ela começa a falar dos pratos. A doente está só durante este tempo. Esta não é a primeira vez. A repetição é sempre mal vista.

Na mesma noite

Depois que Rob[escourt] anunciou sua partida, lembrei-me de lhe pedir o seu retrato, mas não tive oportunidade. Esperei que ele viesse me dizer adeus. Deve partir hoje, por isso veio à minha casa. Eu disse que lamentava a sua partida e pedi sua fotografia. Ele me disse que não tinha, mas que me mandaria, e pediu a minha. Eu lhe dei. Eu queria entregar o seu livro, mas ele me disse que o guardasse como lembrança. Nesse momento, a inglesa entra; vendo um homem que ela não conhecia, quis se retirar pedindo perdão, mas eu pedi que entrasse. Ela entrou e ficou por um momento. Nós conversamos. Eu falei de O[utine]. A ing[lesa] partiu rapidamente. Depois, a sós, Robercourt me disse que voltaria em abril e que tentaria me encontrar. Pediu que lhe escrevesse de tempos em tempos e que fosse vê-lo caso passasse por Nancy. Ele deixou-me o seu endereço. Depois, desejando-me tudo de bom, apertou-me a mão e beijou-a. Ali, eu tentei dizer alguma coisa e minha voz tremeu. De novo, ele beijou minhas mãos. Eu o olhei e coloquei meu braço em torno de seu ombro, nossos lábios se encontraram... Assim, começamos uma conversa desarticulada, intercalada com beijos. Ele tremia da cabeça aos pés, e seu rosto estava tão feliz, tão sorridente; eu também, eu me sentia feliz, mas interrompi nossos beijos ardentes pedindo-lhe que me deixasse. Eu o empurrei para longe, mas, de repente, num momento, eu lhe estendi as mãos. Ele me perguntou se eu queria que ele desistisse de sua partida para Nancy e quando ele poderia vir me ver. Eu disse: amanhã à noite. Em várias ocasiões, nós começamos a dizer adeus. Eu o procurei, ele suplicava por um beijo; por fim, peguei eu mesma seu chapéu e abri a porta. Depois de sua partida, recuperei meu ânimo um pouco, e logo fui ver a inglesa, as faces ainda ardentes, pelos beijos. Entrando em sua casa, logo na escada ouvi a voz da Sra. Rob[escourt]. Eu me aproximei da janela e vi os dois atravessarem o pátio, acompanhados de uma empregada carregada de malas. Ele voltou-se e disse algo à proprietária. Minha cabeça girou; não sei como isso vai acabar. Tenho a impressão de que ele me ama, eu já estava lá há cerca de duas horas, tanto que nem tinha ouvido a voz da Sra. R[obescourt]. Seu rosto estava sinceramente feliz. E esse fremir, esse tremor em sua voz...

23 de outubro

O valáquio não veio, não mais escreveu.

O médico passou ontem. Eu lhe disse que o belo espanhol era uma nulidade. Ele me respondeu que esta era uma apreciação muito radical. Eu retruquei:

– Certamente; mesmo assim, não vale nada. Foi-me dito que era bonito, mas ele não é nada. Suas sobrancelhas são incríveis, tão grande quanto a minha testa.

Depois lhe disse que tinha feito três pessoas felizes por apresentá-lo.

– Em outras palavras, você contribuiu para espalhar a civilização – disse ele.

Ele falou de Petchorine, que também estava mais apaixonado que Grouch[nitski][38]. Essa comparação me surpreendeu, porque eu tinha pensado a mesma coisa.

---

[38] Personagens de "O herói de nosso tempo", de Lermontov. (NT)

Outine defendeu V[adim] dizendo que há muito tempo tinha falado com ele e que ele o tinha encontrado muito mal. Ficou consternado por minhas palavras sobre ele, e disse que elas não eram tão duras.

Hoje, a inglesa veio a mim com indignação anunciando que a Sra. Cabrinio bordava com rendas gorros para os pobres e que em Paris a tendência para o vestuário não permitia adivinhar a que classe social a pessoa pertencia.

02 de novembro

Recebi Oussov e Outine. Outine disse, eu não sei por quê, que os ingleses tinham uma mente estreita. Oussov defendeu os ingleses. Outine disse que seu prestígio político havia caído desde que eles perderam no que diz respeito à questão dinamarquesa e à questão polonesa.

– Sim, mas isso não quer dizer nada. A política externa não tem nenhum peso hoje em dia. Eles se prendem a um princípio de não-ingerência. Hoje mesmo, Luís Napol[eão] retirou suas tropas de Roma.

– É muito bom esse princípio da não-ingerência. Hoje ele retirou as tropas, mas ontem eles lutaram no México; você vai ver se amanhã não lutarão em outro lugar.

– É um fato, entretanto o princípio da não-ingerência mostra a orientação das mentes na I[nglaterra]. A liberdade é universal na Inglaterra, num grau que é quase impossível em outro lugar.

– Sim, tudo está nas mãos dos industriais.

– Mas os trabalhadores são livres.

– Sim, eles prosperam sem o poder do capital, sem dinheiro.

– Você fala de capital, mas eles têm enorme capital sem capital, e vivem melhor do que nossos funcionários.

– Eles? O que você diz! Por que então Taine[39] fala de sua miséria em cada página? De onde vem esta fome?

– Há um pequeno problema, é que nem todo mundo pode se tornar um trabalhador.

---

[39] Hippolyte Taine, historiador, crítico literário e pensador francês. Foi um importante representante do Positivismo Francês do século XIX. Em 1853 publicou *Ensaios sobre as fábulas de La Fontaine*, usado para sua tese na Sorbone. Entre seus trabalhos destacam-se *Nouveaux essais de critique et d'Histoire: Balzac* (1865), *Voyage aux eau des pyrénees* (1855), *Histoire de la littérature Anglaise* (1864) e *Philosophie de l'art* (1865). (NT)

— Ah, ah, você chegou à mesma conclusão.

— Não, não é a mesma coisa. Esta situação está melhorando. Hoje, cada trabalhador pode se tornar proprietário. É uma porcentagem muito pequena, claro.

— O que o governo poderia fazer? O governo não pode interferir. É muito bom que não interfira.

— Vê-se como está bem. Então, por que ajuda a burguesia? Não, aqui a luta é muito desigual, quando de um lado há tudo, do outro nada; você vai ver proximamente um golpe de Estado, que acontecerá certamente, porque está se preparando.

— Eu não posso afirmar que não acontecerá. Tudo pode acontecer. Mas eu não sou adepto da revolução, me parece que há muito tempo teria sido abandonada a ideia de que nada se pode obter sem a revolução. Claro que em um país como a Rússia, onde há sessenta milhões de analfabetos, e onde seria necessário surgir um único homem instruído de boca fechada, cautelosamente, todos os meios são bons, mas onde há alguns bons princípios seria imperdoável. Você vai ver o que sairá com o tempo desse começo modesto, que tem gerado grandes progressos em pouco espaço de tempo. Nós não vemos, porque estamos acostumados a feitos grandiosos. Nós precisamos de uma revolução. (A revolução não me satisfaz, mas a considero uma triste necessidade.)

16 de novembro

Nesses últimos tempos passei todas as minhas noites na casa da con[dessa]; lá estava Bak[unin][40], ele me agrada. "Sem fé, não se pode fazer nada", disse ele, um dia, "mas a fé às vezes mata. Aquilo que é levado para o céu, é retirado da terra."

Há poucos dias o méd[ico] me pediu dinheiro; isto lhe custou, era visível. Eu imediatamente lhe dei da maneira mais amável. Ele ficou contente. Nós conversamos muito. No final, antes de partir, começou a me

---

[40] Mikhail Aleksandrovitch Bakunin foi um teórico político, sociólogo, filósofo e revolucionário anarquista. É considerado uma das figuras mais influentes do anarquismo e um dos principais fundadores da tradição social anarquista. O enorme prestígio de Bakunin como ativista o tornou um dos ideólogos mais famosos da Europa e sua influência foi substancial entre os radicais da Rússia e da Europa. (NE)

contar o seguinte: "De acordo com Talleyrand, a palavra nos foi dada para obscurecer o pensamento e, segundo Heine, para dizer amabilidades. Qual dos dois tem razão? Agora, a questão é saber se é preciso falar ou não". Eu não vi aonde ele queria chegar... Ele partiu logo. Eu só fui compreender mais tarde. Ontem, ele estava encantador. É simples e gentil. Não se pode amar a loucura, mas se pode suscitar uma paixão passageira.

Ontem, quando nós terminamos as lições, ele quis sentar mais perto do fogo e pediu que eu me aproximasse da lareira. Eu me recusei, porque tinha dor de cabeça.

– Então eu fico aqui – disse ele, mas pouco tempo depois, pediu novamente que eu me aproximasse.

– Fique em paz – eu disse.

– O que é que se pode fazer? Que capricho! Mas isso não nos impede de falar.

– Sim, é justamente um capricho, mas isto não é nada grave, o capricho é uma coisa boa.

De onde ele tirava tanta coragem?

Eu me aproximei da lareira, mas ele pôs sua cadeira bem longe da minha. Vendo pão, perguntou se podia pegar. Eu disse que sim e comecei a comer com ele; ofereci-lhe chá, ele recusou dizendo que isto me obrigaria a fazer um esforço, mas que ele queria falar comigo, e além disso, ele tinha uma aula a dar.

– Você podia faltar – eu disse.

– É verdade – disse com alegria, mas se conteve e acrescentou:

– É verdade, mas sou obrigado a ir.

Não insisti. Ele não disse nada de especial, mas me cumprimentando, agradeceu-me com muita simplicidade e ingenuidade.

Certa vez, falando de um grego, que era belo, eu disse que na minha juventude, não prestava nenhuma atenção à beleza, e que meu primeiro amor era um homem de quarenta anos.[41]

– Você devia ter dezesseis anos nessa época – disse.

– Não, vinte e três.

---

[41] Refere-se a Dostoiévski (NT)

19 de novembro

Hoje recebi a visita de Vadim[42]. Falamos sobre o amor.

– Como a nossa conversa é delicada – eu disse –, mas apesar disso, segue de maneira adequada.

– Não, não é adequada.

– Como se pode falar de amor, de flores, de poesia para uma mulher?

– A poesia e as flores são um absurdo, mas o amor é uma coisa séria, que existe desde o começo do mundo, e aquele que não o aprova não é digno de ser chamado de homem.

– Flores e poemas existem há muito tempo, e aquele que não sente o seu encanto não é homem.

30 de novembro. Quarta-feira.

Domingo fui a um concerto – uma noite de gala – com Carrive. Seguimos a pé, falando de várias coisas. Fiz-lhe perguntas sobre seu país, para onde se preparava para voltar, mas não falou grande coisa.

Ele me disse que iria seguir os passos de seu pai, que iria trabalhar a terra, constituiria uma família, a menos que encontrasse um lugar em qualquer parte da cidade.

Pouco antes, tinha me acontecido um caso: um médico russo, chegado não havia muito tempo, se comportara de tal maneira que fui obrigada a proibi-lo de entrar em minha casa; Carrive tinha vindo à minha casa e, no sábado, ele me perguntou sobre ele. Respondi que tinha sido forçada a afastar-me dele, porque o tinha como um tolo. Ele me disse que tinha pensado exatamente a mesma coisa. Estava contente de me ouvir dizer isso.

– Eu saberei como me comportar com ele – disse (eles tinham se encontrado no hospital).

Respondi que não pedi nada a ele.

– Eu não o convocaria para um duelo – disse ele. – Mas prefiro saber que tipo de homem ele é.

Carrive me propôs ir com ele para Saint-Germain, e aceitei com prazer.

Ontem, enquanto tomava aulas de fr[ançês], Vadim e O[utine] chega-

---

[42] Autor do conto "Escuridão", publicado em "O Contemporâneo", 1863. (NT)

ram. Eles entraram muito barulhentos e, vendo que eu não estava bem e que haviam me incomodado, pediram para ficar uns cinco minutos e conversamos um pouco. Quando pedi a Vad[im] que dissesse a sua mãe que eu não poderia ir ao Châtelet esta noite, Ou[tine] olhou para mim com um sorriso que me fez querer ir à casa da condessa para mostrar que eu não tinha um motivo particular para ir, mas lá não fui. Cumprimentando B., eu lhe disse francamente:

– Não vá, poderemos rir juntos.

Ele me disse que tinha muita coisa para fazer. E eu sabia que era verdade.

– Eu ficaria feliz. Estaria bem ao seu lado, mas eu tenho que ir ao curso e em seguida, para o hospital. Pelo menos tenha pena de mim, ele disse, já à porta.

– Tenha piedade de si mesmo.

– Não pense que eu sou orgulhoso a ponto de não ter pena de mim.

– Eu preciso ter pena de mim, porque não há ninguém para ter pena de mim.

Ele caminhou rapidamente até mim e apertou-me a mão.

– Ou temos de confiar que mais tarde haverá uma *transformation*, – disse ele –, lembrando do livro que tínhamos lido; depois respondeu para si mesmo: "Ou será muito tarde..."

– Até logo.

Ele me disse que tentaria me ver antes do sábado. Em seguida me fez recordar que os jovens não tinham fechado a porta e que eu deveria repreendê-los.

A condessa veio hoje; devolvendo-lhe o romance escrito por seu filho, eu lhe disse que se fosse um censor, o teria proibido... Essa foi uma boa astúcia: lisonjeei dizendo a verdade![43]

Sábado. dezembro 1864

Há alguns dias atrás, caí doente, e a isso juntou-se um problema financeiro que me obrigou a procurar o banqueiro. Perguntei à con[dessa] se poderia me dar alguns conselhos. Ela veio prontamente, mas estava muito fria,

---

[43] Trata-se provavelmente do romance *Těnébre*, publicado em 1863 no número 12 da revista "O Contemporâneo". (NT)

aconselhou-me a expor a questão ao Benni. Eu disse que ele era muito ocupado e que não éramos amigos. Ela duvidou que ele fosse ocupado, e me aconselhou a falar com Alkhazov. Era absolutamente impossível. Aconselhou o Outine. Eu não disse nada, e quando tentei dizer algo, disse que iria pedir à minha senhoria.

No dia seguinte, enviei uma carta a Outine, pedindo-lhe que viesse o mais rápido possível, porque eu estava doente. Disse-me que viria imediatamente, mas só chegou quatro horas depois, em companhia de Salias. Eles vinham para minha casa sabendo dos meus problemas. Movida por minhas leituras e por esta aparição, eu me mostrei grosseira com eles, especialmente com Salias. Quando ele me perguntou "posso visitá-la?", eu perguntei o porquê.

Outine voltou no dia seguinte. Eu lhe disse que tinha sido rude com Salias; ele confessou e respondeu que estava mesmo surpreso. Acrescentou que Salias ficou todo o dia chateado por algum motivo, o que não era de todo verdade. Eu disse a Outine que vi Carrive e que ele tinha pedido permissão para me apresentar a um amigo seu.

– Quando eles virão? – perguntou Outine.

Respondi que não sabia. Logo vi que seu amor-próprio foi ofendido; eles estavam felizes por vir, mesmo quando me sentia melhor sem eles.

– Você está entediada? – perguntou Outine.

Não, ora – respondi –, não estou tão doente assim, eu posso trabalhar; além do mais, que vida é diferente da que eu normalmente levo?

– Fiz esta pergunta porque ouvi você suspirar.

Ao saudar-me, ele me disse que eu não deveria desconfiar dele, que ele entendia minhas palavras sempre como deveria.

Naquela noite, como eu estava adoentada, escrevi um bilhete para Benni; ele veio no começo da manhã seguinte, enquanto eu estava ainda na cama. Quando abri a porta, pedi-lhe para esperar até que eu voltasse para a cama. Deitei-me. Ele entrou. Estava muito preocupado, e saudando-me, apertou minha mão com força. Eu apertei a sua levemente... Mas ele se foi. Depois, voltou à noite, e na manhã seguinte e no terceiro dia. No dia seguinte, ficou comigo por um longo tempo, sentado, encostado no canto oposto, e falou um longo tempo, bem, mostrando uma calma absoluta. Ele dizia até que ponto estava errado e que as pessoas não respeitavam a liberdade dos outros, nem mesmo de seus conhecidos.

Hoje ele me deu uma aula. Estava muito quente perto do fogão, e me afastei, mas ele me disse que eu estava muito longe. – Então, vem aqui! Mas ele não se juntou a mim. Eu disse que devia trocar um dinheiro, e ele se ofereceu para fazê-lo; aceitei só para vê-lo novamente. Ele voltou, mas desta vez Carrive estava em casa. Ao vê-lo, pareceu perder o bom humor e partiu rapidamente, dizendo que voltaria na terça-feira, ou seja, só quando eu precisasse dele, porque eu estava quase recuperada. Como é duro, esse garoto!

Segunda-feira.

No momento, reflito sobre minha volta à Rússia. Para onde vou, viver com quem? Com minha irmã, meu pai? Eu nunca poderia ser livre como quero, e, além disso, meu objetivo não é suportar ser dependente. O que eu tenho em comum com essas pessoas? Espalhar minhas ideias? Isso é bobagem. Além disso, ninguém me confiaria seus filhos. Acredito que na Rússia as coisas não estão tão mal como dizem. Afinal, qual é o objetivo de tudo, propriamente falando? O bem do povo, isto é, que as pessoas tenham o suficiente para comer, e comam melhor do que nunca, e com isso se irá longe; quanto às universidades estarem fechadas, quem se importa?

Um dia, meu amigo médico disse que ele não tinha nenhuma pátria, mas o que significa ter uma pátria?

14 de dezembro

Domingo, Alkhazov passou para me ver, e me falou das perseguições contra ele. Está desesperado diante da impossibilidade de fazer qualquer coisa, e quer ir para a Turquia: lá há mais liberdade. Eis aqui a situação do homem moderno! Procurar a liberdade na Turquia! Eu gostei dessa ideia.

– Pelo menos lá, você não precisa colocar casaco e luvas – disse.

Depois ele disse que queria trazer seu irmão mais novo – as escolas lá são ruins – mas mudou de ideia, vendo os modos daqui.

– Claro, eu podia lhe ajudar – disse –, mas o que eu posso fazer por ele não substitui o que ele perdeu: eu não posso substituir a mãe, nem seus irmãos, nem a natureza, tudo o que construiu, as impressões que formam o caráter, e isto é essencial. Mais tarde poderá adquirir instrução, mas não forjará um caráter.

Falamos com o coração aberto.

Hoje fui à casa da con[dessa]. Ela tinha acabado de voltar de uma caminhada, acompanhando a Sra. O[grev]. Ela me contou coisas horríveis: Sra. O[gariov] – esta mulher de quem as pessoas de todos os partidos e todas as opiniões falam tão mal – deixou seu marido, e agarrou-se a Herzen. Herzen chegou com ela já embriagada e foi logo pedindo que lhe oferecessem vinho sob o pretexto de que ela não se servisse a bel prazer. Dizem que ela havia traído o marido muito antes de Herzen, e o seduziu embriagando-o. Aproximando-se de S[alias], a Sra. Ogarev despediu-se dizendo-lhe que me acompanhasse e voltasse logo.

Sábado, quando eu disse a meu amigo médico que fui a P., notei que ele ficou afetado. Ao partir, perguntei, com simplicidade:

– Você pode me fazer um favor de me ajudar a encontrar um endereço?

– De quem?

– De C.

Minha voz mudou quando pronunciei esse nome ...

Ele me prometeu fazer isso. Eu lhe disse que não tinha pressa. Hoje, ele trouxe o endereço. Fiquei muito surpresa ao vê-lo numa hora incomum.

– Dê-me um papel – disse ele, depois de ter me cumprimentado.

Eu lhe dei o papel e expressei minha surpresa de vê-lo. Ele evitou pronunciar o nome de C. e de dizer o propósito de sua visita.

Eu fui à procura de um lápis e, me afastando do armário, perguntei-lhe:

– Você me trouxe mesmo, o endereço que lhe pedi?

Então pedi que ficasse um pouquinho. Ele ficou por um tempo, mas estava muito triste.

Sinto que a mesquinhez me ganha, que mergulhei numa "lama impura"; e não senti mais o entusiasmo que me arrastara uma vez, mas uma indignação benéfica.

Pensei muito, e foi melhor. Se eu não tivesse amado antes, se o meu do[utor] não fosse meu médico, nosso relacionamento seria muito diferente. Onde foi parar a minha coragem de antigamente? Quando me lembro do que aconteceu dois anos atrás, começo a odiar D[ostoiévski]. Ele foi o primeiro a matar minha fé. Mas preciso me libertar, sacudir essa tristeza.

20 de dezembro.

O m[édico] me falou a respeito da condessa (depois que eu disse que ela não gostava dele, o que ele reconheceu, e isto foi desagradável), que ela era incapaz de amar. E como é verdade!
    Montagnard disse que preferia o estilo da poesia de André Chénier[44] ao de Alfred de Musset[45]; ele disse que esse último vê somente o mal, não há nada de elevado, e que, visto ser infeliz em sua vida particular, por estar muito ocupado com sua própria pessoa, é um egoísta.

21 de dezembro.

O médico veio. Ele falou a respeito do amor, que na vida das pessoas como na dos Estados, há ações e reações; num momento se ama, depois se diz: é o bastante, agora eu quero ser amado, se não, tanto pior.

31 de dezembro

Hoje recebi uma carta de minha irmã e lhe respondi imediatamente.

14 de janeiro

O número de homens que, depois de uma vitória fácil sobre uma mulher, perdem todo o respeito por ela, talvez seja muito maior do que eu esperava.

---

[44] Poeta francês, partidário teórico dos princípios da Revolução Francesa (NT)
[45] Alfred de Musset, poeta francês. (NT)

15 de janeiro

Finalmente pude ver os efeitos da propaganda. Minha senhoria me falou de seu descontentamento porque eu não lhe disse que havia pagado a Leoni.

– Você deve estar do lado dos patrões, e não do lado dos domésticos – disse-me ela.

– Senhora, eu não posso estar nem do lado dos patrões nem do lado dos domésticos – respondi. – Eu estou do lado da verdade, mas se você quiser, eu lhe devolvo o dinheiro que perdeu por minha causa.

Eu me afastei. Ela interrogou a empregada para saber o que eu disse depois, e esta respondeu: absolutamente nada. Algumas horas mais tarde, a Sra. Ruit veio me pedir desculpas. No entanto, isso me fez jogar com os dons Quixotes: Leoni, para pagar sua patroa, disse que eu não havia lhe dado absolutamente nada, que em meu quarto havia uma grande bagunça e muito trabalho e que eu estava muito agitada e mimada.

Hoje à noite O[utine] apareceu e tivemos uma grande discussão sobre o amor e sobre A.K.[46] A discussão partiu do fato de que ele tinha visto em minha casa seu retrato. Eu duvidei, defendi V.[47] com paixão, provando que ele devia ter talvez razões válidas para se separar dela. Eu disse que era injusto pedir que um jovem seja responsável por si mesmo e pelos outros. Outine não concordou, e disse que V. deveria desposá-la, ou se separar dela imediatamente, caso não a amasse mais, ou então para *assegurar o seu futuro*. Isso é bonito! No primeiro caso, isso significa que um jovem não deve desistir nunca da felicidade nem do amor, pois que não se pode casar novamente. E garantir o futuro? Isto significa que um homem pobre não deve amar.

Troquei Paris por uma pequena cidade da França. Estou muito cansada da mentira social, eu quero ficar completamente sozinha, pelo menos essa é a verdade; certamente vivo só, mas me queixo exatamente, porque, apesar disso, ainda espero qualquer coisa, tenho esperança, me preocupo.

Eu quero estar mais perto da natureza. Ela gratifica todo o mundo da mesma maneira, não recusa seus dons a ninguém. Eu gostaria de me estabelecer à beira-mar, isso seria ótimo.

---

46 *Anna Karenina*, livro de Tolstói. (NT)
47 Certamente Vronskiy. Conde Alexei Kirilovich Vronsky, amante de Anna Karenina (NT)

Montagnard está um pouco desconcertado com a minha decisão. Ou-[tine] um pouco, igualmente. O médico recebeu-a com indiferença, mas depois que lhe lembrei que estava indo embora, ele me perguntou: "Você vai partir realmente?" Que pergunta! Ele acha que é uma piada. Alkhazov estava feliz por mim, pela minha ...

21 de janeiro

Ontem almocei no Hotel das Flores. Falava-se de uma mulher que se enforcou, explicava-se os detalhes de como a corda foi amarrada. "Quem a teria amarrado assim? Talvez seu marido" – comentou a Sra. Verneuil.
Hoje eu me submeti às torturas médicas. Pedi um conselho ao méd[ico] para saber onde valia a pena ir, e lhe falei da Espanha. "Vá para Valência – disse –, eu também penso em ir para lá. Basta você me escrever." Eu estava perplexa. "É um luxo" – respondi para dizer qualquer coisa. Em seguida, sem prestar a menor atenção à sua proposta de ir, mudei de assunto, pedindo-lhe para ser meu médico nas belas terras distantes. Ele concordou e me propôs escrever uma carta de recomendação para um médico.
Ele me sugeriu tomar uma aula uma hora dessas, mas, voltando atrás, preferiu suspender, me achando ainda muito fraca.
Depois de sua partida, [pensei] num passeio grandioso pela Espanha...

26 de janeiro

Ontem, o médico chegou, me deu uma aula, conversamos como sempre. Mostrei-lhe o retrato de Katenka dizendo: "Ela é uma verdadeira belezura" Mas o retrato não lhe agradou, e ele me disse que seu ideal de beleza feminina era a Vênus de Milo. Eu disse que ela era muito sensual. Ele não concordou, ele é muito duro.
Três dias antes, ao voltar do almoço, pensei no Plantador, e desejei indagar se ele ainda morava no endereço que eu tinha; por isso eu me atrevi a entrar no prédio onde ele morava, após minhas informações. Na esquina da Odeon, virei para a rua Racine. Na rua Corneille, cruzei com ele em pessoa, ele estava com uma senhora. Estava muito escuro, e eu duvidei se era realmente ele. Voltei-me várias vezes, ele virou-se também. Quan-

do me virei pela última vez, ele ficou imóvel ao lado desta senhora. Meu coração estava batendo; atravessei a rua e subi os degraus da Odeon. Sob as arcadas, lá onde se vendem livros usados, tudo estava escuro. Andei na ponta dos pés, como um ladrão, para me colocar à frente e vigiar. Naquele momento, ele atravessou a rua, sempre na companhia desta senhora, e marchou sob as arcadas, do lado onde se vendiam jornais, onde estava claro. Eu o segui contra minha vontade; se distinguia de longe na multidão. Ele afastou-se mais e mais na rua de Vaugirard, e eu o seguia sempre. Ainda duvidei que fosse ele; perto do Luxemburgo, eu o encontrei e fui atrás dele. Eu queria ver o rosto de sua senhora, mas não tive êxito. Apenas pude observar que era loura. Ele falava pouco com ela, e estavam acompanhados de um senhor, que andava ao lado do Plantador. Eu não pude entender nada de sua conversa. Chegando perto da rua M., o Plant[ador] virou. Lá, eu o vi muito bem. Ele deve ter me visto, mas não sei se me reconheceu, não tenho certeza. Ele virou-se, sem motivo aparente (pela força do magnetismo, talvez?). Eu fiquei ligeiramente atrás. Vergonha e tristeza me invadiram. Eu não sabia se deveria continuar ou recuar meus passos. Parei, [mas] uma força me empurrava para frente, e eu continuei. Para onde? Por quê? Parei novamente, vendo que os transeuntes desta rua ampla me observavam. "Você procura alguma coisa, senhorita?", perguntou-me um homem. "Vá em frente, me deixe quieta" – respondi, bruta.

Retornei pela rua M., bem escura, depois entrei em minha casa. Minha primeira ideia era ir para o hotel para perguntar se o médico[48] morava lá, mas não me atrevi a ir sozinho, então fui para a casa da con[dessa], na esperança de encontrar Outine ou pedir decididamente a Salias para me acompanhar.

Eu estava terrivelmente preocupada, falei besteiras e, por fim, disse que voltaria logo. Oussov sugeriu que eu esperasse um pouco para ir com ele, mas respondi que tinha que sair imediatamente. A con[dessa] pediu a Oussov que ficasse, dizendo que eu podia ir sozinha, pois eram apenas nove horas, mas eu disse que queria que alguém precisamente me acompanhasse ao longo do caminho, mesmo que essa pessoa retornasse em seguida para a casa da condessa. Outine insistiu em ir. Tentei ficar o mais calma possível. "Por que você quer que alguém lhe acompanhe um pouco?" – perguntou ele. "Bem, eu tenho que passar em um lugar. Eu preciso encontrar o endereço de um cavalheiro" – respondi de qualquer jeito, pois comecei a falar de sua história e de minha partida.

---

[48] Salvador.(NT)

Ele queria saber quem era esse cavalheiro, e eu respondi de forma evasiva; ele começou a me dizer que eu estava fazendo besteira, etc. No entanto, entramos no imóvel. Ele se recusou a perguntar e eu mesma tive que fazer isso.

– Eu não conheço esse nome – respondeu-me o proprietário de forma bastante grosseira.

– Então, você entendeu, disse O[utine].

– Não se preocupe, amanhã saberei – respondi. Então, ele me repreendeu novamente; tentei me justificar dizendo bobagens assustadoras com grande animação.

– Você está muito animada – disse ele a mim.

– Sim – respondi. E, de repente, interrompendo a nossa conversa, afastei o meu braço do seu e sai.

Ontem, cumprimentando o médico, eu lhe disse que o endereço do C. não estava correto. Ele prometeu se informar, porque ele o via todos os dias. E hoje, indo para a casa da con[dessa], de repente cruzei com ele na rua da Escola de Medicina. Não esperava. Fiquei perplexa, constrangida, envergonhada, até meu rosto ficou vermelho, pegando fogo; não o encarei, mas senti que ele estava mais ousado, mais seguro de si. Pobre coração!...

Ele pareceu-me mais bonito. Seu lábio superior estava coberto de uma penugem amarela, que dava a impressão de que havia uma marca original, enérgica, em seu rosto másculo. Como esse rosto é bonito! Há nele um poder juvenil, inconsciente.

28 de janeiro.

Ontem, durante o almoço, Oussov sugeriu ir ao Teatro de Bobino[49], e fomos os quatro: eu, ele, o proprietário e Nikalopulo. Que sujeira havia nesse teatro! Dizem coisas obscenas no palco, e as atrizes fazem gestos que a gente fica incomodada ao olhar. É uma mistura de piadas picantes, de estupidez e grosserias de caserna. O público, composto de trabalhadores, ria sinceramente, a maior parte do tempo. Não é a sujeira que é contagiosa aqui, mas sua audácia e seu sucesso; se eu tivesse visto isso em [*ilegível*]

---

[49] Teatro de Bobino ou de Luxemburgo, sala de espetáculos situada na rua Madame, perto do Jardim de Luxemburgo. Em seu palco atuaram grandes cantores. Foi demolido em 1868. (NT)

seria compreensível, mas na plateia de um teatro! Muitos estudantes vieram ao nosso camarote, onde Oussov e eu ocupávamos a primeira fila; eles se comportaram com a maior familiaridade: aplaudiam sem piedade, gritavam, lançavam em voz alta várias observações aos atores. Oussov me afirmou que eles queriam ser perseguidos, mas o empregado apenas os observou. No intervalo, O[ussov] ofereceu-me café. Não houve nada melhor! Uma familiaridade, um descaramento terrível marcavam tudo e todos. Perto de nós, estavam dois jovens de silhueta tísica, que jogavam cartas; um deles estava acompanhado por uma *dama* que bebia distraidamente alguma coisa numa xícara. De tempos em tempos ela se dirigia ao seu vizinho que jogava cartas, colocava a mão em seu ombro, e ele se virava para ela como se tivesse acabado de acordar e lhe acariciava as bochechas. Do outro lado, uma outra dama, com um chapéu, sentou-se entre dois homens, lendo *Petit journal*. Um homem sentado à sua frente, com quem parecia muito mais familiarizado do que com os demais, falava com ela, beijando-lhe as mãos. Estas damas são feias e flácidas. A patroa apressada, incrivelmente descontraída, colocando a mão sobre a minha, inclinou-se entre nós dois e disse que nossa cerveja estava por vir. No teatro, vi um jovem e uma mulher sentados lado a lado, a se apresentarem. Durante o intervalo, conversando com ela, ele a encarava e ajeitava seu xale.

Lucrace fez uma corte assídua à Sra. Verleuil, mas seus avanços pareciam estúpidos e insolentes! Longe dos olhares dos outros, ele fez uma pose pitoresca e seus olhos pareciam doces; ao fim do almoço, ele sentou-se na sala ao lado, que é pouco iluminada, e de lá a observa.

Hoje, o médico me deu uma aula. Eu estava uma pilha de nervos e, lendo, chorei várias vezes. Eu acho que ele ficou tocado, mas sem dúvida não foi capaz de entender a origem desta emoção. Primeiro, eu estava sentada num sofá e ele, perto da lareira, mas quando os vizinhos começaram a tocar piano, saiu de onde estava para se sentar ao meu lado, se apoiando no braço do sofá, de modo que quando se ajeitou, foi empurrado (pela sobrinha de minha senhoria), mas eu não percebi, não pude ver nem seu gesto nem a expressão de seu rosto. A lição acabou, ele me perguntou quando deveria voltar. Eu fixei a terça-feira, mas ele me prometeu passar na segunda para saber das novidades.

Eu perguntei se ia à Espanha. Ele me disse que provavelmente, porque não tinha necessidade de visto. Eu disse que o visto era necessário.

— Você está muito bem informada sobre a Espanha – disse ele. (Não, eu não sabia o suficiente, senão eu já estaria lá.) No entanto, ele não me deu o endereço do Plantador; eu pedi que me trouxesse da próxima vez.

Meus anos de intimidade com Dostoiévski

Falando da minha viagem, ele disse que era uma coisa boa, que ele tinha vontade de visitar esse país também.

Eu lhe disse que ele tinha desagradado a sobrinha de minha senhoria, mas que eu lhe disse que era gentil, embora caprichoso como uma mulher.

4 de fevereiro. Sábado.

Alguns dias atrás desci de um ônibus perto do Palácio Real. Uma menina se aproximou de mim e me ofereceu botões. Dei-lhe dinheiro, recusando os seus botões, mas ela insistiu que eu os levasse. Peguei-os e dei-lhe mais dinheiro, mas ela quis me dar outros botões, que recusei novamente.

– Pegue-os, ela não precisa dos botões, fique com eles – interrompeu o motorista que estava ao lado; em seguida, virando-se para mim, explicou-me que esta menina jamais aceitou dinheiro sem contrapartida, que para ela era uma questão de honra.

Hoje, o médico veio. Ele queria me dizer adeus e dar-me uma última lição, mas, na verdade, nos veríamos uma vez mais. Mas ele não teve moral, saiu antes de terminar a lição, dizendo que estava doente.

– Está claro – disse eu. – O que tens?

– Eu não sei.

– Você está resfriado ou dormiu mal?

– Dormi mal, muito mal. Se pelo menos eu tivesse uma razão para dormir mal, mas eu não tenho nenhuma.

Eu nada disse e nos despedimos como de costume.

– Você virá na segunda-feira, sem falta? – perguntei.

– Sim, até porque tenho que lhe dar o endereço (era só por isso?).

Ele falava do endereço de Cor., mas eu fingi compreender que se tratava daquele médico de Montpelier.

Antes, quando ele chegou, eu lhe disse que doravante ele passaria para um segundo plano enquanto médico, porque minha irmã ocuparia o primeiro lugar.

– Eu não sou ciumento – disse ele –, mas tenho direito de sê-lo.

Outine acabou de passar. Ele me falou com toda a franqueza. Eu lhe disse que até podia estar apaixonada por ele, mas que não podia amá-lo verdadeiramente. Isto foi muito interessante, ele insistiu que eu lhe explicasse o porquê.

– Como explicar? Você é um homem estranho – eu disse, mas parei por aí.

Mais uma vez, ele insistiu que eu explicasse.
– Eu queria dizer um disparate.
– Não diga nada, não tem importância!
– Eu queria lhe perguntar por que não veio me ver: – É muito simples: você tem o que fazer, e depois está em lua de mel com Salias.
– Você não quer encontrar uma causa mais profunda? – disse ele.
Eu comecei a rir. Ele perguntou se tinha acabado de dizer algo estúpido.
– Não, mas eu sei por que você não veio me ver.
– Então, esta razão é mais profunda do que aquelas que você acabou de mencionar?
– Sim ... talvez.
Ele insistiu para que eu lhe dissesse.
O fato é que não temos mesmo o que fazer.
Ele se rebelou contra isso.
– Isto é bastante compreensível – disse eu. – Por que visitar uma mulher? Eu não tenho muita coisa de interessante. Aqui não é lugar para se procurar inteligência e educação.
Ele começou a me contar brincando que estava interessado em uma espanhola.
– Você não me viu conversando perto da lareira?
Eu disse que tinha visto, mas que, como eu não sabia da ligação, nunca saberia quando estava ou não fazendo a corte, quando estava apaixonado ou simplesmente educado. Ele me perguntou por que eu tinha ido embora tão cedo. Expliquei simplesmente que para mim não era cedo, que eu não me sentia bem.
Depois ele me perguntou se escrevi para D[ostoievski] e por que não casei com ele, que era preciso que eu o segurasse pela mão, ele e *Época*[50].
– Porque eu não quis – respondi.
– Como assim?
– Isso mesmo, se eu quisesse, eu estaria lá, com ele, em vez de partir para Montpelier.
– Na verdade, talvez seja ele quem não quis casar com você – disse à guisa de brincadeira.
– Talvez – respondi.
– Assumir o controle de "Época"! Eu sou Ifigênia!

---
[50] Revista literária fundada pelos irmãos Dostoiévski: Fiódor e Mikhail, em 1864, tendo como colaboradores Apollon Grigóriev, Strákhov Nikolay, Ivan Turgenev, Nikolai Leskov, Vsevolod Krestovsky e outros. (NT)

8 de março. Montpellier.

Aqui, as pessoas são muito agradáveis, mas têm preconceitos horríveis. Enquanto eu estava doente, minha senhoria permaneceu ao meu lado e me ofereceu todos os tipos de serviços: a bondosa passou seu tempo correndo para dar meus recados, se ocupando deles, me dizendo apenas que eu falasse quando precisasse de algo mais. Aqui, eu prefiro as pessoas simples, sem instrução alguma, às pessoas cultas, como em qualquer outro lugar: as pessoas sem instrução estão prontas para assimilar tudo o que é bom, tudo o que não é condenável. Elas respeitam a audácia, mesmo que não a tenha; no entanto, as pessoas cultas pensam que já sabem tudo ou que já viram de tudo, e não se surpreendem com mais nada. Os provincianos detestam os parisienses, e este ódio beira o ridículo, como o dos franceses pelos ingleses. Ontem, Gault me disse que todas as mentes, todos os talentos vinham da província, que os parisienses eram imbecis; ele pode dizer a um parisiense que um livro não é um livro, mas uma árvore, e nisto estou de acordo com ele. No ódio do meu professor há qualquer coisa de premeditado e de receoso, por sua vez. Ele e M. Chancel gostam de mim e me respeitam, dizem, a propósito da liberdade e da verdade: tudo isto é bom, mas o que dizer?
– Acredite em mim, não é tão assustador quanto você pensa.
– Sim, sim, é preciso ser filósofo – dizem eles.
– Um pouco – eu disse.
– Não, muito.
Eles adoram quando os outros agem com toda liberdade, mas eles mesmos não o fazem. Eles amam a liberdade de um amor platônico.
Sra. O[garev] é uma mulher muito estranha. Ora quer que as mulheres morem separadas dos homens, para não interferir na vida familiar da casa, nem que eles tenham tempo livre (uma espécie de harém); ora que as mulheres não se casem e, sobretudo, que não tenham paixões; ora quer deixar a Europa e fundar uma confraria, mas ainda não encontrou companheiros para isso. Ela passa seu tempo convencendo H[erzen] a escrever brochuras para a França. Hoje, finalmente encontramos uma linguagem comum. Eu disse que era preciso ser útil, ensinar a ler pelo menos um camponês. Ela quer provar que isso não é útil, porque os camponeses não precisam ler para o momento, eles se esquecem de ler, porque não há livros escritos para eles. Turgueniev não é bom para eles, eles não o compreen-

dem. Eles apenas compreendem Koltsov[51] mas com Koltsov somente não se vai muito longe.

– Então, depois de você, é necessário que as [ilegível] civilizadas criem uma sociedade que sirva de modelo, na qual não se casariam mais na igreja, as crianças não seriam batizadas, e que escrevam livros para o povo russo (enfim, aqueles que ainda não esqueceram a língua russa).

Mas como criar uma sociedade dessas? Ninguém vai querer, sem dúvida.

– E Louguinine e Oussov!

Pedi-lhe para manter a minha candidatura para esse fim. Mas o que farei numa sociedade da qual farão parte Louguinine e Oussov?

Depois ela me pediu para encontrar um veneno através de meu médico. Como uma pessoa sem preconceitos, humana e educada, eu lhe prometi, mas eu não sabia como abordar o meu médico com um pedido desse tipo, eu tinha muita vergonha; depois ela se esqueceu disso e pediu a seu próprio médico, que é assaz estúpido por não ter entendido nada.

Hoje, aconteceu-me uma história engraçada. Conheci um polonês, que veio alugar um apartamento com a Sra. O[garev]; um homem não muito jovem que, ao ouvir que falávamos russo, nos endereçou a palavra; no dia em que me mudei, como a porta de meu quarto estava aberta, ele entrou sem nenhum motivo. Recebi-o friamente, e depois, durante quinze dias, não o vi mais.

Hoje, eu o encontrei na escada e acho que o cumprimentei primeiro. Ele recebeu meu bom dia com grande alegria e convidou-me para conhecer sua esposa.

Em uma pequena sala, conheci uma mulher de uma certa idade.

Uma vez que ele nos apresentou, eu me senti desconfortável.

– Madame – eu disse –, embora eu seja russa...

– Mas ... liberal – disse o polonês.

– Eu não concordo ... – continuei.

– Como Mur[aviev][52] – concluiu a senhora em meu lugar –, você não tem o russo dentro da alma.

---

[51] Aleksei Vasilievitch Koltsov (1809-1842), poeta russo de expressão popular. Era amigo de Bielisnky, Odoievski e Pushkin. Turgueniev tinha grande admiração por este poeta, cujo pai, cruelmente controlador de sua vida, interferiu na escritura criativa do poeta e de sua vida pessoal. Debilitado pela depressão e um ano de duração da tuberculose, morreu aos 33 anos de idade. (NT)

[52] Estadista do Império Russo, mais conhecido por suprimir as insurreições polonesas e subsequente despolonização cultural e social de Krai (hoje Bielorrússia e Lituânia). Não deve ser confundido com seu neto, Mikhail Nikolaievitch Muraviov, que foi ministro dos Negócios Estrangeiros russo entre 1897 e 1900. (NT)

– Desculpe-me – eu disse –, russa eu sou sempre.

Aí senti o absurdo desse encontro e apressadamente direcionei a conversa para outros assuntos.

Montpellier, 24 de abril.

Não faz muito tempo, tive uma conversa com Gault. Ele disse que as mulheres russas são mais simpáticas e mais agradáveis do que os homens, bem como os italianos. Ele disse que todo homem político italiano tem, em qualquer parte, uma mulher que lhe enche de forças. "Eu tenho vários correspondentes russos – disse ele –, mas que por mais leves que sejam, por mais despreocupados, carregam sempre uma certa tristeza?"

Ele disse que o povo russo não espera promessas de desenvolvimento como Herzen e outros; que a Rússia também teve sua civilização e que, neste sentido, está no mesmo nível de outros Estados ocidentais; que o povo francês também tem seus pontos fortes. Em seguida, zombou dos jovens fr[anceses] tão racionais, e me contou como eram em seu tempo, como eles tinham audácia e entusiasmo.

Ontem, ele me contou como as mulheres italianas e espanholas eram livres, e que uma jovem que participava de uma noitada permanecia quase todo o tempo com o homem de que gostava. Todo mundo percebia mas achava isso natural. Quando todos saíam, este homem ficava. Ela despia-se e ia para a cama em sua presença. E fazia isso livremente, sinceramente, sem abuso.

Ontem, fui a uma feira. Ela estava apenas começando. Muito boa, adorável. Palcos, balanços. Uma tarde, fui me balançar com a sobrinha da Madame Chancel. E os palcos! *Théâtre de passion, Chiens et singe savants* etc. E palhaços! Havia uma menina muito interessante, que dançou para o público. Ela dançou com graça e emoção. Em seguida, distribuiu bilhetes com especial atenção. No meio da multidão, todos os tipos de mãos nodosas estavam estendidos para ela. Com que gentileza ela sorria para os seus fãs, saudando-os com um gesto de cabeça! Com que vivacidade ela segurava um cão enorme e feio e acariciava sua fuça. Ao seu lado estava outra garota, mais jovem, exatamente vestida como ela (mas esta era mais séria, parecendo mesmo com um menino).

Montpelier, 6 de maio

Alguns dias atrás me submeti a uma operação que me deixou preocupada e assustada, sobretudo porque o médico não tinha me prevenido. Quando senti cortar minha carne, fiquei com medo e pensando que ele continuaria a operar; supliquei-lhe para parar, me deixar em paz, mas como ele não me ouvia, fiquei ainda mais persuadida de que a operação iria continuar, mesmo. A dor, o medo e o ressentimento causado por isso haviam me irritado ao extremo. Eu chorava e soluçava. O médico ficou muito constrangido e tocado. Ele me consolou, e certamente se tivesse me beijado as mãos, eu o teria abraçado. Só me acalmei quando alguns minutos mais tarde, já estava deitada num divã, cansada e com o coração partido, mas dócil e silencioso, ele pegou na minha mão para me confortar e inclinou-se tão perto do meu rosto que me senti contrariada, tanto que me afastei. (Ele me disse com prazer que não iria mais me cortar nem me queimar. Esta declaração causou em mim um sentimento de alegria e gratidão.)

Arrumando seus instrumentos, ele me disse que, depois desta operação, se eu casasse, teria filhos. Respondi que isso não me dava nenhum consolo. "Por que não, se todas as mulheres desejam ter filhos? – perguntou. "Porque eu não tenho como educá-los" – respondi. Os pensamentos que me invadiram durante essa conversa me deixaram triste e me fizeram encher os olhos de lágrimas.

No dia seguinte, calma, eu o reencontrei e obedeci às suas instruções com minha ingenuidade habitual, mas quando ele começou a me atormentar, pensei, e nem sei por que, tive a impressão de que ele ainda iria me cortar e, apesar de suas promessas de que nada me faria, continuei a lhe pedir com angústias que me deixasse em paz, sozinha. Meu médico constrangido me disse: "Você não acredita na palavra de honra de um médico?"

Havia algo em seu tom que me fez lembrar o meu médico, pois, quando eu lhe disse que se adoecêssemos juntos, poderíamos sofrer pela verdade, ele me respondeu que realmente iria sofrer pela verdade, "porque nem todos os homens são maquiavélicos", respondi-lhe, e nisso nos reconciliamos.

Ontem Gault apareceu e tivemos uma conversa sentimental sobre o amor, o casamento, etc. Gault parecia um peixe fora d'água (ficou desanimado), e tive a impressão de que ele me faria passar por um teste me perguntando quantas vezes eu tinha amado e se eu estava curada do meu último amor. Eu disse que não, que não era bem assim. Então ele me perguntou como eu pensava em organizar minha vida futura e aconselhou-me a casar, e isso porque no dia anterior ele estava contra o casamento. Ao longo da conversa não parou de contar histórias e de fazer piadas e, finalmente, me disse que eu poderia contar com ele se precisasse de um conselho, etc.

Algum tempo atrás, ele me disse que o casamento, embora fosse uma instituição útil, mas para algumas pessoas, especialmente para aquelas que experimentaram a liberdade, não era bom, que casar era bom para uma pessoa que possuía propriedade, e que se dedicava a trabalhar a terra, mas aqueles que vivem de seu trabalho intelectual e queriam ver e conhecer muitas coisas não deveriam se ligar nisso. "E o amor, a paixão, o que é isso? – perguntou. – Um escândalo extra. Faça literatura, se aproxime de pessoas boas, e isso é tudo."

Eu estava de acordo com ele. E no dia seguinte, meu professor, que adora sua jovem esposa e seu filho, me disse que a felicidade estava unicamente no amor, e que todos os outros são contra. A quem devo ouvir? Ontem, Gault disse que precisava se casar, mas não por paixão; é preciso escolher um homem dotado de qualidades intelectuais, morais e físicas, e ocupando uma boa posição no mundo.

Ele talvez tenha razão, pode ser que casando eu me distanciaria muito de seu programa de vida intelectual, mas, de qualquer forma, qualquer que seja o significado de suas palavras, eu não me entregarei tão facilmente.

17 de maio. Terça-feira.

"A vida é uma coisa muito divertida – caso se tenha provado dela. Vê-se que algo está errado, mas dizem que não, não é isso, eu fui muito imprudente, fui apressado; mas noutra vez o homem é menos imprudente, menos apressado, disse Gault. Mas você, você será como os outros, enganará se for enganado."

Em 27.

Gault explicou-me hoje por que em Espelani os edifícios são tão baixos. É porque eles estão *vis-à-vis* com a cidadela construída sob o reinado de Luís XIII.

29 de junho. Zurique.

Hoje eu vi uma espécie de festa nacional, uma reunião de arqueiros. Foi o velho que trabalha na biblioteca quem me disse, quando eu saía; depois, descendo, conheci Verigo[53]; ele explicou-me e propôs que fosse com ele a essa festa. Este senhor deu-me uma atenção esp[ecial] por um bom tempo, desde a minha chegada. Uma vez, na hora do chá, como eu havia pedido vinho e me trouxeram água, não querendo embaraçar a empregada, demonstrei que era isso mesmo o que eu queria; mas eu não sabia o que fazer com a água, eu não estava com sede. Então, ele quis, corajosamente, esvaziar o copo, mas eu havia lançado um olhar expressivo e esvaziado ao copo de um só gole. Felizmente, ninguém havia notado. Hoje, depois de assistir os arqueiros, de olhar as montanhas até me fartar, entramos para tomar chá. Deixando a sala de jantar depois do chá, propus a Kniazhinina fazer uma caminhada. Ela chegou dizendo que V. também ia, mas que ele deveria primeiro dar uma passada no laboratório. Fomos juntos. No laboratório, ele mostrou-me coisas diferentes, uma substância muito interessante, depois ele produziu uma iluminação artificial. Pedi-lhe para não fazer nada de perigoso, dizendo que estava com medo. Ele disse que não havia perigo algum. Eu acreditei e fiquei ao seu lado, enquanto K[niazhinina] que é química, afastou-se; e quando houve uma explosão, peguei sua mão e pulei para trás.

27 de junho, Zurique.

Uma vez, estávamos todos na festa de arqueiros; no caminho, em uma estação, as crianças que não tiveram tempo de subir na carruagem começaram a chorar. Eu olhei com inquietação. Um jovem sentado à minha frente me disse que ficasse tranquila que em breve tomariam outra carruagem. Eu arenguei sem cessar com umas garotas; em Gênova, foi a mesma coisa...
    Ontem, enquanto eu contava que alguns americanos viajavam a pé através da Europa, foi-me dito que era estúpido conhecer o país dessa forma, que eles não precisavam ver as coisas de perto. Depois disso, eu quis sair, mas foi impossível, e além disso, por que fazê-lo?... A esposa do meu

---

[53] Alexandr Andreievitch Verigo, químico russo. (NT)

vizinho médico fala de ciências naturais, mas não aceita uma pintura ruim. Ela diz que na pintura histórica não há nada para se entender e que ninguém pode compreendê-la. Como um homem que não compreende a desventura poderia compreender [*ilegível*] pintada por meu amigo espanhol?
– De que forma se pode estudar um país!
– Claro, não podemos fazer nada sem as ciências naturais.

30 de junho. Zurique.

Ontem fui dar uma volta com Lidenka. Ela me fala sobre sua ignorância, e eu lamento tê-la contrariado, pois ela queria parar para ver quadros. Mostrei-lhe a Vênus de Milo, ela virou-se com desprezo, dizendo que aquilo supostamente era arte, mas negando os pontos de vista suíços sobre as imagens de Epinal, que era outra coisa, ou seja, as mulheres famosas do século XIX. "Ah, filhos de um cão, o camponês de Komarino." *Rien n'est sacré pour un tapeur*[54].

1865. 17 de setembro. Spa.

Ontem, cheguei aqui, deixando definitivamente Paris após uma estada de três semanas. Não posso dizer que foi fácil. Oussov sugeriu me acompanhar até a estação e eu aceitei com alegria: estava com medo de ficar sozinha nesses últimos minutos. Então, deixei Paris. Eu me violentei, mas acho que agi com honestidade e decisão cara a cara comigo mesma. Três dias atrás, de noite, chorei desesperadamente, e pensei que não teria coragem para findar essas lágrimas. Ontem, cheguei, vencida pelo cansaço, joguei-me na cama e, pela primeira vez, depois de três semanas passadas em P[aris], dormi um sono profundo e tranquilo, e quando acordei, vi com alegria, através da janela, um céu límpido e tantas folhas verdes...
No caminho, pensei sobre o meu futuro e decidi que precisava viver perto das montanhas, numa cid[ade] prov[inciana], ter meu próprio círculo, montar uma escola particular como na antiguidade, não em Petersburgo, porque é melhor ser primeira em sua aldeia, para não morrer de

---
[54] No original em francês. "Nada é sagrado para um impostor". (NT)

tédio. Assim, os lobos estarão alimentados e as ovelhas, seguras. Agora, está decidido. Eu gosto disso, e mantenho essa linha.

Eu vou contar o que aconteceu em Paris. Chegando lá com a minha irmã, chamei o mé[dico] sem qualquer propósito específico, guiada apenas pelo meu desejo de vê-lo. Ele chegou imediatamente. Eu estava na sacada quando ele entrou; minha irmã estava no quarto. Ouvindo alguém entrar, eu me virei e não o reconheci de imediato. Depois, logo que o reconheci, fui rapidamente ao seu encontro e estendi-lhe [a mão] com emoção. Falei de Gault, dizendo que eu também iria viver com gatos e que plantaria batatas, porque aqui não podemos nem plantar flores. Depois, ele visitou-me algumas vezes, e desapareceu durante uma semana. Finalmente, ressurgiu dizendo que havia estado doente. Falamos sobre pessoas importantes e de arte, mas principalmente minha irmã e eu falávamos. Ele era mais propenso a concordar comigo. Essas conversas me deixaram tão cansada que saí, deixando-os terminar sua discussão. Durante todas essas visitas, ele procurou uma oportunidade de falar cara a cara, mas eu não queria e minha irmã também não nos deixava. Uma noite, ele perguntou como era nossa sacada e saiu para vê-la, mas eu não o segui. Ele voltou no dia seguinte. Eu lhe comuniquei a notícia; tinha lágrimas nos olhos. A última vez que o vi, eu estava muito triste, determinada a partir e em vias de escrever-lhe uma carta, lhe propondo que viesse me cumprimentar. Ele havia notado meu triste humor; eu lhe disse que não estava em meu estado normal, mas não poderia dizer a razão. Ele insistiu, perguntando se poderia me ajudar, dizendo que estava prestes a fazer o que eu quisesse, mas recusei; no final, comuniquei que estava partindo. Ele perguntou quando, etc.

– Como não o verei mais, sem dúvida não me dará notícias... – disse. E me sentei na janela, melancólica e dócil.

– É estranho, disse ele, às vezes as pessoas são como as crianças, ora procuram um ao outro, ora se escondem, como em um conto de fadas. Ora é ele quem procura e se esconde, ora é ela quem procura e não o encontra jamais.

Depois veio até mim excitado e estendeu-me as mãos. Eu lhe dei as minhas. Um fogo conhecido correu em minhas veias, apertei suas mãos muito fortes mas não deixei que se aproximasse. Atormentado pela emoção, ele me devorava com os olhos.

– Sente-se – eu disse baixinho e tristemente.

– Não. – respondeu ele com um tom seco, apertando convulsivamente minhas mãos.

– Sente-se – repeti.

– Eu me sentarei se você se sentar.

Nós nos sentamos no sofá. Nossos olhos se encontraram e nós nos abraçamos. Ficamos sentados por quase duas horas. Seus braços enlaçaram minha cintura, e eu pousava sua cabeça em meu peito. Eu lhe acariciava os cabelos, beijava sua fronte. Falamos ninharias, despreocupados, sem nenhuma ansiedade, sem dúvida alguma na mente. Depois fui para a casa da con[dessa]. Ele acompanhou-me. Sentada ao seu lado na carruagem, braço com braço, *senti* que seu amor por mim era nocivo, se assim podemos chamar isso de amor. Descemos. No parque, nos separamos. Depois de caminhar por algum tempo, virei-me e o vi de pé, atrás de mim, seguindo-me com os olhos, mas isso era uma piada assaz sem graça. Ele voltou para me ver na noite seguinte; sua paixão, seu entusiasmo não tinham limites, e eu me abandonei nesses momentos sem preocupação ou dúvida.

Ele queria mais, mas eu não permiti, e ele percebeu seu erro. Eu disse que estava indo embora, que tinha marcado a minha partida para o dia seguinte, uma quinta-feira. Ele chegou no dia seguinte, quarta-feira, se arrependeu, pediu desculpas pelo que tinha acontecido, e me disse que era incapaz de amar, que não tinha sido feito para isso, que não queria que as circunstâncias ou os sentimentos governassem a sua vida, etc., etc.

Eu adiei minha partida por mais um dia, até sexta-feira. Quinta-feira, esperei a con[dessa], que prometeu me acompanhar. Ao saudar-me, ela começou a me dar conselhos amigáveis, maternais. Cansada de pessoas estranhas que procuravam me usar cada um à sua maneira, fiquei profundamente tocada.

– Por Deus, não se esqueça, Paulinka – disse ela. – Isso vai fortalecê-la, caso contrário estará em maus lençóis. Veja muito bem como são as pessoas, senão...

Eu não posso me esquecer: caí de joelhos diante dela e comecei a soluçar alto. Ela até ficou com medo, quis sair para buscar água. "Não, não – eu disse –, não precisa, estou bem." Eu soluçava em seu peito e beijava-lhe as mãos.

– Eu estou muito infeliz – disse-lhe.

– Paulinka – ela respondeu –, quem não está infeliz, pergunte? Existe uma única mulher feliz entre aquelas que amam?

Quinta-feira, ela veio à minha casa, e de novo nos despedimos ao ponto de me sentir mal e querer adiar minha partida por mais um dia.

Ele chegou na noite de quinta-feira. Oussov estava comigo. Oussov se inibiu e partiu sem me olhar cara a cara.

– Eu não vou me despedir – disse ele –, porque espero vê-la amanhã.

– Eu não sei se você vai me encontrar – disse-lhe friamente.

– Eu tentarei encontrá-la – disse ele, insistente.

E ele veio na noite seguinte. Eu estava feliz e não pude esconder. Cumprimentei-o alegremente e pedi-lhe para se sentar, pensando que ele não ia se sentar na cadeira, mas perto de mim; eu estava sentada na ponta do sofá... Ele pediu para me afastar um pouco para lhe dar um lugar ao meu lado. Eu me afastei. Ele tomou minhas mãos, e eu disse que não sabia se partiria no dia seguinte, porque ainda estava meio adoentada. Ele aconselhou-me a ficar. Eu disse que viveria em Spa até quando me enviassem dinheiro. Ele me perguntou por que não Paris. Nos serviram chá. Eu fiquei indiferente. Ele quis se servir.

– Por que temos que interpretar personagens frios? – disse ele.

– Isso é melhor do que torcer as mãos – respondi.

Minha imposição lhe magoou. Eu bebi minha xícara de chá sozinha. Ele disse qualquer coisa.

– Escute – eu disse –, porque, outro dia, quando eu me achava tristonha, você expressou seu desejo de me ajudar e de fazer tudo, *providenciar tudo o que fosse possível*?

– Eu estava realmente pronto para fazer qualquer coisa.

– E o que você fez?

– Eu pensei em ajudá-la com a minha compaixão, minha compreensão.

– Eu não lhe pedi esmola!

– Meu Deus, você diz coisas terríveis!

– Por que você foi tão longe, se você não me amava?

– Eu fui tão longe porque te amava, fiz o que sentia, mas fui enganado, pensei em te ajudar mas você me feriu. Eu pensei que seria amado sem que me pedisse nada em troca, que eu seria amado como desejava: hoje, quero que seja assim, e deve ser assim; amanhã, eu sinto que vai ser de outra forma, vai acontecer de outra maneira; no amor é sempre assim. Alguns amam, outros são amados. Mas como todas as pessoas são egoístas, cada um ama a si mesmo; eu pensei que sentias algo por mim, e eu estava enganado.

Eu estava consternada. Quis tomar suas mãos, mas recuei. "Deixe-me, eu disse, sente-se mais distante, saia."

– O que isso significa? – perguntou ele. – Por que, então, me amaste antes? Eu não mudei.

– Você diz coisas terríveis.

– O que eu disse?

– Ter esta atitude ao olhar de uma mulher que não se ama!

– Ah, meu Deus, são apenas convenções, quantas vezes um outro em meu lugar teria dito que te amava! Você me agrada de várias maneiras e não se pode odiar as pessoas que nos amam.

– Saia, saia – eu disse.

– Por quê? O que eu disse de tão horrível?

Ele insistiu com suas perguntas, mas não pude dizer nada. Eu me virei, fui para o outro lado. Ele se justificava. Fiquei impressionada, eu queria perdoá-lo.

– Senhor, o que posso dizer é que, ou estou doente, ou quero mentir para mim mesma.

Rapidamente agarrei sua mão e comecei a soluçar.

– Segure-me mais forte – disse-lhe – e depois parta.

Eu queria me esquecer de tudo por um momento, pensar que ele me amava.

– Posso vê-la amanhã? – perguntou ele.

– Não, não é preciso, respondi, com o rosto banhado em lágrimas. Amanhã já terei partido.

Eu empurrei-o para longe, mas novamente puxei-o para mim com lágrimas amargas.

– Beije-me – disse ele.

– Não, não.

– Eu virei amanhã.

– Não faça isso.

– Deixe-me beijar sua mão.

– Não, não.

E nós nos despedimos. Chorei ainda um bom tempo, me senti ainda pior, mas decidi partir, e parti.

Nesses momentos de angústia e desespero, pensei muito em Gault, e talvez esse pensamento, essa certeza de que se eu conseguisse sua amizade, *sua compaixão e sua compreensão*, eu me salvaria. Certa disso, eu me senti além desta vida mesquinha e capaz mesmo de me elevar acima dela. Foi aí somente que compreendi o verdadeiro valor da amizade e da estima das pessoas fora do comum, e a certeza desta amizade me deu coragem e respeito a mim mesma. Perderei meu orgulho um dia? Não, não é possível, prefiro morrer. Prefiro morrer de tristeza, mas permanecer livre, independente do mundo exterior, fiel às suas convicções e render a alma a Deus, pura como Ele nos deu, do que ceder, consentir, mesmo que apenas por um momento, às coisas baixas e indignas. Mas eu acho a vida tão bruta e triste que mal posso suportar isso. Meu Deus, é possível que isto continue assim! Vale a pena ter nascido?

Petersburgo, 2 de novembro.

Hoje F[iodor] M[ikhailovitch] esteve aqui. Brigamos e contradizemos um ao outro o tempo todo. Há muito que ele vem me oferecendo *seu coração e sua mão*, e isso me deixa irritada. Falando de meu caráter, ele me disse uma vez: "se um dia você se casar, já no terceiro dia passará a odiar seu marido e o deixará". Lembrando-me de Gault, eu lhe disse que tinha sido o único homem que, na minha opinião, não tentou de qualquer jeito ter um caso comigo. Ele respondeu na sua forma costumeira:

– Esse Gault pode muito bem ter tentado, é tudo igual.

Depois acrescentou:

– Um dia eu vou lhe dizer uma coisa.

Insisti com ele para que me dissesse o que era.

– Você não consegue perdoar a si mesma por ter se entregado a mim, e assim está se vingando. Esta é uma característica feminina.

Isso me perturbou muito. Depois, na presença da Sra. A. Ossip, convidou-me para ir ao teatro com ele. Respondi:

– Não, eu não vou ao teatro com você, já que antes nunca estive lá com você; você pode atribuir isso a um capricho na conta do que me imputou anteriormente. "Você me permite?" – perguntou. "O que você acha que sou? Eu não posso nem lhe permitir nem me permitir, mas você, com seus pensamentos refinados, você não vai deixar de pensar nisso.", disse.

Ontem estive com Piotr Ivanovitch. Ele estava extremamente amável.

6 de novembro.

F[iodor] M[ikhailovitch] apareceu. Todos os três, eu, ele e A.O., conversamos por um longo tempo. Eu disse que iria me tornar santa, que andaria descalça no jardim do Kremlin, em Moscou, diria que os anjos falam comigo, etc. Eu falei muito. E esse O., que acredita que um óleo tinha escorrido de um ícone da Virgem e que jejua às quartas-feiras, acrescentou no final.

– Philippe Dimidov dizia a mesma coisa, mas depois ele confessou que era um disparate.

Isso me impressionou. Pensei até que ponto era fácil e rápido se tornar um espantalho para essas pessoas. Em seguida, pensei em escrever uma história sobre este tema.

CARTAS
De Dostoiévski e Apollinária

A Apollinária Souslova
Wiesbaden, 22 de agosto de 1865

Querida Polia, em primeiro lugar não compreendo como você conseguiu chegar. À angústia odiosa veio somar-se a minha preocupação por você! Imagino que se em Colônia você não tivesse o suficiente, mesmo para a terceira classe, você ficaria lá, sozinha, sem saber o que fazer! Isto seria horrível! Em Colônia, o hotel, os carros de aluguel, a viagem – mesmo que você tivesse o suficiente para o trem, é provável que tivesse passado fome. Tudo isso fica martelando em minha cabeça e não me dá sossego.

Já estamos na terça-feira, duas horas da tarde, e nada de Herzen. De qualquer forma, vou esperar até amanhã de manhã, após o que eu não terei qualquer esperança. Em todo caso, uma coisa está clara para mim: se não tiver nenhuma notícia de Herzen, é que ele não está em Genebra, que teve de se ausentar. Tal conclusão se impõe porque minhas relações com ele são muito boas e, portanto, *em todo caso*, é impossível que ele não responda, mesmo que não queira ou não possa enviar o dinheiro. Ele é muito cortês e nós somos bons amigos. Portanto, se não tenho *nenhuma* notícia é que ele está ausente de Genebra atualmente.

Agora minha situação piorou tanto que não dá para acreditar. Na manhã seguinte, mal você partiu, foi-me dito aqui no hotel que receberam instruções para não me servir qualquer tipo de refeição, nem mesmo chá ou café. Quando fui pedir uma explicação, o grosso proprietário alemão me disse que eu não "merecia" as refeições e que mandaria me servir apenas chá. De modo que, desde ontem estou sem comer e bebo apenas chá. O chá que me servem é execrável, feito sem samovar; não lavam minhas roupas e não engraxam meus sapatos, e ninguém vem quando chamo, e todos os empregados me tratam com um desprezo inexprimível, inteiramente alemão. Para um alemão não há crime maior do que estar sem dinheiro e não pagar suas contas em dia. No entanto, tudo isso seria cômico se não fosse muito desconfortável. E se Herzen não enviar nada, espero problemas piores: eles podem confiscar as minhas coisas e me expulsar, ou pior ainda. Merda!

Se estiveres em Paris e se puderes de uma maneira ou de outra obter qualquer coisa com teus amigos e conhecidos, envie-me um *maximum* de 150 florins, e pelo menos, e no *minimum*, o que quiseres. Com estes 150 florins, eu me livrarei desses malditos e irei para outro hotel para esperar o dinheiro. Porque pode ser que eu não receba logo; em todo caso, eu te reembolsarei bem antes de deixares a França. Primeiro, dentro de dez dias ou mais esse dinheiro *seguramente* chegará de Petersburgo (da *Biblioteca de Leitura*) para o endereço de sua irmã em Zurique; em seguida, mesmo que H[erzen] não esteja em Genebra e se ele partiu por muito tempo, poderemos enviar uma carta pelo correio que chegue a ele em Genebra, e se ele estiver ausente por pouco tempo, ele irá responder assim que retornar; em todo caso, receberei sua resposta em breve. Em suma, se você puder, sem muito trabalho, fazer qualquer coisa por mim, faça. Meu endereço é o mesmo: Wiesbaden – Hotel Victoria.

Adeus, querida, eu não posso acreditar que não a verei novamente antes de sua partida. No que diz respeito à minha pessoa, eu me recuso mesmo a pensar, estou constantemente sentado e lendo para que nenhum movimento me estimule o apetite. Eu te aperto fortemente em meus braços.

Por Deus, não mostre essa carta nem diga nada a ninguém. É sórdida.

Todo teu.

F. Dostoiévski.

Descreva em pormenor a sua viagem, se teve problemas. Lembranças à sua irmã.

Agora, se Herzen me enviar o dinheiro antes de sua carta, sairei de Wiesbaden, mas deixarei a ordem de fazê-la seguir para Paris, porque eu partirei imediatamente.

A Apollinária Souslova
Wiesbaden, quinta-feira, 24 de agosto de 1865.

Eu continuo a lhe bombardear com minhas cartas (sempre não liberadas). Você recebeu minha carta de antes de ontem (terça-feira)? Você irá mesmo a Paris? Espero todo o tempo receber notícias suas.

Meus problemas são lamentáveis *nec plus ultra*; impossível ser pior do que isso. Aliás, deve existir uma outra zona de infortúnios e ignomínias da qual ainda nem tenho ideia! Nada ainda de Herzen, nem eco nem resposta. Hoje faz exatamente uma semana que lhe escrevi. E é também hoje que expira o prazo que tenho, que é segunda-feira, fixado pelo senhorio. O que vai acontecer? Eu não sei. Existe ainda uma hora depois do meio-dia.

É impossível que Herzen não queria responder! Será possível que ele não queira responder? Não pode ser. Por que razão? As nossas relações são excelentes, você mesma testemunhou. Ou será que alguém tenha falado mal de mim para ele? Mesmo assim, seria impossível (e ainda mais neste caso) que ele não respondesse *nada* à minha carta. É por isso que, ainda agora, eu acredito que ele não a recebeu (mas isso é improvável), ou que, para minha infelicidade, ele tenha se ausentado de Genebra. (Isto é mais provável.) Nesse caso, ou 1) está ausente por pouco tempo e, neste caso, eu posso esperar a sua resposta em breve (em seu retorno); ou 2) ele partiu por longo tempo, e, sem dúvida, minha carta deve ser enviada para onde quer que ele esteja, assim, certamente, dará ordens para o envio de sua resposta. Consequentemente, neste caso, eu posso esperar por uma resposta dele.

Eu esperarei por toda esta semana, até domingo – mas é apenas uma espera, porque a minha situação é tal que a esperança não é mais suficiente.

Mas tudo isso não é nada se comparado com a aflição que sinto. A inação me tortura, a incerteza desta espera, a perda de tempo e esta Wiesbaden maldita que leva o meu coração ao desgosto de viver. Durante esse tempo você está em Paris, e eu não vou lhe ver! E depois, esse silêncio de Herzen me atormenta. Se ele tiver recebido minha carta e *não quis* responder – que humilhação para mim e que procedimento o dele! Com certeza não mereço isso, e por quê? Por meu desatino? De acordo, eu fui desastrado, mas que espécie de moral burguesa é essa?

Responda pelo menos que eu não "mereço" a sua ajuda (como um adiantamento de um patrão), mas é impossível que ele não responda; certamente está ausente de Genebra.

Eu lhe pedi para me ajudar nesse negócio, se você pode tomar emprestado de alguém para mim. Eu não espero muito, Polia. Mas se você puder, faça isso por mim! Reconheça que é difícil encontrar uma situação mais constrangedora e mais dolorosa do que essa na qual estou agora.

Esta será a última carta que recebo com notícias suas. Tenho sempre a impressão de que no Hotel Fleurus as cartas permanecerão penduradas ou desaparecerão (se não estiveres lá mesmo). Caso eu não me libero é porque não tenho um só centavo. Continuo vivendo sem comer, e já é o terceiro dia que estou vivendo de chá de manhã à noite – e é engraçado: não tenho vontade de comer. O problema maior é que às vezes me maltratam e às vezes me negam uma vela à noite (sobretudo) se sobrou um toco da noite anterior, mesmo que seja muito pequeno. Na verdade, eu saio do hotel diariamente às três horas e só volto às seis, para não dar a impressão de que não estou jantando. Como pareço com Khlestakov![55]

É verdade que há uma esperança distante: dentro de oito dias, dez no

---

[55] Personagem principal da peça de Gogol *O inspetor geral*. (NT)

máximo, virá qualquer coisa da Rússia (por Zurique). Mas daqui até lá, sem ajuda, eu não sei o que fazer.

Mas eu não quero, portanto, crer que não irei a Paris e que não verei você antes de partir. Não pode ser. É verdade que, na falta de ação, a imaginação começa a fazer das suas. E eu estou cheio de inação.

Adeus, minha querida. A menos que aconteçam aventuras excepcionais, não escreverei mais. *Até logo*.

Todo teu.

P.S. Eu aperto você em meus braços uma vez mais, muito forte. Nad[ejda] Prok[ofievna] chegou? Quando? Dê lembranças a ela.

4 horas

Polia, amiga querida, acabo de receber a resposta de Her[zen]. Ele estava nas montanhas, e por isso a carta retardou. Ele não enviará mais o dinheiro; ele disse que a minha carta encontrou-o num momento em que não dispunha de um tostão; que quatrocentos florins ele não pode, mas que poderia ser entre cem e cento e cinquenta, e que ele me enviaria se com esse valor eu poderia sobreviver. Depois ele me pediu para não ficar com raiva, etc. É curioso, porém: por que ele não enviou os cento e cinquenta florins, já que ele mesmo disse que poderia enviá-los? É assim como fazemos as coisas. No entanto, parece que ao ler, ou ficou constrangido, ou seja, ele não tinha ou pensou em suas economias. Mas ele não poderia duvidar de que eu lhe reembolsaria: como eu dizia na carta. Eu ainda não sou um homem perdido. Sem dúvida, ele está envergonhado mesmo.

Eu lhe enviei outro pedido – na minha opinião é impossível! Mas o que fazer agora? Polia, minha amiga, ajude-me, salve-me! Encontre em algum lugar cento e cinquenta florins, que é tudo que eu preciso. Daqui a dez dias, chegará *seguramente*, em nome de sua irmã, qualquer coisa em Zurique de Voskoboïnikov (talvez até antes). Não será muito; mas pelo menos cento e cinquenta florins, e eu lhe devolverei. Eu não queria envolver *a ti* numa situação tão ruim. Não pode ser. Pergunte do aviso à tua irmã. Mas de qualquer forma me responda logo.

Todo teu.

F. Dostoiévski.

Agora eu não posso saber o que é que vai acontecer comigo.

Dresden, 5 de maio de 1867

Não foi muito tarde, minha querida amiga, ter enviado sua carta em Bazounov, justamente quando de minha partida para o estrangeiro, e eu não pude responder-te porque estava terrivelmente apressado. Deixei Petersburgo na sexta-feira santa (14 de abril, creio) e levei muito tempo para chegar a Dresden, por causa das paradas. E só hoje encontro tempo para conversar contigo.

Então, minha querida, você não sabe nada sobre mim, ou pelo menos não sabia nada até que me escreveu. Eu me casei em fevereiro último. Eu estava contratualmente obrigado a entregar a Stellovski um novo romance, pelo menos dez páginas impressas em caracteres ordinários, em 1º de novembro do ano passado, caso contrário eu incorreria numa pena terrível. Ora, eu trabalhava justamente numa novela para "O Mensageiro Russo", quando deveria escrever vinte e quatro páginas e me restavam doze. E eis que eu devia entregar essas dez páginas para Stellovski. No começo de outubro, eu não tinha ainda tempo para começar. Milioukov aconselhou-me então que ditasse o romance a uma estenógrafa, o que demandaria quatro vezes menos tempo. Olkhine, o professor de estenografia, enviou-me sua melhor aluna e logo me entendi com ela. Nós começamos no dia 4. Minha estenógrafa, Anna Grigorievna Snitkina, é uma alegre jovem de vinte anos, de boa família: ela fez excelentes estudos no liceu, e seu caráter é surpreendentemente bom e franco. O trabalho está muito bem organizado. Meu romance *O jogador* (já lançado) foi concluído em vinte e quatro dias, a 28 de novembro. Ele nem estava concluído quando percebi que minha estenógrafa me amava sinceramente, embora ela jamais tenha dito qualquer coisa; quanto a mim, ela me agrada cada vez mais. Depois da morte de meu irmão, fiquei entediado, a vida me pesava, então lhe propus casar-se comigo. Ela concordou, e estamos casados. A diferença de idade é enorme (20 e 44), mas estou cada vez mais convencido de que ela será feliz. Ela tem um coração e sabe como amar. Falemos agora da minha situação geral. Tu sabes mais ou menos que depois da morte do meu irmão, definitivamente perdi a saúde por causa dos aborrecimentos que a revista me causou; eu devia tê-la abandonado, esgotado pela luta contra a indiferença do público, etc., etc. De mais, eu havia dado, sem esperança de retorno, três mil rublos (recebidos de Stellovski pela venda de minha obra) para sustentar esta revista que nem era minha; e eu precisava tirar a família do meu irmão dos embaraços pagando a seus credores. No fim das contas acabei carregado de novas dívidas por causa dessa revista; com tudo o que meu irmão ainda devia, eu fui obrigado a tomar para mim a dívida que ultrapassou quinze mil. Estava assim, quando, em 1865, parti para o estrangeiro com quarenta napoleões de ouro, por toda capital. No estrangeiro eu me dei conta de que para adquirir uma quantia dessas eu só podia contar comigo mesmo. Com isso, estava desgostoso da vida depois da morte de meu irmão que era tudo para mim. Todavia, ainda esperei encontrar um coração que fizesse eco ao meu, mas não encontrei. Meti a cara no trabalho e comecei a escrever um romance. É Katkov quem paga melhor, e é a ele que tenho oferecido meu trabalho. Mas embora eu tenha conseguido terminar as duas obras, as trinta e sete páginas do romance mais as dez folhas para Stellovski têm excedido minhas forças.

Minha epilepsia se intensifica, mas, por outro lado, o trabalho me distrai de meus problemas e me poupa da prisão pelas dívidas. O romance tem me rendido (chegou à segunda edição) até quatorze mil, tenho o suficiente para viver e pagar doze mil dos quinze que eu devia. Não me restam mais que três mil rublos de dívidas. Estes serão mais difíceis. Quanto mais aparece dinheiro, mais os credores se mostram impacientes e animais. Note que se eu não tivesse essas dívidas sobre mim, eles não teriam recebido um centavo. Eles sabem bem e eles sabem que é uma graça eu ter me encarregado dessas dívidas, pelo que me prometem não me assediar. Mas o pagamento de doze mil só faz excitar a ganância daqueles cujas contas ainda não foram honradas. Agora eu não disponho mais de dinheiro até o início do próximo ano e somente se eu conseguir terminar a nova obra na qual trabalho. Mas como terminar se eles não me deixam em paz? Por isso é que parti para o estrangeiro (com minha esposa). Por outro lado, espero de minha estada no estrangeiro uma pausa da epilepsia; em Petersburgo, nos últimos tempos, ela me impediu quase totalmente de trabalhar. Impossível ficar sentado à noite, e uma crise eclode imediatamente. Assim, eu quero me restabelecer aqui e terminar o trabalho. Eu pedi um adiantamento a Katkov. Eles me concederam de bom grado. Eles pagam muito bem. Desde o início eu havia declarado a Katkov que eu era eslavófilo e não estava de acordo com algumas de suas opiniões. Essa franqueza facilitou enormemente nossas relações.

Aqui pra nós, este homem é o mais nobre do mundo. Eu não o conhecia antes. Seu imenso orgulho lhe sombreia muito. Mas quem não tem um orgulho imenso?

Durante os meus últimos dias em Petersburgo, encontrei Brylkina (Globina) e fui visitá-la. Falamos muito de ti. Ela gosta muito de você. Ela me disse que lhe entristecia o fato de que eu esteja feliz com uma outra. Eu concordei com ela. Ela me agrada.

Tua carta me deu uma impressão de tristeza. Tu escreveste que estás muito triste. Eu ignoro sua vida durante este último ano e o que se passa em teu coração, mas a julgar pelo que eu sei, é difícil ser feliz.

Oh, minha querida, não vou convidar você para uma felicidade *indispensável* de segunda mão. Eu respeito você (e sempre foi assim) por sua austeridade, mas sei que seu coração *não pode* pedir outra coisa senão amor, e você acha que as pessoas são infinitamente radiantes, ou na sequência, são bastardos e irremediavelmente vulgares. Eu me baseio nos fatos. Tire você mesma suas conclusões.

Adeus, minha eterna amiga. Temo que esta carta não te encontre mais em Moscou. Saiba de qualquer forma que, até *oito* (8) de maio de nosso calendário, estou em Dresden (este é o *minimum*, talvez ficarei mais tempo), portanto se você quiser, responda-me depois que *receber* esta carta. Alemanha (Saxônia), Dresden, Dostoiévski, *posta restante*. Eu te comunicarei meus endereços ulteriores. Adeus, minha amiga, aperto tua mão e a beijo.

Teu F. Dostoiévski.

A N.P. Souslova
São Petersburgo, 19 de abril de 1865.

Minha querida e estimada Nadejda Prokofyevna!

Junto a esta carta aquela que enviei a Apollinária, mais precisamente a cópia da carta que lhe enviei para Montpellier pelo mesmo correio. Como você me disse que ela não ia demorar a chegar até você, em Zurique, é possível que a minha carta chegue a Montpellier quando ela não estiver mais por lá. Ora, como é indispensável que ela receba minha carta, eu lhe peço entregar esta cópia quando ela chegar. Eu também lhe peço que leia esta carta, onde você irá encontrar claramente todas as perguntas que me fez em sua carta, a saber, "se eu tinha prazer em saborear os sofrimentos e as lágrimas de outrem", etc. Do mesmo modo você ainda encontrará respostas com relação ao meu cinismo e minha baixeza.

Eu acrescentei para o seu conhecimento que acostumei a procurar em sua companhia alguma paz para minha alma em todos os instantes de provação e, mais recentemente, era a você que eu procurava quando meu coração estava cheio de pesar. Você me viu em meus momentos mais sinceros e tem como julgar: será que me alimento dos sofrimentos dos outros, serei uma pessoa grossa (interiormente), serei uma pessoa cruel?

    Apollinária é uma grande egoísta. Seu egoísmo e sua vaidade são colossais. Exige *tudo* dos outros, todas as perfeições, e, apesar das outras qualidades que eles possam ter, não perdoa a mais leve imperfeição; no que diz respeito a ela mesma, não admite quaisquer obrigações com as pessoas, nem mesmo a mais ligeira. Ela ainda me culpa de ter sido indigno de seu amor, se queixa e me censura constantemente; recebeu-me em Paris em 63 com estas palavras: "Você chegou um pouco tarde", e isso significava que ela amava outro, quando quinze dias antes, ela tinha escrito que me amava com paixão. Ela é cruel e não a culpo por estar apaixonada por outro, mas pelas quatro linhas que escreveu para o meu hotel e a frase brutal: "Você chegou um pouco tarde"...

    Eu poderia dizer muitas coisas sobre Roma, sobre minha vida com ela em Turim, em Nápoles, mas para quê? por quê? Além disso, eu já lhe disse muito em outras conversas.

    Eu ainda a amo, amo-a muito, mas já desejei não amá-la. Ela *não merece* esse amor.

    Tenho pena dela, e prevejo que será sempre infeliz. Ela não tem amigos em nenhuma parte, não é feliz, por que a pessoa que exige tudo dos outros mas não aceita quaisquer obrigações, nenhum dever, nunca pode ser feliz.

    Que minha carta onde ela reclama esteja marcada de exasperação, é possível. Mas ela não é grosseira. O que ela considera ofensivo na carta é o fato de eu ter me atrevido a contrariá-la, de ter ousado dizer-lhe o quanto estava sofrendo. Ela sempre me esnobou. E aqui, machucado, eu queria, enfim, responder, reclamar, contradizer. Ela não admite a igualdade em nossos relacionamentos. Não há nela, a meu ver, nenhuma humanidade para comigo. Sabe que continuo a amá-la. Então, por que me tortura? Que não me ame, mas também não me torture. Além disso, muitas coisas mais em minha carta foram ditas para rir. Por despeito, ela leva a sério, e isso leva às grosserias.

    Mas sobre isso é o suficiente.

    Você, pelo menos, não me culpe. Eu lhe tenho no mais alto de minha estima, você é uma pessoa rara entre todos aqueles que conheci em minha vida, e não quero perder seu coração. Eu preciso muito de sua opinião a respeito, e sua lembrança. Eu lhes digo *claramente*, porque você sabe que eu não tenho nada para extorquir-lhe e não espero nada de você, portanto, você não pode atribuir à subserviência, à adulação minhas palavras para que as tome como são: uma sincera abordagem da minha alma.

Você está em Zurique, disse sua irmã, e por um longo tempo. Ouça (se você puder e quiser): onde quer que esteja, mande-me uma palavra aqui e acolá, onde está no momento. Eu não preciso que você se canse escrevendo-me muito. Eu só quero que você se lembre de mim de vez em quando. Quanto a mim, eu serei sempre e infinitamente feliz de ter notícias suas.

Eu quero lhe repetir ainda meu desejo constante e meu conselho: não se feche a sete chaves no singular, abra-se à natureza, abra-se, ainda que seja um pouco, às coisas e ao mundo exterior. A *vida* exterior, real, desenvolve intensamente nossa natureza humana, fornece materiais. Vamos, não zombe mais de mim.

Minha situação é apavorante. Como sair dela, eu não sei. Você até pode ter um pouco de noção pela minha carta a Apollinária.

Meu endereço atualmente é o mesmo. Caso escreva para mim em breve, responderei neste endereço *permanente* que poderá ser usado sempre.

Adeus, mas até quando? Adeus, seja feliz por toda sua vida! Não perca a sua vida, salve sua alma. Acredite na verdade, mas *olhe atentamente* ao longo da vida – é terrivelmente fácil tornar as coisas erradas. Mas você tem bom coração, nada pode dar errado. Quanto a mim – eu acabo de viver, eu sinto. Não importa – você, jovem e nova, me é cara e eu te amo como a mais querida das irmãs.

Duas cartas de Apolliaria Souslova a Dostoiévski

Rascunho de carta

I

Você [enraivecido] me pediu que não dissesse que me envergonho do meu amor por você. Não só não direi, como posso [*rasurado*: mesmo] que nunca direi tal coisa nem pensarei em dizê-la [*rasurado*: porque] nunca tive vergonha de meu amor por você: ele era belo, grandioso até. Poderia lhe ter escrito que fiquei envergonhada de nossas relações no passado. Mas nisso não há nada de novo para você, pois nunca as escondi e quantas vezes eu quis rompê-las, antes de você partir para o estrangeiro.

Eu não tenho nada contra o fato de que para ti elas pareçam convenientes. [*rasurado*: Concordo que é inútil falar, mas você já...].

É evidente para mim agora que você nunca poderia entender: elas te convêm [*rasurado*: como]. Você se comportou como um homem sério, ocupado [que] compreendeu suas obrigações à sua própria maneira, mas não teria sentido falta de seus prazeres, de se divertir; pelo contrário, talvez até considerasse necessário ter algum prazer [porque] partindo do princípio do que disse um dia algum grande doutor ou filósofo, de que era preciso embriagar-se uma vez por mês.

Você não deve ficar com raiva se às vezes eu [disse] que é inútil falar com você, e é verdade que [eu tenha] facilidades para me expressar, mas não estou muito ciente das formas e das convenções.

II

Versalhes, 1864. Segunda-feira (início de julho)

Há alguns dias recebi tua carta de *2 de junho*, e apresso-me a te responder. Vejo que perdeste a cabeça: eu te escrevi de Versalhes, enviando-te o meu endereço, e tu, tu ainda queres saber para onde escrever-me, se para Paris ou para Versalhes!

Exatamente em duas semanas estarei em Spa. Hoje, rompi completamente com o doutor. Tu podes passar para me ver em Spa, que fica perto de Aix-la-Chapelle, que está no teu caminho. Eu não quero te encontrar em Spa, sem dúvida não sou hipócrita, mas de outra forma não nos veremos muito em breve, porque tu não pensas em ficar muito tempo em Paris, e eu não voltarei para a Rússia tão cedo. Eu não sei quanto tempo ficarei em Spa, pensei que seria por três semanas, mas agora parece que a minha estadia deve ser maior ou menor, mas com a condição de fazer em seguida uma outra cura. Se eu sarar, passarei o inverno em Paris – caso contrário, vou para a Espanha, Valência ou para a ilha da Madeira.

Que espécie de história escandalosa está escrevendo? Pretendemos lê-la; Ev. Tour teve a oportunidade de receber "A Época". Mas não gosto quando escreves coisas cínicas. De algum modo isso não combina com você, pelo menos não como imaginei que você era.

Surpreende-me que o meu caráter deixou de agradá-lo (isso é o que escreves em tua última carta). Eu me lembro que escreveste panegíricos sobre mim que ora me fazia corar, ora me dava raiva: eu tinha razão. Mas isso tem sido assim por muito tempo, tu não conheces mais o meu caráter, tu não vês o lado bom e nem suspeitas que ele possa ficar pior.

Injustamente tu tens te vangloriado de Spa, mas estou segura de que lá tudo é muito feio. Eu detesto este país por causa dos odores de carvão. Você me consola dizendo que os Viskovatov vivem em Bruxelas, mas eles se encontram em Petersburgo há muito tempo.

Até logo. Eu quero ver você, saber como ficou depois de tal ano, e o que todos pensam. Um dia me escreveste para me convencer a retornar a Petersburgo, porque havia muita coisa boa, as mentes tinham evoluído de maneira formidável, etc. Os resultados que eu vejo são outros, a menos que nossos gostos sejam diferentes. É claro que meu retorno à Rússia não depende da evolução das mentes, a questão não está aí.

Obrigado pelo interesse que você demonstra pela minha saúde e pelos teus conselhos para mantê-la. Eu aproveito esses conselhos, e pode me culpar de não ter tido muito cuidado comigo, ao invés de me culpar de ser a causa da minha doença. Estas acusações não têm nenhuma razão de ser, mas não posso explicá-las nem diante de sua gentileza.

Novelas de Apollinária Suslova

O estrangeiro e seu próprio[56]

O trem entre Moscou e Petersburgo corria rapidamente, as estações iam mudando continuamente, passageiros entrando e saindo, os mais diversos, mas para Losnitsky tudo parecia ir muito devagar. Estava cansado do estradar, é claro, depois de cinco semanas de viagem contínua de navio e agora por via férrea. Losnitsky não queria descer nas paragens para não ter que ficar sem fazer nada. Ele mostrava pressa como se estivesse a escapar de uma perseguição, do mal da melancolia que o assombrava e chegar ao objeto que o levava por esse caminho. Dias antes havia decidido ficar por uma semana em Moscou, mas seu coração estava terrivelmente desencantado com a visão de sua cidade natal, aquelas ruas e casas, entre as quais havia andado quando jovem livre e apaixonado, cheio de ideias e expectativas. De qualquer forma ficou, foi direto para o hotel e dele não saiu até a hora em que haveria de tomar o primeiro trem para São Petersburgo. Mal-humorado e de algum modo tímido, olhava aquelas ruas pela janela do coche quando se deslocava de um lado a outro da cidade, enquanto seu coração doía melancolicamente e sentimentos de dúvida murmuravam em sua alma aflita.

Agora, para chegar a São Petersburgo havia umas poucas estações. Losnitsky afasta-se de seus companheiros de viagem, que falam sobre a conveniência da estrada de ferro, e olha para a paisagem além da janela. Mas logo seus pensamentos mudam e param em um só: "Será que ela vai me receber? Ainda me ama? Mas como pode deixar de me amar? São sete meses que não a vejo. Muitas mudanças podem ter ocorrido nestes sete meses, novos encontros e novas experiências. Podemos contar com a constância do amor de uma mulher de 22 anos de idade, apaixonada e enérgica como ela é? E se ela se apaixonou por outro? O que fazer? Afinal, será que sai por aí, indo a qualquer lugar com ele, ou está livre e solta? Mas quem é ele? Como conseguiu ganhar o seu coração? Logo ela que não se entrega assim tão facilmente... Ele deve ser muito inteligente, corajoso, jovial... E deve saber amar! E ela não vacila quando está apaixonada..."

A última estação, o fim da viagem... e eis Pet[erburgo]. Seu coração

---
[56] "O texto permaneceu inédito até 1928, quando foi publicado como anexo do diário de Apollinária.

Meus anos de intimidade com Dostoiévski

bate devagar mas com firmeza. "Mais algumas horas e estarei a abraçá-la. Neste momento, é impossível vê-la, preciso de tempo para relaxar...", pensou.

Agora está em um quarto de hotel, coloca a mala no centro do quarto, tira o casaco e o boné e os joga no sofá. Com passos rápidos dá voltas pelo quarto. "Preciso relaxar, certamente preciso que essa dor de cabeça passe, os nervos ainda estão em frangalhos".

Losnitsky deita-se no sofá, mas não consegue dormir, sua mente está em desordem. "Que barulho é esse, meu Deus? De onde vem essa voz feminina, esganiçada, batendo portas? Como acordam tão cedo! E por quê? Quem são esses vizinhos? Eles conversam, crianças choram, xícaras batem. Eu deveria tomar um chá, mas não, é melhor esperar, agora não quero ... Será que ela mudou?"

Sim, acredita que ela realmente mudou. A partir das cartas, é claro, tornou-se ainda mais séria. A última foi estranha. Havia uma impressão especial. Escreveu que estava pensando muito sobre o passado, e sobre o quanto foi infeliz... "O que ela esperava? O que foi mesmo que aconteceu?". Mais uma vez, ouve passos no corredor e batidas de portas. Alguém saiu. "Mas como os hotéis são ruins e barulhentos! E que barulho é esse vindo das ruas? Quando morava em Moscou, na Nikitskaya, era quase a mesma coisa, mas na época, de alguma forma, isso passava despercebido. Você se sentava para ler e tudo desaparecia diante de seus olhos, o pensamento funcionava. E quais eram esses pensamentos? Que bênção! E para que pressa? Agora não é mais assim. Faz quanto tempo?...". Losnitsky tenta focar a atenção nos vizinhos cujas batidas com utensílios para chá dobram, mas é em vão, pois o humor de seu espírito torna-se inquieto e triste. Ele dá vazão ao fluxo de pensamentos. A melancolia, tão familiar, o prende com mais força. Lamenta o passado, tem medo de perder o que lhe resta, e na consciência algo de impotência toma sua alma.

O tempo passa, batem 12 horas. Losnitsky ainda está deitado no sofá, com os olhos fixos no teto. Outra hora se passou, ele finalmente se levanta e começa a se vestir. Seu pensamento para em uma única questão, a consciência da realização mal manipulada do que tanto sonhou, causa-lhe impaciência e ansiedade. Por volta das duas horas está de pé na porta de uma pequena casa numa das partes remotas da cidade, e, impaciente, toca a campainha. A velha criada abre a porta e o olha com aquele olhar incrédulo e desconfiado.

– Anna Pavlovna está em casa? – pergunta Los[nitsky].

– Sim, está – ela responde laconicamente e o leva através de uma pequena antessala que dá para um corredor deserto. Losnitsky se senta ao lado de uma mesa redonda e ansiosamente olha para uma porta fechada que leva para os aposentos internos. Essa ansiedade aumenta a cada momento. Mas [não] é a excitação da juventude, que vividamente transita entre a esperança e a dúvida, e cujo sofrimento é tão vivo e inspira simpatia, que estava impressa; havia algo estranho na excitação de um homem experiente nas dificuldades e nos sofrimentos; ele demonstra alegria de alguma forma dolorosa, a dúvida e o pesar não lhe causam dor violenta, mas está afetado pelo sofrimento maçante e sombrio.

Dez minutos se passaram, desde que Losnitsky estivera sentado e em completo silêncio. Esses dez minutos pareceram terrivelmente longos para ele, gotas frias de suor apareceram em sua testa, o rosto assumiu uma expressão tensa e soturna que de alguma forma era desagradável de se ver.

Mas na sala ao lado ouvia o farfalhar de vestido feminino e o som de passos. A porta se abriu e uma bela e jovem mulher entrou na sala. Seu rosto estava pálido, a ansiedade e angústia o afetava, o embaraço e a timidez estavam em cada movimento, mas em traços suaves e gentis vislumbrava uma força e uma paixão indestrutíveis; não era de todo visível, mas a marca profunda daquele fanatismo fatal, que diferencia os rostos das Madonnas e mártires cristãos, jazia naquele rosto. Ao vê-la todas as dúvidas e suposições desapareceram por um instante na alma de Losnitsky; era grande a alegria de vê-la.

Ele aproximou-se dela e estendeu-lhe a mão. Levada por um senso de gratidão e alegria, ela ofereceu-lhe a sua, mas de repente puxou-a, e com ela cobriu o rosto.

– Anna, o que houve? – ele exclamou, chocado com tal movimento.

– Por que você veio? – perguntou ela melancolicamente.

– Como? O que está dizendo?

Ele olhou-a profundamente e tentou compreender o significado de suas palavras, pois estava praticamente consciente de que suas palavras já haviam transpassado seu coração e nele tocou-lhe uma dor insuportável. Ela pegou a sua mão e levou-o até o sofá, onde sentaram lado a lado. Ficaram em silêncio por um tempo.

– Você não recebeu a minha carta, na qual eu pedia que não viesse? – ela começou a falar, não o encarando, mas segurando firmemente sua mão.

– Não recebi... Por quê? Que não viesse?

– Sim, porque era tarde – disse ela abruptamente.

– Era tarde! – Losnitsky repetiu mecanicamente, e seus olhos escureceram, por um tempo não disse uma palavra sequer.

– Anna – ele voltou a falar depois de um longo e difícil silêncio – eu preciso saber tudo, quero que me diga tudo, se não quiser me matar.

– Sim, sim, você está certo – disse ela, espantada com a tristeza e um pouco de perplexidade. – Preciso conversar e contar tudo a você, assim que for possível, mas não aqui, agora, pois minha tia pode entrar de repente. Irei aonde estiver, onde se hospedou.

E, sem esperar a resposta, saiu, mas voltou depois de alguns minutos, com chapéu e mantilha. Saíram da casa. O coche no qual Losnitsky chegara, estava parado na entrada. Nele entraram e partiram. O caminho era bastante longo e o coche foi seguindo pelas grandes avenidas. Losnitsky e Anna ficaram em silêncio durante todo o trajeto... A jovem olhava pela janela, o rosto pálido, mas calmo e sério. Losnitsky estava sentado feito morto, e vez em quando começava a apertar convulsivamente a mão de Anna. Aquilo demorou cerca de meia hora até chegar, finalmente, ao seu destino. Losnitsky saiu do coche tomou a companheira pelo braço e conduziu-a até a entrada do hotel. O criado que encontrou no corredor sorriu ao ver uma mulher bonita, mas, olhando para seus rostos, saiu rapidamente do caminho e entrou em seu cubículo. Losnitsky e Anna entraram no quarto. Ela quis dizer alguma coisa, mas Losnitsky a interrompeu.

– Eu perdi você! – ele exclamou, e caindo aos pés dela, começou a chorar ruidosamente.

A moça tranquilizou-o com doçura e tristeza, mas durante muito tempo seus soluços dolorosos esmagaram suas falas silenciosas, rasgando o coração de ambos.

– Bem, diga-me agora – disse ele após o primeiro impacto, sentado ao lado dela no sofá, com uma expressão de ternura quase paterna, olhando para seu rosto triste e severo.

– O que dizer? – ela respondeu suavemente. – Estou amando outra pessoa, isso é tudo.

Ele riu convulsivamente.

– E que idiota eu sou, imagina, meu anjo, estava com pressa de chegar, até pensei que poderia passar o Natal aqui com você, que iríamos nos divertir... está bem, é o destino.

Ele riu de novo, mas depois de um momento a tristeza retornou com força total. Losnitsky suspirou e segurou a mão de Anna.

– Faz muito tempo? – perguntou, depois de um curto silêncio.

– É coisa recente... foi inesperadamente, estamos juntos desde a minha chegada, mas não pensei que isso acontecesse porque estava esperando por você – disse ela vividamente, voltando-se para ele, e uma expressão de triste ironia brilhou em seu rosto. – Quando ele me disse que me amava, perdi a cabeça.

– Quem é ele? Você pode descrevê-lo para mim?
– É meu professor de canto.
– É italiano?
– Sim.
– Já sei. Ele é jovem, inteligente, bonito?
– Por que pergunta isso? – disse a jovem mulher, e suas faces coraram.
– Por que sim – disse ele, sorrindo.

Passaram alguns momentos em silêncio. Losnitsky ficou a olhá-la com algum tipo de curiosidade ingênua, quase infantil, procurando vestígios do passado. Pensou que ela ainda era a mesma, até o cabelo e o vestido eram os mesmos, só notou de diferente um anel em sua mão, e isso foi involuntariamente. "Ele lhe deu", pensou Losnitsky, e nada perguntou a respeito, apenas olhou para ela, que entendeu seu pensamento e corou.

– Você o ama realmente, Anna? – perguntou.
– Sim – disse ela, pensativa.
– Eu sabia que não poderia ser de outra forma, perguntei por perguntar... mas Anna, você se entregou a ele? Ele a visita todos os dias?

A jovem rapidamente levantou a cabeça e suas bochechas estavam cobertas de manchas vermelhas, seus olhos brilhavam sob as sobrancelhas franzidas, toda a sua figura mudou instantânea e dramaticamente sob a influência da raiva.

– Fique quieto – ela sussurrou abruptamente.
– Anna – disse ele fervorosamente agarrando sua mão – você não pode suspeitar de mim com maus pensamentos, porque eu te amei demais; você sabe que além de minha paixão por você, eu te quero como uma amiga, como uma filha, e sua felicidade para mim está em primeiro lugar.

Ele falou sinceramente, ela sabia disso e apertou sua mão.

– Você está feliz, Anna?

Ela não respondeu, era como se não tivesse ouvido a pergunta. Apenas as maçãs do seu rosto se avermelharam ligeiramente.

– Não? Ah, Anna, como é possível? Diga a verdade, diga-me pelo amor de Deus, eu preciso saber.

– Não sei – respondeu, tentando superar sua excitação – mas acho que ele não me ama.

– Ele não te ama! – exclamou Losnitsky com indignação. – Ele não te ama, apenas procurou amor! – desesperadamente, ele pôs as mãos na cabeça e andou pela sala.

– Ouça, Anna – ele falou, quase fora de si –, você ainda é livre como sempre esteve, mas você o ama como uma escrava?

– Não, isso é impossível, por que pergunta isso?

E como é que se deixou levar de maneira tão irrevogável? Ele fala realmente bem? É orgulhoso e insolente?

Anna sorriu estranhamente.

– Ele é muito jovem – disse ela –, não fala muito. Quando o vi pela primeira vez, disse a mim mesma que era alguém que não podia mentir, e isso é verdade.

– O que ele está fazendo aqui?

– Ele está estudando, depois vai para o exterior.

– E você vai com ele? Oh, claro que com ele você irá a todos os lugares, até os confins da terra.

– Não, eu vou para a aldeia, para a casa do meu tio – disse Anna, explodindo em lágrimas.

– Oh, Anna, por que você está tão infeliz!

Eles ficaram sentados juntos por mais algum tempo e conversaram sobre várias outras coisas. Anna contou-lhe sobre sua vida em São Petersburgo, sobre as pessoas que conheceu, perguntou-lhe sobre seus antigos conhecidos, ouviu tudo com grande interesse, embora não tenha entrado em detalhes; suas próprias opiniões eram um tanto severas, e ela, moderada, nem elogiava nem criticava.

– Você ainda é a mesma – disse Losnitsky, ouvindo-a. – Vai ser difícil para você conviver com as pessoas, você é muito levada, muito confiante de si. Você vai sofrer muito, Anna!

– Deixe está – disse ela –, deixe-me estar errada, mas eu ainda não consigo deixar de acreditar nele. Existem pessoas boas e gentis em algum lugar.

– Tudo bem, Anna! Você já viu pessoas más? O que há nessa bondade?

Anna olhou para o alto e para ele com olhos surpresos, quase assustados, depois pensou e ficou em silêncio pelo resto do tempo.

Quando ela saiu, Losnitsky correu para o sofá e ficou a noite toda como um homem morto. Seu pensamento, vagando por muito tempo sobre o interminável espaço vazio sobre o que o futuro representava para ele, finalmente, nele afundou. A noite negra se estendeu diante de seus olhos e envolveu tudo. Losnitsky não quis esquecer daquilo que aconteceu e insistiu para que os pensamentos permanecessem vivos por mais tempo e a aurora não iluminasse aquela sua solidão.

No dia seguinte, não saiu de casa, esperando por Anna, que prometeu vir logo cedo e não veio. Na outra manhã, ele recebeu um bilhete dela onde o convidava para estar com ela e dizia que estava um pouco adoentada. Losnitsky correu até ela, imediatamente. Anna levou-o até seu quarto. Estava um pouco pálida e agitada, mas parecia perfeitamente saudável. À pergunta de Losnitsky sobre sua saúde, respondeu evasivamente e desandou a falar sobre outra coisa. Mas Losnitsky queria falar sobre o estrangeiro com relutância e até de alguma forma irritada.

– Me fale mais sobre você – ele disse –, pois não teremos muito tempo para estarmos juntos.

– Para onde vai?

– E o que devo fazer aqui? Eu estava apenas esperando por você.

A jovem suspirou involuntariamente.

– Você ainda vai me escrever, não vai, Anna? Nós somos amigos?

– Oh, sim – disse ela estendendo-lhe a mão. – Por que você está tão triste? Está zangado comigo? Eu não sou culpada de nada.

– Eu sei, eu sei de tudo, mas esse não é o ponto. Isso me machuca, Anna, eu não posso facilmente pôr um fim nesse meu sentimento por você. Eu não sou um homem jovem, na minha idade não brinco com sentimentos. Você significou muito para mim. Seu amor caiu sobre mim como um presente de Deus, inesperadamente, do nada, depois de tanto cansaço e de tanto desespero. Esta sua juventude chegou em minha vida e ressuscitou em mim a fé e o resto das forças anteriores que eu tinha.

"Bom, e você se aproveitou disso", pensou Anna, mas não disse uma palavra.

Ele continuou:

– Eu não tinha mais nada naquela minha vida turbulenta e encontrei tudo em você. Eu vi sua profunda devoção e não pensei em deixar que isso passasse, me era sagrado, acreditei piamente nisso, e não pensei que em meio ano nos separaríamos, mas que a vida seguiria... No entanto, eu mesmo sou o culpado – continuou ele após uma breve reflexão. – Eu me empolguei demais, me esqueci de outras coisas, e agora tudo está claro para mim: você nunca me amou. Não olhe para mim tão sarcasticamente, Anna, eu falo a verdade. Eu via seu sofrimento, seus impulsos, mas você não me amava, mesmo achando que não havia outra pessoa além de mim. Estava seguro de que era hora de você se apaixonar, pois não havia ninguém quando acidentalmente apareci, e você disse que era isso que você precisava. A partir daí eu não conseguia ver outra coisa, estava muito cego, feliz... Bom – continuou ele depois de um pouco de reflexão e como se estivesse falando sozinho – mas acho que venci, pois tive um ano de felicidade, e que felicidade!

– Eu tenho um pedido a você, Anna – voltou a falar depois de um longo tempo pensando. – Você vê, minha amiga, minha vida acabou, tudo está confuso, não sei como lidar comigo mesmo, mas agora é tarde demais para raciocinar, não há nada mais para esperar. Você sabe, Anna, que além de você eu não tenho mais ninguém no mundo. Eu queria ficar com você pelo resto da minha vida. Escute, talvez, algum dia eu possa te servir em alguma coisa pelo menos; pois você nunca sabe o que pode acontecer. Você está apenas começando a viver, mas quando as dúvidas e tristezas atacarem, quando você não tiver um único ente querido perto de você. Você promete que vai me procurar, seja como amigo, seja como um irmão?

– Sim, sim – disse a jovem com entusiasmo, e disse ainda que realmente o considerava um amigo, talvez o único. Isso tocou Losnitsky. Durante muito tempo, ele olhou para a bela mulher, mergulhada na tristeza, mas ao mesmo tempo cheia de alguma fé no futuro, e em tudo, ela parecia bela, mas uma profunda tristeza apossou-se do seu coração.

– Você sente alguma coisa, algum tipo de pesar ou de perplexidade? – ele perguntou, após um longo silêncio.

– Não sinto nada – disse ela baixinho e sem lhe encarar.

Ele olhou-a atentamente.

– Você o viu ontem?

– Não.

Por quê não?

Ela ficou em silêncio e lutou com sua excitação.

– Ele não está... foi embora – ela disse, finalmente, em desespero, e as lágrimas caíram de repente de seus olhos.

– Como? Partiu! E sem dizer adeus?

Anna rapidamente levantou a cabeça com essa exclamação, e as lágrimas pararam em seus olhos. Ela olhou calma e friamente para Losnitsky.

– Por que está chorando? – perguntou Losnitsky secamente, ferido em seu orgulho. – Ele certamente voltará.

– Ah, é claro – respondeu ela com fervor – mas simplesmente não consigo entender que tipo de coisa ele faz, para onde foi com tanta pressa, mal escreveu algumas palavras, das quais não consegui entender nada.

– Você nunca saberá das coisas que um homem pode ter e fazer.

Losnitsky levantou-se e andou pela sala, aparentemente estupefacto.

– É muito estranho para mim, Anna – ele disse parando diante dela. – É muito, muito estranho. Tão pouco tempo, como você diz... e de repente ele parte e não se sabe para onde, por quanto tempo...

– Ele é muito jovem – disse ela – e não sabe quanto o amo.

Losnitsky suspirou e caminhou pela sala novamente.
– Adeus, Anna! – ele disse, parando diante dela.
– Como? Já vai embora?
– Sim, já é hora... Preciso escrever algumas cartas.
Bom, adeus, então. Você virá amanhã?
– Sim.

Eles se despediram Losnitsky voltou-se para si mesmo. Insensatamente entediado, seu quarto parecia repugnante. Não podendo fazer nada ou pensar em qualquer coisa, andava de um lado para o outro, pegava o chapéu, saía da casa e vagava por muito tempo pelas ruas da cidade sem qualquer propósito, sem parar, sem olhar para nada. À noite, cansado e aborrecido, voltava para casa, deitava-se no sofá e ali ficava a noite toda, com os olhos fixos no teto e suspirando de vez em quando.

No dia seguinte, Losnitsky não quis ir ver Anna, mas não resistiu e se dirigiu para sua casa depois do almoço. Ele a encontrou sozinha. Estava mais triste do que o habitual, mas tentou mostrar-se calma. Losnitsky observou-a e sentiu pena. Pela primeira vez teve esse sentimento e ficou incomodado. Para que de alguma forma Anna espairecesse, ele sugeriu que fossem à ópera. Ela concordou imediatamente. A música causou uma grande impressão em Anna, pois reviveu e lembrou-se de Losnitsky como era quando o conheceu. Ele parece ter se sentido derrotado e curvou-se diante dela.

Alguns dias se passaram.

Certa manhã, Losnitsky acabara de acordar, ainda estava na cama, quando alguém bateu à sua porta.
– Quem está aí? – ele gritou, mas sem se levantar.
– Sou eu – respondeu uma voz, baixinho.
O coração de Losnitsky acelerou.
– Anna! – e ele nem quis acreditar no que ouvira.
– Sim... abra logo.

Losnitsky pulou rapidamente da cama, vestiu-se e abriu a porta. Anna entrou em seu quarto. Jogou o véu para trás e Losnitsky se encolheu ao olhar para o seu rosto. Estava mortalmente pálida e severa, lábios fortemente comprimidos, olhos fixos, uma expressão de horror e insanidade.
– O que há de errado com você, Anna? – exclamou Losnitsky.
– Nada – ela respondeu com uma voz lenta e ligeiramente embargada. – Eu preciso falar com você, eu preciso de sua ajuda, mas não posso falar agora. Espero você lá em casa.
– Eu irei, eu irei.

Meus anos de intimidade com Dostoiévski 133

Ela virou-se e saiu do quarto. Esta reação inesperada atingiu Losnitsky. Por algum tempo ele ficou de pé, tentando uma explicação. Finalmente correu para se vestir direito. Suas mãos e pés tremiam, e seu coração batia violentamente quando chegou diante da casa onde Anna morava; houve uma premonição de que algo indelicado acontecia, mas na casa tudo estava quieto como dantes. Ele não esperou muito tempo por Anna. Ela apareceu completamente vestida, embora ainda fosse muito cedo, e parecia calma, e até divertida.

– Eu não esperava que você viesse tão cedo – disse ela.

– Eu me apressei porque, confesso a você, você me assustou. Fico feliz que esteja calma... No entanto, sei que vai desmontar, porque é sempre assim.

– Eu acabei de tomar o café da manhã – disse ela, sentindo que sua calma estava começando a deixá-la e querendo mantê-la. – Você quer que eu lhe traga um pouco de chá?

– Não, por favor não se preocupe.

– Como queira.

Ela levantou-se e andou pela sala. Os músculos de seu rosto começaram a se contrair, um rubor brilhante surgiu em suas faces.

– Eu quero falar com você – disse ela, e parou diante dele, com o olhar cabisbaixo; suas sobrancelhas se moveram e seu rosto começou a se contrair mais e com maior frequência; virou-se e pôs-se a andar pela sala novamente. Pouco a pouco foi se acalmando, aproximou-se dele e sentou-se ao seu lado.

– Uma história terrível aconteceu comigo – primeiro ela disse de maneira lenta, quase solenemente. – Eu quero que você me ajude nisso. Eu vou te contar tudo. Você me conhece, eu quero que você me julgue. Você se lembra de quando nos encontramos pela primeira vez numa solidão, quando você foi traído contra a sua vontade e eu deixei um marido que não amava e as pessoas ficaram contra mim. Nossa situação, nossos pensamentos nos aproximaram, despertamos a consciência um do outro e, acordando, ficamos com medo de nossa situação, mas corremos para os braços um do outro, com medo de nos perdermos. Mas não só o desespero me inspirou quando me entreguei a você, você me contou sobre sua renovação de espírito. Eu pensei encontrar [no amor] a salvação, um propósito, um refúgio, e não encontrei nada exceto vergonha e tristeza...

Então ela parou, incapaz de continuar a reviver essas lembranças tristes, e cobriu o rosto com as mãos. A amargura de suas palavras mexeu profundamente com Losnitsky. Ele ouviu tudo e apenas olhou para ela atentamente. Ela continuou:

– As condições sobre as quais nossas relações foram formadas pela vontade das circunstâncias eram insuportáveis para mim por causa de sua ambiguidade, mas eu não podia desprezar você. Eu ainda estava esperando por algo; quando meu coração se indignou e minha mente alarmou-se, quando minha saúde se deteriorava, decidi ir embora. Eu pensava que uma nova vida, novos rostos dissipariam a saudade que pudesse ter, mas mesmo aqui encontrei tudo diferente do que eu pensava. Eu me sentia sozinha quando o conheci. Seu rosto vivo era tão novo para mim e tão cheio de interesse, bem diferente das pessoas que eu havia conhecido antes. Primeiro ele não me impressionou mostrando-se inteligente ou pleno de conhecimentos, não, tudo o que ele fez e disse era coisa dele mesmo; havia nele tudo o que eu não havia encontrado antes em outros: paixão, coragem, simplicidade. Ele frequentemente me visitava e, quando via que eu gostava de sua companhia, começava a vir com mais frequência; líamos, caminhávamos, íamos ao teatro. Era bom estar ao seu lado, livre, de graça. Quando ele começou a falar sobre o amor, fiquei muito surpresa e me regozijei, mas senti medo por estar muito feliz. Então vi que, ou devia corresponder ao seu amor, ou imediatamente me separar dele. Mas para esta última decisão não tive forças o suficiente... Eu não exigi nada em garantia, nenhuma prova de amor; cada palavra e cada gesto era de felicidade, sem aquele misto de ansiedade e dúvida. Eu não esperei por mais nada. Eu precisava disso, o seu amor era sincero...

Então ela parou de falar. A lembrança do passado se apossava dela como se a agarrasse, e naquele ambiente acabou esquecendo o que dissera. Losnitsky percebeu.

– Então, qual o problema? – ele perguntou finalmente.

Ela levantou-se, suas faces coraram.

– Ele vai se casar – disse ela, com firmeza e olhando diretamente nos olhos de Losnitsky.

– Quem lhe contou?

– Eu sei com certeza.

Mas Losnitsky não ficou surpreso com esta notícia. Pelo contrário, aceitou-a com muita calma, como se esperasse por ela, e ficou satisfeito com o desfecho.

– E quem vai pagar pelo meu sofrimento e... por todas as noites que passei sem dormir?

Losnitsky argumentou que havia muita futilidade e vaidade nessa afirmação; e seus argumentos afetaram Anna, despertando o seu orgulho.

No dia seguinte, Losnitsky encontrou-a completamente calma. Estava com um livro nas mãos. Ela leu-lhe algo, e Losnitsky mostrou-se muito falante a respeito. Seu raciocínio era profundo e decisivo, mas ao mesmo tempo vago. Nem ele nem Anna lidavam com o que estava ao seu alcance, e, embora ambos estivessem tristes, o sofrimento agonizante de ontem se fora. Mas verdadeiramente isso não aconteceu. Infelizmente, A[nna] não pertence ao grupo dessas criaturas felizes, em cujo coração alegria e pesar são fortemente refletidos, mas passam sem deixar vestígios. Não, e uma vez caindo deixa uma marca indelével. Então agora, o pensamento negro caiu sobre ele e o queimou de forma lenta mas segura.

***

Seis meses se passaram. Numa pobre aldeia francesa, em um quarto claro e limpo de uma pequena casa, cheia de plantas e flores, uma jovem estava deitada. Era difícil distinguir no rosto dessa mulher, iluminado pelo brilho incerto do sol ardente, se ela dormia, morria ou apenas meditava. Seus cílios estavam abaixados, suas mãos apertadas contra o peito; os cabelos negros longos se emaranhavam no travesseiro. A expressão em seu rosto era estranha, da paz que é obtida depois de longo sofrimento; havia algo de distante nele: resignação pelo destino, confiança no futuro ou até mesmo um último momento de paz. A jovem mulher fez um movimento e abriu os olhos; olhou silenciosa ao redor, e fechou-os novamente com uma expressão de saudade e dor. Houve um leve ruído atrás das portas, um homem alto, pálido e magro entrou no quarto e parou na porta. Ela levantou-se um pouco e, apoiada na cabeceira da cama, olhou para ele com um olhar gentil e pensativo.

– Descansou? – ele perguntou.

– Sim – ela respondeu mecanicamente, com a mesma expressão pensativa, olhando através da porta da sacada aberta para o jardim, onde uma brisa leve, agitando as belas guirlandas da vinha ao lado das oliveiras, carregava a fragrância da primavera sul e derramava doçura e felicidade, embalava a alma, deixando-a por um tempo esquecer o mal e a tristeza da vida. L[onitsky] foi até Anna e sentou-se numa cadeira perto da cama. Sua cabeça fervilhava e pensou como as pessoas não podiam desfrutar de todos os dons que a terra lhe oferecia, olhou para aquele rosto bonito e pensou em outra coisa qualquer. Losnitsky não tirou os olhos daquele rosto e, pouco a pouco, outro sentimento, uma sensação de esperança e alegria secretas, doce para a dor, um sentimento em que ele não se atreveu a admitir para si mesmo, chegou agitando sua alma. Entre pensamentos e desejos para entretê-la e tranquilizá-la, os pensamentos que até agora o guiavam o tempo todo, ele insistia para que ela saísse e o acompanhasse numa caminhada. Ela o fez contra a sua vontade, e ele pensou: "ela está aqui, comigo, só depende de mim traze-la de volta".

– Em que você está pensando? – ele perguntou para se livrar desse pensamento desagradável.

– Sobre o que penso? – ela repetiu mecanicamente, ainda olhando para a porta da sacada, e depois de uma breve reflexão, respondeu:

– Eu me lembro da primeira vez que fui a São Peter[sburgo], sem saber o que me esperava e o que me aconteceu. Eu comparo os sentimentos com os quais viajei a Peters[burgo] com aqueles que deixei... Ah, mas como foi difícil para mim deixar Petersburgo, como foi difícil! Era como se eu deixasse as sepulturas dos meus entes queridos por lá.

– Por que pensa assim? – disse Losnitsky com fervor – você tem uma juventude pela frente, incorpora suas ideias favoritas... Isso é realmente assustador?

Ela fez um movimento com a cabeça, não respondeu, e novamente começou a olhar atentamente para a porta da varanda.

A incorporação de suas ideias favoritas! Esse pensamento brilhou vagamente na cabeça de Anna, tocando todas as cordas de seu corpo sensível, e produziu um movimento estranho nele: mas esse movimento foi se acalmando gradualmente, e chegou a uma consciência mais clara: "então estou livre de novo!"; não há mais a ansiedade escrava de expectativas e medo, nada a temer, nada a perder. O sonho da felicidade – os delírios da fantasia ociosa, o miserável refúgio dos covardes e dos fracos de coração– se dissipou e a realidade, a realidade nua, permanece sozinha, seca, faminta. O futuro está aberto. Escolha a estrada."

Durante muito tempo Anna permaneceu sob a influência desses pensamentos, sem prestar atenção em Losnitsky, como se não percebesse sua presença.

Nele o aborrecimento cresceu. E, não se controlando, rapidamente se levantou e saiu do quarto.

– Para onde você vai? – perguntou Anna, levantando a cabeça do travesseiro.

– Eu?... – perguntou, tentando esconder seus sentimentos. – Eu pensei que estava perturbando você. Você pode querer ficar sozinha.

– Não, eu me sinto melhor com você ao meu lado – ela disse simplesmente e sem perceber o que acontecia com ele.

Com essas palavras ele rapidamente virou-se, mas de repente parou e caminhou lentamente até uma cadeira, que estava bem longe dela. Pediu-lhe que se sentasse mais perto e começou a falar sobre o quão egoísta ela se comportou até agora, durante toda a viagem de quatro meses na qual ela mesma esteve longe, ocupada consigo mesma, e até pareceu não notar sua atenção para com ela. Apressou a assegurar-lhe que sabia e apreciava tudo o que ele fazia por ela e que ele fazia muito mais por ela do que ele próprio pensava; disse que sua partida e a presença de um ente querido, apoiando-a com uma palavra forte que sempre tinha poder sobre ela, salvou-a do terrível desespero. Acrescentou que por um longo tempo queria dizer tudo isso para ele, mas de alguma forma não conseguia.

– Não me atrevi a lhe dizer isso – disse –, porque muitas vezes fui injusta com você. Uma vez eu lhe disse antes de sairmos de P[etersburgo], que o seu amor não me trouxe nada além de sofrimento. Foi dito injustamente. Eu estava infeliz! – concluiu com uma triste emoção.

Esse discurso caloroso – sua voz mais agitada, que nunca se aquietava, às vezes subia e soava solene e profeticamente, enquanto se deitava com as mãos cruzadas sobre o peito e abaixava os cílios, expressando uma submissão profunda e resoluta, àquilo que não podia ser mudado – encheu seu coração de deleite e adoração. Há muito que deixara de falar e deitar-se na mesma posição com os olhos fechados, e ele ainda olhava para o seu rosto, agitado pelo sentimento de bondade, sob a influência dos sentimentos inspirados por suas palavras, sem forças para expressá-los ou libertar-se deles.

– Você pode falar coisas boas, Anna – disse ele, finalmente.

Anna nada disse e caiu na antiga meditação, enquanto ele pensava somente nela. O próprio silêncio dela, mais ponderado, ele entendeu a seu favor, como uma expressão do que ela não terminou de dizer em palavras. Anna fez um movimento de cabeça, virou-a para a luz, ele pulou da cadeira e foi para a frente, mas de repente parou, confuso e indeciso.

– O que você queria? – ela perguntou calmamente e olhando para o teto.

– Eu queria trocar a mesa para outro lado, esse não é o lugar dela – ele murmurou.

– Então faça.

– Não, não é necessário – ele disse depois, voltando-a ao seu antigo lugar.

Ela não disse nada.

– Você não sabe o que aconteceu comigo agora – ele começou a falar em um minuto e com uma voz preocupada.

– O quê? – ela perguntou ansiosamente, levantando a cabeça e olhando para ele com olhos assustados.

– Você não está com raiva?

– O que é isso?

– Eu só queria dar um passo e beijar seus joelhos, mas quando toquei o tapete, me contive.

A tinta da timidez se aproximou da nobre e casta personalidade de Anna e lhe deu uma expressão puramente feminina.

– Por que isso? – ela perguntou incisiva e instintivamente colocou os os pés nos sapatos apertados e fechou a blusa colorida que vestia.

– Você deve me desculpar, Anna – disse L[osnitsky], envergonhado e confuso.

– Está bem! Não fale mais nisso.

Mas tal generosidade não era muito lisonjeira para Losni[tsky].

Ele começou uma conversa breve, a mais trivial possível, mas algo não ligava; as visões de Losnitsky se concentraram em Anna com perseverança e paixão, e ele esqueceu do que estava falando. Anna notou e isso a preocupou. Ela saiu da cama, foi até a mesa, chamou o empregado, pediu que acendesse a lareira e sentou-se diante da janela aberta.

– Você vai sair logo? – ela perguntou.

– Por que?

– Bem... porque eu quero dormir.

– Tão cedo?

– Sim, estou de algum modo cansada.

Losnitsky silenciosamente se aproximou, beijou suas mãos e resolutamente saiu. Anna trancou a porta atrás dele e, sem se despir, atirou-se na cama. Ficou deitada por um longo tempo, pensando involuntariamente sobre sua situação, e preocupada com alguns sentimentos desagradáveis, adormeceu com eles, sem se despir e sem sequer apagar a vela.

No dia seguinte, Anna levantou-se muito tarde. Losnitsky a aguardava fazia tempo na sala ao lado, que, separando dois de seus quartos, servia como salão e sala de jantar. O café da manhã estava à mesa fazia tempo, mas Losnitsky não pensou em tomá-lo. Andava de um lado para o outro da sala, parando às vezes, ouvindo o movimento no quarto de Anna ou simplesmente olhando pela janela. Finalmente, A[nna] apareceu. Estava calma, como sempre, e tristemente imponente. Sentaram-se para o café da manhã, mas algo nela lhe pareceu especialmente orgulhoso e zombeteiro. Ele a achou de alguma forma envergonhada. Sentaram-se. Na conversa de Los[nitsky] com Anna nesta manhã, algum tipo de irregularidade reverberou; ele não conseguia entrar de alguma forma numa concatenação, mas a simplicidade e sinceridade de Anna, suas palavras bondosas e confiantes, o levaram para a realidade, e Los(nitsky] estendeu com nobre determinação estendeu-lhe a mão.

– Anna – disse –, ontem eu fui estúpido e baixo, eu estou diante de você para que me perdoe.

Anna aceitou alegremente esse perdão, prometeu esquecer o ontem, mesmo admitindo que era difícil. Ele alegou que a levaria embora dali sem pensar, visto que tinha ainda uma vaga esperança; quando de repente ele se viu sozinho com ela, longe de outras pessoas, de estranhos... sua mente ficou nublada. Ele prometeu-lhe que no futuro seria seu amigo, protetor, faria o que ela quisesse, apesar de sua paixão por outro e, como resultado disso, novas relações entre eles a tornaria duas vezes mais atraente.

Anna acreditou na sua promessa, assim como ele próprio acreditou em si e confiou no futuro. Eles passaram o dia inteiro juntos andando e conversando. Losnitsky partiu para o raciocínio e ficou nas abstrações. Esse estado de espírito o fascinou ainda mais, pois aparentemente ele distraía Anna; em tais raciocínios ele se esqueceu de si mesmo. Mas esse arranjo feliz não durou muito, não mais que um dia, então o tédio e a tristeza se apoderaram dele alternadamente.

Quando Anna ficou mais serena, quando o sofrimento cáustico e destrutivo de seu coração se transformou em calmaria, ela gradualmente retornou a suas ocupações e hábitos anteriores, e seus livros favoritos apareceram em sua mesa, como também suas canções, acompanhadas por sua voz que ecoava na morada silenciosa, expressando a mesma tristeza incurável por diferentes variações – ela ficava sombria, irritada ou não saía de seu quarto durante dias inteiros. Muitas vezes, quando ele se sentava imóvel em um canto ou caminhava silenciosamente pela sala durante horas, a jovem o espiava por cima do livro, e seu coração se retesou timidamente. Ela estava ciente que todo o seu amor, todos os esforços e preocupações foram deixados sem retribuição, e isso estava começando a incomodá-la. Certa vez, quando ele estava sentado em seu quarto, apoiando as mãos na mesa e ajeitando a cabeça com uma expressão cansada e triste no rosto, Anna passou várias vezes e olhou para a porta aberta; ele não a notou ou fingiu não notar. De repente, ela entrou, caminhou até ele e se ajoelhou para olhá-lo diretamente no rosto.

– Perdoe-me – disse ela, segurando-o pelos braços e direcionando-lhe um olhar triste e penetrante. Ele olhou para ela com fingida distração e sorriu.

– Perdoe-me – ela repetiu, e continuou a olhar para ele com o mesmo olhar profundo, humilde e amorosamente implorante, que ela queria definitivamente derramar em toda a sua alma.

– Esse olhar me é familiar – disse Losnitsky, movendo-se e acariciando em silêncio o cabelo. – Eu não o vejo faz muito tempo.

– Por que você está tão triste? Por que você não faz nada para se alegrar? – ela perguntou pensativa e procurando expressão.

– Estou cansado de você! Por que não é divertida?

– Você não quer falar comigo! Você está com raiva.

– Que bobagem! – disse Losnitsky, e suspirou involuntariamente.

– Estou entediado – disse ele, sério e com tristeza – tudo ao redor, todo o resto é odioso. Eu me preocupei com você, quis deixá-la tranquila, entretê-la, fazer com que você ocupasse a mente com alguma coisa, e agora, quatro meses na estrada, você se mostra triste e parece não querer saber de mais nada.

– Você não me conhece? Eu sempre fui assim.

– Sim, mas agora que você está livre para ir aonde quiser, faça o que quiser. Mas diga-me, o que lhe falta?

– O quê? Eu perdi tudo. Eu não tenho nada. Minha juventude passou sem alegria, eu me exauri na luta diária com pessoas e circunstâncias, minhas forças não aguentaram, e as pessoas me estigmatizaram, havia zombaria e desprezo; minha família afastou-se de mim. Para onde vou? Quem precisa de mim? O que posso fazer?

– Não é possível fazer algo por você, para que respeite a si mesma?

– Não, não é isso. Existe outra razão mais sólida, algo que me irrita é que não consigo explicar a mim mesma

– Diga-me, então, o que você ama – e olhou para ela.

As faces pálidas de Anna brilharam instantaneamente, mas depois de um minuto ficaram mais pálidas ainda.

– Você está calada... Você não quer me responder!

Anna realmente ficou em silêncio.

Ela sentou-se, imersa em algum tipo de pensamento, não aquele em que se ocupara sonhando com o futuro, não com a lembrança do passado, apenas seus pensamentos estavam longe, muito longe.

– Você ama, então você espera.

– Não tenho nada a esperar – disse ela.

– Você raciocina assim, mas seu coração tem sua própria lógica – ele esperou por uma objeção, mas não foi o que aconteceu, pelo contrário. Anna levantou-se e saiu; foi para o seu quarto e fechou a porta atrás dela.

Alguns dias se passaram. Era uma noite tranquila e clara. Losnitsky e Anna caminharam estrada afora até o campo, não tão longe de sua casa.

Mas andaram. Anna estava calma, contemplativa como requer o espírito, e ficou em silêncio o tempo todo. Losnitsky também parecia pensativo, mas às vezes olhava para o rosto de Anna, aquele rosto maravilhoso, que era uma imagem de sua alma e refletia em todos os seus movimentos. Naquele momento, Anna esteve totalmente entregue à influência da natureza circundante. Diante dela estava a cidade que se destacava bruscamente com sua cor cinza escura e lamacenta contra o fundo de um céu claro; as cúpulas pontiagudas de suas igrejas perfuravam o alto, imperceptivelmente perdidas num espaço brilhante. Entre elas erguia-se um enorme edifício já dilapidado. Elevava-se acima de tudo, como o corpo predatório de um gigante decapitado, expondo de maneira surpreendente suas grandiosas formas atléticas há séculos. Algum tipo de planta encaracolada o adornava de cima a baixo, cobrindo seus membros desfigurados e, se aproximando com ramos flexíveis e rastejantes, tentava envolvê-lo em seus braços tenros. Por outro lado, a ramagem se destacava, bem vestida com sua neve, pintada com flores delicadas de raios do sol, aninhando corujas. O ar claro e transparente do sul abraçava tudo ao seu redor com amor confiante, exibindo-se de maneira especialmente vívida; nada escondendo ao nevoeiro misterioso do olhar de um homem apaixonado.

Cansada do prazer desse espetáculo, Anna parou. Sentou-se no chão ao pé de uma colina íngreme, cortada pela estrada, e toda a sua alma se transformou ao olhar aquilo tudo... Seu coração estava repleto de uma calma maravilhosa.

– Em que você está pensando? – perguntou Losnitsky, de repente, de pé, ao lado dela.

– Bom...

– Estou olhando para você neste momento. Às vezes você me aparece com um rosto estranho quando pensa, e muda tão rápido e dramaticamente... Que pena que você não consegue ver seu rosto nesses momentos! Você realmente não tem ideia. É tão bonito! Eu agora me lembro da opinião das pessoas sobre sua beleza. Mas o que é essa beleza que eles interpretam, diante daquela que apenas eu conheço?

– Por favor, não fale do meu rosto – Anna interrompeu.

– Eu sabia que ficaria irritada, mas mesmo assim quis dizer.

– Bom, já chega, vamos – disse Anna levantando-se.

– Para você isso é desagradável que eu lhe admire; eu a entendo – disse Los[nitsky] amargamente.

– É que é uma ficção, pare com isso!

– Bom, vamos. Mas para onde vamos?

– Aonde você queira – disse Anna –, e Losnitsky ouviu uma nota familiar em sua voz: não aquela tristeza, não aquela apatia, ou ambas. Esquecendo-se, ele pegou sua mão com ternura particular e levou a jovem para casa. Ela o seguiu quase mecanicamente, mas o movimento sincero de seu coração não desapareceu; por sua vez ele se encheu de uma ternura triste. A lembrança do primeiro amor, a lembrança da juventude soprou sobre ela e passou para uma suave melancolia: "Para onde foi tudo isso?", ela pensou. E em vez de qualquer resposta, outra pergunta lhe surgiu: "Está tudo acabado?" E depois várias perguntas surgiram.

Finalmente, eles chegaram em casa. Talvez pela primeira vez, Anna sentiu-se bem e gratificante em seu quarto, onde tudo estava preparado e adaptado ao seu gosto e cuidados. Ela sentou-se em sua ampla poltrona baixa, e nela se acomodou. Sentiu-se livre e confortável, estava alegre; piadas, risos e conversas brotaram em seu rio, mas logo ficou em silêncio. Losnitsky tentou mantê-la de bom humor. Seja com este objetivo ou simplesmente sendo levado por uma onda inesperada de alegria geral, ele começou a contar-lhe várias anedotas e incidentes de sua própria vida. Essas histórias podem ser curiosas para os outros, mas Anna não achou nada inteligente e viu pouca elegância nelas. Ouvia em silêncio e séria, mas quando se tratava das aventuras de Los[nitsky] em sua ausência, com uma alegre dama da cidade B., quando diferentes artimanhas de uma mulher apareciam em cena e não muito leves em relação a esse homem, contadas em tom descuidado e cínico, Anna não aguentou e pediu que parasse. Ela se sentiu atingida por essa irmandade, que concebia um tipo particular de homem, mas que ela não esperava.

Anna sabia pouco de Losnitsky, e suas relações anteriores com ele foi tão sério e desesperadamente amargo que excluía a parte cotidiana do caráter que é tão importante no círculo íntimo.

– Esse seu desagrado é estranho para mim – disse Losnitsky. – No entanto, é uma característica completamente feminina. Atitudes semelhantes de homens para mulheres como essas que lhe contei agora, são muito naturais e desculpáveis, são até necessárias e não só não interferem no verdadeiro amor por uma outra mulher, mas também engrandecem e apoiam a mulher. Infelizmente, nenhuma pode entender isso ...

Anna ficou cada vez mais surpresa:

– Eu não esperava, eu não esperava nada disso – disse ela, e endireitando seu esbelto e imponente aspecto, caminhou pela sala.

– Isso parece sujo para você – disse Losnitski – mas acredite que meu coração é capaz de amar e entender o belo.

Anna, claro, não respondeu a isso.

Vendo tal coisa, Losnitsky preparou-se para se despedir e, por mais cedo que fosse, Anna não o segurou.

Em pouco tempo, Anna teve que abrir mais de uma linha de pensamento sobre as opiniões de Losnitsky, das quais ela não gostou muito. Seu modo de vida, solitário e monótono, desprovido de grandes interesses, quando uma pessoa pode falar demais, contribuía para que aparecesse aspectos de caráter e de choques desagradáveis. Anna bruscamente se rebelou contra tudo o que considerava falha ou fraqueza, sem mente e sem coração, e os hostilizava, visto que uma vez esse homem já lhe pareceu perfeito. Em seus julgamentos rigorosos, Los[nitsky] só viu ataques, resmungos, ataques a um homem que de repente não era interessante e que ela procurava justificá-los quando não havia razão alguma para isso. Sabe-se que no humor de ambos, sua vida em conjunto fora extremamente ruim, mesmo aqueles sentimentos fraternos e ingênuos que eles poderiam contar um com o outro como amigos desapareceram. Seu relacionamento tornou-se mais frio e tenso. Eram insuportavelmente pesados para ambos. Losnitsky viu quão difícil e perigosa era sua posição, viu que, enquanto permanecia com ela, arriscava perder seu último bem, seu respeito, e não conseguia decidir sobre nada... Enquanto isso, a vida que levavam, a ausência de assuntos, tudo em desacordo mútuo, tornou-se insuportável. Ele sugeriu a Anna que voltasse para a Rússia, esquecendo-se de pensar no entanto o que seria melhor para ela. Anna concordou sem controvérsia, sem o menor pensamento, sem sequer perguntar quando e como. Parecia que não se importava onde morar, como e com quem, pois ela pouco se lixava de sua reputação, porque não havia ninguém que pudesse lhe dar qualquer coisa para valorizá-la. Mas Losnitsky não apressou sua partida. Ele estava esperando por algo.

Enquanto isso, há algum tempo uma mudança aconteceu em Anna. Algum tipo de excitação febril estranha cobriu ao longo do tempo todo o seu ser. Ela se retirou de todas as sociedades, foi para os mais distantes e isolados lugares de suas caminhadas comuns e lá, indo e voltando pelas colinas, pensava em alguma coisa. Ou então se agarrava aos livros e se sentava sobre eles durante dias e passava a noite preparando cadernos grossos e escrevendo e escrevendo neles com pressa, mas logo largava os livros, como se não encontrasse o que estava procurando, e não lia mais nada, e caía em algum tipo de estupor moral. O recém-nascido rubor desaparecia de seu rosto, um amarelo escuro cobria sua pele translúcida, círculos azulados apareciam sobre seus olhos e, por causa deles, aqueles grandes olhos pareciam ainda maiores e mais expressivos.

    Uma jovem mulher tranquila e imponente vagava calma pelas colinas circundantes; andava pensativa pelas noites, e durante o dia ardente e brilhante encontrava uma gente sem alegria, e pensava em tudo isso... Ou se sentava à margem de um pequeno rio e olhava as ondas silenciosas e monótonas. Preguiçosas e sonolentas, as águas rolavam diante de seus olhos, perseguidas por alguma força invisível; de tempos em tempos batiam na margem, ricocheteavam, colidiam, circulavam, dividiam-se em pequenos riachos, depois voltavam para sua antiga forma e corriam com a mesma serenidade, não se apressando e nunca parando em lugar algum, com a mesma constância, dando lugar a outras ondas que as seguiam. Anna, ao que parece, não se enfada com isso, pelo contrário, seguia a constante alternância da noite, do dia a dia, da vida e da morte, encontrando nelas algo em comum com a vida. Os livros perderam o interesse anterior, não resolviam nada, mas apenas eclipsaram e complicaram as inúmeras questões que se formavam em sua cabeça.

    Losnitsky observou-a ansiosamente, implorou que consultasse o médico, para ser tratada, mas ela teimosamente recusou. L[osnitsky] não sabia mais o que fazer: ficar ou ir a algum lugar, mas o que aconteceu depois permitiu-lhe a perplexidade.

    Certa vez, Anna, como de costume, foi dar uma volta no início da manhã e não retornou o dia todo. No começo, L[osnitsky] não se preocupou, pois ela já tinha ficado assim por muito tempo numa primeira vez, mas quando a noite chegou e tudo escureceu, seu coração estremeceu, ele saiu correndo de casa na direção daqueles lugares que ela costumava frequentar. Ele bateu nas cabanas, parou os transeuntes, perguntou com crescente ansiedade a um e outro se eles não viram uma tal senhora. Mais ou menos insatisfeito com as respostas que os camponeses lhe davam, só aumentava sua confusão e medo. Alguns viram uma moça pela manhã perto do rio, havia três dias: ela pediu uma bebida e perguntou onde era a travessia do rio e a profundidade da água.

    Exausto pela fadiga e ansiedade, L[osnitsky] decidiu voltar para casa, achando que talvez iria encontrá-la por lá. Tudo dormia profundamente quando voltou para a cidade. As luzes se apagaram. L[osnitsky] mal passou em seu apartamento, e quando perguntou se A[nna] estava, o velho criado olhou para ele com perplexidade, deixando claro que ele não sabia ou se esquecera da ausência da jovem mulher. Um sentimento de indignação irrompeu no coração de L[osnitsky], mas logo se resignou e se transformou em desesperada melancolia e sombrio desânimo. Silenciosamente caminhou pelos cômodos vazios e sentou-se à janela, sem saber o que fazer, o que decidir. Uma premonição de que havia problemas tomou conta dele naquele momento. Ainda estava sentado com a cabeça baixa e esperando por algo, quando um sono pesado e inquieto o dominou, forçando-o a esquecer tudo, até mesmo do sofrimento em si.

Quando acordou, o sol estava alto e iluminava a cidade com seu brilho luxuoso, deixando todo mundo com um olhar alegre. As pessoas estavam ocupadas em suas atividades normais. Elas trabalhavam, compravam, vendiam, conversavam, e falavam especialmente sobre o cadáver de uma mulher que haviam acabado de encontrar no rio. Presumiu-se que ela caíra na água ao atravessar uma ponte estreita, ponte essa que se situava exatamente onde o rio era mais caudaloso. Ela deve ter ficado tonta, olhando para a água que corria rapidamente, mas só Deus, que vê as intenções e ações das pessoas, é quem pode saber. De nossa parte, sabemos que não podemos negar ou confirmar tal suposição.

Por enquanto[57]

I

Como o homem é criado de maneira estranha! Ele diz que é livre! Que absurdo! Eu não conheço uma criatura mais dependente: o desenvolvimento de sua mente, caráter, sua visão das coisas – tudo depende de causas externas. Razão, esta capacidade mais elevada de uma pessoa, parece ser dada a ele, para que ele sinta mais profundamente sua própria impotência e humilhação antes de qualquer confronto.

Velhos amigos me censuram por não fazer nada, dizem que servir a comunidade é dever de toda pessoa honesta. Eu discuto muito com eles sobre isso. Pessoas felizes! Aos trinta anos, eles conservaram o ardor juvenil e as elevadas crenças que tanto enobrecem os erros, pelas quais eu persigo meus companheiros com zombaria impiedosa e sinto uma alegria perversa quando percebo que minhas palavras os impressionam; mas ao mesmo tempo, nas profundezas da minha alma, onde há tanta tristeza inexplicável, eu os invejo. E eu daria muito pelo êxtase de sua fé...

Eu comecei a viver muito cedo, ou seja, a pensar, observar e desmontar pessoas, seu caráter, hábitos e paixões.

As condições sob as quais meu caráter toma forma não poderiam ser mais favoráveis para esse fim. Desde a infância, ninguém me amou; todo o amor e esperanças de minha mãe e irmãs se concentravam no irmão mais velho: era um menino bonito e alegre, orgulhoso de si e arrogante. Ele era dois anos mais velho que eu; todos os que nos viam juntos, involuntariamente faziam uma comparação, tão desfavorável para mim, e minha timidez e o constrangimento eram ainda mais notáveis, e enquanto meu irmão era desperdiçado com elogios e carinhos, se esqueciam de mim ou pior, não me confortavam. Desde que comecei a me reconhecer como gente, essa condescendência ofensiva tem sido insuportável para mim: inveja e inimizade por meu irmão marcaram profundamente minha alma infantil.

Para evitar confrontos desagradáveis com os deveres de casa, tentei me afastar de todos o máximo possível; tomei essa decisão de uma vez por todas e, apesar das repreensões, até mesmo da punição, não saí do meu quarto. Havia muitas crianças em nossa casa: além de mim e meu irmão,

---

[57] "Por Enquanto" (Покуда) foi publicado no nº 10 da revista "Vremya", outubro de 1861.

três irmãs, e a filha de uma governanta, e minha mãe ainda criou mais duas de sua irmã falecida, mas eu não conseguia me dar bem com nenhuma delas. Em vão, o tutor e a governanta tentaram fazer com que eu passeasse com meu irmão e irmãs ou que brincasse no salão: eu teimosamente recusava e concordava apenas em ficar com eles na sala de aula. Eu sempre tinha minha lição na ponta da língua, mas não merecia elogios nem censuras; mas pensando bem, já que eu era a única pessoa que respondia particularmente bem uma lição, a professora parecia me tratar com certo amor. Ela ficava espantado, começava a se desmanchar em louvores e colocar a minha diligência como exemplo para outras crianças, censurando-as. Eu não sei porque, esse elogio me pareceu tardio e ofensivo, e a partir daquele dia tentei fazer o máximo possível para não atrair atenção. Mamãe queria me desacostumar a essas esquisitices, mas todas as suas tentativas não obtiveram sucesso, e ela teve que se reconciliar com minha maneira de ser, especialmente porque eu não incomodava ninguém. Eu estava tão feliz de ficar sozinho! E assim, minha infância passou de enfadonha e monótona: nem a afeição de parentes, nem a amizade entre os semelhantes a santificaram. Por horas eu sentava em meu quarto, enquanto as vozes alegres das crianças e o riso tocante delas às vezes chegavam até mim; Sentava-me sozinho e quantos pensamentos passavam em minha cabeça!

 Eu me acostumei a esses pensamentos, gostava que eles se tornassem um prazer para mim. Eu gostava especialmente de meditar durante a oração da noite. Não sei por que gostava tanto dessa hora solene, quando até mesmo a odiosa governanta não encontrava algo para me incomodar; ela olhava ao redor, em vão, querendo fazer um comentário: havia paz e sossego em todos os rostos. Eu geralmente ficava atrás de todos; encostado na parede e dobrando meus braços, entrando em meu mundo de fantasia e invocando minhas imagens favoritas e eventos. Mas muitas vezes, quando os convidados chegavam, as salas ficavam bem iluminadas, a música tocava no hall, minhas irmãs, lindas e espertas como borboletas, agitavam-se ao longo do tapete macio, meu coração ali se partia, amaldiçoava meu aprisionamento voluntário: a tentação era forte; mas lembrei-me de meu irmão inteligente e feliz e de suas irmãs leais, lembrei-me de sua zombaria – e o sentimento de ódio e hostilidade inconciliável afogava todos os outros sentimentos em mim. Eu pensava: eles estão juntos todo tempo, e eu sozinho... E por um longo tempo chorava, e procurava por alguns livros e começava a ler. Ler entretido e entretendo-me; eu me lembro de quanto prazer as histórias me davam: *A bela e a fera* e *Chapeuzinho vermelho*. Eu relia todos os livros da biblioteca das crianças, e quando não tinha nada para fazer durante minhas horas livres, começava a relê-los, mas não conseguia encontrar nem metade das belezas que me impressionaram da primeira vez. Eu até começava a duvidar da ocorrência real do que me acontecera à leitura. De alguma forma, relendo pela terceira vez "A Bela e a Fera", me senti cansado e entediado. Era verão, e nós ficávamos numa casa de campo. Irritado, larguei o livro e entrei no jardim; ninguém estava lá: minhas irmãs e meu irmão andavam com uma governanta em um bosque. Atrás da treliça do jardim vi garotos camponeses brincando de cavalinho.

Eu escutei com inveja sua conversa e a gargalhada barulhenta, afiada; pensei por um momento se não era melhor eu ter nascido em uma família de camponeses, e ficava assim pensando por um longo tempo. Pulei a cerca e pedi-lhes para entrar na brincadeira, mas eles se recusaram resolutamente, alegando que eu era um mestre, e começaram a me provocar e me mandar embora, então a partir daí não ousaria mais aparecer em seu círculo. E não parei por aí; de alguma forma, consegui me familiarizar com o filho de nosso zelador e, através dele, os rapazes do campo me levaram para sua patota. Devido à ausência de qualquer supervisão, nada interferiu nas minhas relações com os novos amigos; eu sabia que, se minha mãe soubesse, não teria permitido, mas eu fiz tudo com cuidado, e o verão para mim foi muito divertido e agradável. Eu corajosamente contei com o futuro.

Com o início do inverno, comecei a ler de novo; desta vez cheguei à biblioteca da minha mãe. A minha mãe não era de ler muito mas assinava as melhores revistas; aí comecei a ler todos os romances velhos e novos; e embora não os entendesse muito, lia-os com prazer.

Na sala de leitura da minha mãe, onde, por necessidade, tinha que aparecer ocasionalmente, havia muitas vezes disputas sobre todos esses livros. Eu as ouvia com grande atenção, pensava e acreditava em meus próprios conceitos e observações; livros substituíam meus colegas e amigos: em momentos de pesar e aborrecimento eu me voltava para eles, mergulhava profundamente no altruísmo e encontrava coragem e força, e tudo parecia tão bobo e ridículo para mim diante daqueles personagens e eventos que eu lia ou imaginava. Mas os livros nem sempre respondiam às perguntas e fenômenos que me maravilhavam e que eu procurava para mim uma resolução neles: provavelmente, essa consciência de falta de criatividade levou-me a decidir ser escritor. Eu tinha então treze anos; minha primeira experiência na literatura foi o drama *Adaga fatal*. Sua trama era a mais intrincada. A ação tinha lugar na Espanha: o herói, o corajoso e nobre Don Fernando, definhando na prisão, estava separado de sua bela esposa que também estava presa em algum lugar. Eu retratei com muita emoção o destino dos heróis que morreriam em seus primeiros anos como vítimas da injustiça e da raiva humanas; tudo corria como um relógio para o lugar onde o herói fugira da masmorra e fora libertar sua amada: ele já havia colocado as escadas e começado a cortar as barras de ferro, quando de repente fui chamado para a sala de aula. De alguma forma, coloquei o caderno sob o travesseiro e saí. Quando voltei para o meu quarto, não encontrei meu caderninho onde o havia deixado; assustado, comecei a remexer na cama, desmontei todos os meus pertences, mas todos os esforços foram em vão: a "Adaga Fatal" desaparecera. Perguntei aos criados, vasculhei todos os cantos e não consegui pensar onde meu caderno tinha ido parar. Claro, meu irmão o pegou! – brilhou em minha cabeça, e quanto mais eu pensava, mais estava convencido da probabilidade de tal suposição. Esse pensamento me enfureceu: tranquei-me em meu quarto e não saí para jantar. Mas tudo passou, e me acalmei, imaginei-me um herói, perseguido pelo destino maligno, e desisti. Eu tinha certeza de que, mais cedo ou mais tarde, meu genial tipo triunfaria e puniria meus inimigos. No dia seguinte, assim que apareci para o chá, as irmãs trocaram olhares com meu irmão e riram; eu não estava enganado: eles haviam roubado e lido o meu *Adaga fatal*. Vergonha, indignação e raiva me atormentavam, mas escondi tudo em meu coração e mostrei-me indiferente; no entanto, as irmãs e o irmão não paravam de rir de mim e até começaram a me chamar de "a adaga fatal", que também foi relatado à governanta. Então minha raiva não tinha limites; comecei a imaginar como me vingar de meus vilões, e esse novo pensamento bateu em meu cérebro e não me deu descanso. Não dormi à noite, mas tudo o que eu pensava parecia desconfortável ou insuficiente. Pensei em me esfaquear com um canivete e deixar uma carta para eles; eu já havia começado a escrever esta carta, e foi tão comovente que, ao lê-la, chorei amargamente. Meus nervos estavam muito descontrolados: eu não aguentava e estava doente.

II

Com a minha recuperação, fiquei ainda mais pensativo, mais concentrado; fui até o meu mundo interior e pensei muito em mim mesmo. Decidi agir de modo a não me censurar por nada: estava ciente de cada palavra, de todo pensamento e, portanto, o menor erro me custaria um arrependimento agonizante. Naquela época, uma nova figura apareceu em nossa casa: minha mãe permitiu que a governanta trouxesse seu filho, que era do corpo de cadetes, durante os feriados. Paulo era da mesma idade que eu; ele tinha uma personalidade forte e incrivelmente temperamental. A princípio, junto com meus irmãos e irmãs, ele me perseguiu de maneira ridícula, e até os superou em insultos e insolências; vi essa perseguição com indiferença: desde a época da minha doença me acalmei. Certa vez, Paulo discutiu com uma das minhas primas e reclamou com a mãe; eu conhecia bem isso, sabia que ele era culpado, e absolvi a garota na frente de sua mãe. Em um ataque de raiva Paulo me repreendeu e me chamou de garotinho; nada poderia ser mais ofensivo do que esse epíteto para mim; mas não me revoltei, não inventei desculpas e não me vinguei. Quando a explosão de Paulo passou, ele ficou envergonhado; parou de rir e não me evitou. Eu fui o primeiro a falar com ele. E não me lembro bem, por assim dizer, mas recordo que quando proferi a primeira palavra, Paulo olhou-me com espanto; aparentemente, não esperava que eu não estivesse com raiva dele, então de repente jogou-se no meu pescoço, abraçou-me e chorou. A partir deste momento ficamos amigos.

A natureza de Paulo era uma daquelas naturezas estranhas e extasiadas para as quais não há meio termo: ou amam ou odeiam, obedecem ou desobedecem; havia algo de fanático em seu carinho por mim: ele certamente acreditava em minha infalibilidade, em todos os seus assuntos ele pedia meu conselho e agia sem raciocinar. Tal dependência me irritou: tentei suavizar, melhorar nosso relacionamento; mas ele não queria entender minha delicadeza, e quando não lhe pedia para fazer algo por mim, interceder quando eu fosse repreendido, e quando eu assumia minha culpa por algo, ele interpretava isso à sua própria maneira: ficava bravo, perdia a paciência, me enchia de censuras; depois de algum tempo se desculpava, se arrependia, amaldiçoava a si mesmo e deliberadamente fazia brincadeiras para ser punido; então ele torturava a mim e a si mesmo. Era uma personalidade profunda e poética, com enorme força e fraqueza.

De qualquer forma, devo muito a essa amizade e ele, sem dúvida, influenciou em meu caráter. Expressando-lhe meus sinceros pensamentos e planos e encontrando plena simpatia, eu estava de alguma forma mais autoconfiante; eu sempre pensei em seus pensamentos e intenções e tentei aprender a gostar deles.

Nas noites de verão, num período de lazer, todos preparavam suas lições. No dia seguinte, o sol brilhava alegremente, e meu coração se enchia de doces sensações. Lia e não conseguia memorizar cidades e rios e andava pela sala com Paulo com um caderno nas mãos. Nós sonhávamos em voz alta sobre o futuro, e quanta fé havia em nós, quantas esperanças nestes sonhos brilhantes! Quantas vezes mais tarde, sozinho, eu adorava relembrar esses encontros...

Meus anos de intimidade com Dostoiévski

No fim das férias, pedi à minha mãe permissão para visitar Paulo, e ela muitas vezes me deixava vê-lo e também pedia a Paulo que viesse nos feriados; assim, nossa amizade continuou até o final do seu curso. Quando entrou no serviço militar, ele foi para o Cáucaso e eu entrei na universidade. No princípio nós nos correspondemos; mas nossos interesses eram tão diferentes que era impossível apoiá-lo naturalmente. E um forte e amigável ele se rompeu entre nós: cada um seguiu seu próprio caminho, cada um seguindo o curso do caminho escolhido, jogando no altar de um objetivo distante tudo o que era pessoal, querido e bom.

Eu assistia às palestras na faculdade de direito. Que campo amplo de atividades se abria para uma cabeça quente, sedenta da verdade! Eu amava a ciência pela ciência, amor puro e desinteressado, e me rendi a ela com entusiasmo com toda força da alma, além de qualquer interesse pessoal. Mamãe estava com raiva de mim porque eu deixei a sociedade para trás e me tornei um selvagem; minhas maneiras a levavam ao desespero. "Com quem você se parece? – ela me perguntou. – Como vou te ver na luz? Todo mundo vai me culpar, mas eu realmente sou eu a culpada? Afinal, Anatoly é seu irmão!"... E ela ficava mais e mais esquentada e me inundava de censuras. Eu a ouvia sem me opor, com uma atenção respeitosa: isso a deixava ainda mais irritada. Ela, finalmente, decidiu que eu estava perdido, que nada esperaria de mim. Nessas repreensões, não havia nada de novo: eu sempre esperava por elas e, portanto, não prestava muita atenção, continuando a me comportar como inspirado pela própria prudência, e salvava mamãe do problema de estar comigo na sociedade.

Na minha orgulhosa solidão, eu costumava ser independente, costumava desobedecer à autoridade, por mais alta que fosse; mas eu não estava cego com relação aos meus defeitos, e os conhecia melhor que qualquer outro. Há muito tempo aprendi a pensar, observar as pessoas; mas quanto mais eu olhava para meu irmão, esse ídolo da família, mais me convencia da minha superioridade moral. Anatoly era um sujeito inteligente, mas era vazio e desafiador, pretensioso e insensato; eu era de maneira comumente indiferente a ele: a antipatia das crianças desaparecia sem deixar vestígios, e ele não conseguia inspirar um sentimento mais sério.

III

Meu irmão terminou o curso na universidade e se preparava para entrar no serviço militar; pedia conselho a suas irmãs: que regimento seria melhor entrar? Depois de um longo debate, todos decidiram unanimemente que nada poderia ser melhor do que ser um lanceiro de Ulan – e meu irmão entrou nos lanceiros. As irmãs o admiravam. De fato, o uniforme militar foi feito para seu aspecto magro e alto. Eu mesmo o admirava quando montava um cavalo imponente ou dançava com sua prima Nelly, a mais bela e racional de nossas garotas. Ele aparecia em festivais e em bailes sempre ao lado de Nelly, gentil e cauteloso sem ser mesquinho; mas em casa, quando não havia convidados, brigavam constantemente.

Antes de um baile, sentado sozinho na sala de estar, ouvi na sala ao lado a disputa de Anatoly com seu amigo Teshin, que era muito próximo de nossa casa, sobre quem seria o cavalheiro de Nelly. Nelly estava do lado de Teshin; mas Anatoly exigiu que ela ficasse com ele, alegando que já fora várias vezes com Tashin, que todos notariam isso – e falariam.

Nelly fez beicinho e disse que ficaria comigo. Todos ficaram surpresos com a estranheza de aparecer com uma saída dessas: ela fazia isso, talvez para embaraçá-los, mas no fundo ela iria? Nelly foi inflexível. Finalmente todos foram para seus quartos; apenas Teshin e Nelly permaneceram na sala. Passado a refrega, Nelly começou a tocar piano, o oficial sentou-se ao seu lado. Sentei-me num canto escuro contra a porta e fiquei a observá-los, mas fui pego por uma preguiça agradável, ao som de "Carnaval de Veneza", que logo começou a tocar os meus sentimentos Eu estava num estado de contentamento e paz incompreensíveis, por isso, se me tivessem dito naquele momento que eu deveria morrer amanhã, não teria medo. Meu coração estava leve e alegre. Diante de mim, como se em um nevoeiro, duas figuras esbeltas se desenhavam.

– Chega, pare de brincar – disse Teshin, segurando Nelly pela mão, e sua cabeça inclinou-se tão perto dela que seus negros cabelos tocaram seu ombro. Os sons de "Carnaval de Veneza" pararam, como se estivessem quebrados; o rosto de Tashin pressionou o ombro nu de Nelly. As paredes e cadeiras começaram a girar nos meus olhos, minha respiração parou.

– Como você está bem, Nelly! – disse o jovem.

– Pare de falar bobagem! – disse Nelly, levantando-se da cadeira. Ele a abraçou e começaram a andar pela sala.

– Por que você quer Alexander Feimorevitch como seu cavalheiro?

– Para contrastar – ela respondeu, rindo alegremente.

– Droga! – disse o jovem.

– Eu tenho que me vestir – disse Nelly.

– Espere, ainda tem tempo: eu raramente a vejo sozinha – e ele puxou-a para si, mas ela se soltou e, rindo, saiu correndo da sala. Passou por mim, seu vestido raspou a cadeira em que eu estava sentado, e com esse

Meus anos de intimidade com Dostoiévski

movimento, uma corrente de ar de alguma forma tocou meu rosto.

– Você vai ao baile conosco, hoje? – Nelly me perguntou, já vestida quando entrou na sala. Respondi que não, recusei o máximo que pude, que não era fácil para mim.

– Não é verdade, você vai, você deve ir: eu vou dançar com você a noite toda.

Ela envolveu suas mãos em volta do meu pescoço, mãos de veludo; seus olhos espertos brilhavam tão perto que fiquei meio tonto.

– Mas você tem que ir, será um grande prazer – ela disse, e sua voz soou especialmente suave e gentil. – Você não pode recusar quando eu te peço tão sinceramente! Você é tão inteligente... – ela acrescentou com um sorriso malicioso.

Eu concordei.

Partimos logo; havia quatro de nós na carruagem: eu estava com a Nelly, Teshin e uma das minhas irmãs. Teshin sentou-se de frente para Nelly e conversaram por todo o caminho. Fiquei em silêncio, havia algum tipo de névoa na minha cabeça: a cena recentemente vista atrás do piano parecia estar em meus olhos. Meus companheiros falavam sobre o próximo casamento de uma das minhas irmãs.

– Você vai se casar em breve? – perguntou Teshin a Nelly.

– Logo – ela respondeu confiante.

– E com quem? Você pode nos dizer?

– Com um homem velho.

– Para contrastar? – saiu de mim como uma explosão.

Nelly riu.

Foram estas as mulheres que conheci. Elas não conseguiam inspirar simpatia. Onde está a mulher que eu sonhei, não uma ninfa brilhante e vaporosa, não um modelo de mansidão e humildade, mas uma mulher – eu, para um homem mesmo com todos os seus méritos e deméritos humanos? A questão do seu destino me agitava e me atormentava, e com que frequência meu coração doía por ela; talvez em outras circunstâncias eu tivesse passado sem perceber essa linda alma. Na minha vida não conheci uma mulher assim! Eu conhecia mulheres mais inteligentes, mais gentis, mais bonitas, mas não conheci outra Zinaida. Havia algo especial, diferente em seu caráter e modo de pensar. Eu a conheci quando ela era noiva de meu irmão: isso não me impediu de prestar atenção nela até o dia em que a conheci melhor.

Naquela época, terminei o curso na universidade e comecei a trabalhar, fiquei cara a cara com uma realidade que ainda era vista através da neblina rosa da aurora. Naquela época, tudo na nossa sociedade era preocupante e avançava com alguma pressa febril, como se quisesse compensar em vão o tempo vivido. Todos veem quantos casos acumulamos e quantos problemas não resolvidos permanecem. Eu vi como a escravidão se tornava o maior dos males, e meu coração ficou infeliz: eu sabia o quão profundamente as raízes desse mal fatal estavam enraizadas em nosso solo, cresciam, e quanto esforço era necessário para encontrá-las e arrancá-las. Elas se infiltraram em todos os estratos de nossa sociedade e se entrelaçaram com uma rede fina e forte: elas não poderiam ser arrancadas sem dor. Eu acreditava que a geração mais jovem, com nobre autossacrifício, se uniria numa força comum para erradicar tudo o que tínhamos de inútil e prejudicial, e o pensamento orgulhoso de participar da causa da transformação social era meu motor moral: todos os meus desejos e esperanças estavam focados nela; mas qual não foi a minha decepção quando entrei no trabalho! Aprendi que, ao longo de muitos anos, deveria estar feliz com o modesto papel de escriba no campo da atividade oficial. Além desse trabalho mecânico, tentei expressar meu pensamento, mas fui recebido com zombaria, como um ridículo, premiado com um epíteto de *iniciante*, e nada mais: meus protestos nada causaram, talvez porque eu não soubesse como agir direito. Mas de qualquer forma, meu coração doía, estava ferido. Eu vi como pessoas com um nome venerável e um tremendo peso passavam pelo mal impune, o que levaria à indignação qualquer pessoa nova, sem notar ou não querer notar. Com calma indiferença, eles observavam tudo o que era feito diante de seus olhos: parecia que nada poderia despertar, não apenas sua participação ou simpatia, mas até mesmo uma surpresa. Dois anos de minha existência no trabalho não trouxe nada a ninguém, e eu mesmo me tornei um fardo; mas não perdi o coração e esperei por algo, esperei por qualquer coisa. Eu tive que conhecer pessoas com aspirações exaltadas, pessoas que sabem como de alguma forma tornar sua existência útil, e esses poucos conhecimentos foram suficientes para refrescar a memória. Eu tentei ser útil mais além do desempenho, e só percebi quão pouco conhecia da vida e da sociedade em que vivia. Onde eu estive por tantos anos? O que estudei? Estive me preparando para quê? Eu era um advogado e tive que dispor de meus conhecimentos por um longo tempo para somar e ver sem participar como eram as coisas que decidiam o destino das pessoas que amei de maneira franca e infinita. Eu tive que aprender muito mais para ser humano. Reescrevendo os nossos papéis, e com uma raiva especial, deduzi as palavras "porque" e "como". Ganhei o reconhecimento das pessoas e perdi a fé no futuro, e em mim mesmo. Mas para não ter razões para me culpar por preguiça ou falta de caráter, continuei a trabalhar. O chefe não gostou muito de mim: a minha forma de me envolver em conversas com os mais velhos era completamente inadequada, como também expressar sua opinião, é um hábito ainda mais estranho e completamente inadequado – contradizer.

No entanto, meu chefe Trifon Afanasitch era um homem gentil e manso; mas com toda a sua generosidade, ele não podia me perdoar pela má caligrafia e definia como exemplo o esguio e torto Lutoshkin que sentava ao lado de Ivan Ivanitch. De fato, Lutoshkin tinha uma caligrafia maravilhosa e nunca conheceu rivais para ela; eu só podia invejá-lo. Mas eu reescrevia tudo e, embora não fosse bonita, minha caligrafia ficava bastante clara, como queria meu chefe, mas logo ele se aposentou, para o meu perfeito deleite, e um homem honesto e cavalheiresco tomou o seu lugar. Era um cavalheiro bonito, de cerca de trinta anos; mostrava alguma dureza e impaciência em suas maneiras, mas em toda a sua aparência havia tanta confiança e coragem que seriam necessários dez dos nossos bons companheiros para se igualarem a ele. Em geral, a fisionomia de Serguei Petrovich Zelenovsky parecia a de uma pessoa desonesta. Mas que era realmente um homem de honestidade exemplar entre as autoridades; que não só não aceitava subornos, como recusava-se a um aumento de salário indevido. Quando um certo cavalheiro decidiu agradecer-lhe por algo, Zelenovsky ficou furioso e ameaçou processá-lo; naquele momento, com aquela raiva e desprezo, ele ficava mais belo, e produzia um bom efeito: toda a burocracia de nosso departamento ficava assustada e desanimada; mas essa impressão logo era dissipada. No serviço Zelenovsky era mandão; chegava ao departamento às 12 horas da manhã em par de belos cavalos, que ele amava mais do que qualquer outra coisa no mundo; diante de nós, andava pela sala assobiando, ia à janela e sentava-se em sua mesa, pegava uma folha de papel, e eu pensava que assim, com apenas uma canetada, decidia o destino das pessoas. Ele tratava os funcionários de maneira negligente; seus pedidos e ordens eram grotescas, bruscas. De uma maneira geral, sua admissão não foi uma mudança significativa. Os subordinados logo se adaptaram ao seu caráter e habilmente enganavam seu novo chefe, rindo entre si de sua miopia.

.....

Certa vez, quando voltei do departamento, fui muito desagradável, encontrei Zinaida. Ela sentou-se na sala ao lado de Nelly, que tocava piano.

Encostada no espaldar da cadeira, onde apoiava a cabeça, Zinaida estava imóvel; na expressão de seu rosto, no olhar, havia um olhar de saudade e de muita tristeza, e aquela resignação impotente, além de todo um abismo de desespero era tão visível, que me senti desconfortável. Parei na porta e não sabia se devia ir para o quarto ou ficar. Ela me viu, e sorrindo, estendeu a mão para mim e começou a falar algo, mas não entendi nada. "Por que ela está tão triste?" – girou na minha cabeça. Meu irmão entrou. Nelly cantou a seu pedido, e por um bom tempo fiquei entediado: "O coração bate tão forte", cantava. Ela tinha uma boa voz e cantou com uma expressão especial que redimiu o vazio do conteúdo.

– Bobagem! – disse Zinaida, como se inadvertidamente, quando sua irmã cantou: *A vontade não dá felicidade*.

– Por quê? – perguntou Anatoly.

– Se não dá felicidade, dá o quê, então?

– Você sempre defende a liberdade, Zinaida, como se ela fosse uma condição indispensável para a felicidade.

– Claro.

– Bem, não para uma mulher.

– Uma mulher deve obedecer cegamente, acreditar cegamente – disse uma das irmãs.

Zinaida ficou em silêncio. Um sorriso desdenhoso percorreu o seu rosto.

De repente, discuti com meu irmão sobre essa questão. Nós discutimos por muito tempo e de forma tão amarga, como se fosse uma questão de vida ou morte. Quanto mais o meu adversário esquentava e perdia a paciência, mais eu o dominava com sucesso e mais séria e triste Zinaida se tornava. Por toda a noite ela ficou pensativa, distraída, e saiu de casa bem cedo. Não dirigiu uma palavra a mim, mas, quando se despediu, apertou minha mão com firmeza, e a partir daquele dia seu olhar atento e com uma expressão de curiosidade ficou gravado em mim. Eu nunca tive oportunidade de falar com Zinaida, mas escutava atentamente quando ela falava com os outros, e mais e mais encontrava virtudes nela. Eu não conseguia entender o que Zinaida via em meu irmão: havia tão pouco em comum entre eles; ela era muito esperta e via as coisas de uma maneira muito séria: como ela podia ficar no meio dessa fanfarra, mesmo não podendo respeitá-la? Era tão simples. A mãe de Zinaida era uma velha caprichosa e absurda, infectada por preconceitos ridículos. Sua dureza em relação à filha era ridícula. Então, não era sensato que a jovem quisesse se libertar? Mas naquela época eu via Zinaida de maneira diferente: via nela uma mentira cruel e uma voraz imoralidade. É que eu esquecia que o desespero de uma mulher está no mal da família, que é uma mentira, e sua única defesa era ir contra o despotismo da chefe de família.

Em sua criação, que a torna incapaz e inútil, a cultura cheia preconceitos de uma sociedade está pronta para enlamear e repelir a mulher por sua atitude livre, condenando-a por evitar os deveres naturais e desencorajando-a quando ela deseja trabalhar e, consequentemente, de ser independente. Aí está o início da escravidão. Uma mulher se casa para ter uma vida melhor, ou mesmo para se libertar; mas ela está tristemente enganada, porque a escravidão, perseguindo-a incansavelmente, está ali, embora de outra forma. O mesmo aconteceu com Zinaida.

IV

O dia do casamento do meu irmão estava se aproximando. Zinaida parecia calma ou simplesmente fingia estar. Depois do casamento, meu irmão não ficaria conosco, o que perturbou muito minhas irmãs, que lhe pediram que quando chegasse o verão passassem juntos no campo. Finalmente, o dia do casamento chegou; foi em junho. Eu me lembro que era uma manhã clara e brilhante. Levantei cedo; a casa estava turbulenta; os criados limpavam os quartos, as irmãs se movimentavam na toalete. Sentei-me sozinho no meu quarto e pensei em Zinaida. Um desejo inexplicável atormentou o meu coração e suposições terríveis agitaram minha mente. E quando pensava seriamente nessa minha tristeza, ela parecia estranha e inapropriada, e achei-me ridículo, e procurei escondê-la de mim. Peguei uma espingarda e fui para a floresta; mas meu coração doía, e lágrimas imploravam em meus olhos. Por que realmente eu deveria me importar com Zinaida? Quem se importa comigo? Ninguém ia entender nada, ninguém ia perceber nada...

Voltei da floresta por volta das dez da noite. Nossa casa estava bem iluminada, no jardim ardiam velas, uma infinidade de curiosos se aglomeravam ao redor da casa, tentando olhar pela janela de onde os sons da música do salão podiam ser ouvidos. Entrei em casa pelo jardim; ninguém me notou. Os sons da orquestra, as vozes alegres dos convidados, o barulho das carruagens se aproximando e o grito dos curiosos se misturavam em um zumbido estranho e atormentavam furiosamente meus ouvidos. Através dessa música infernal, eu podia ouvir o choro e o murmúrio do meu próprio coração; eu queria fugir da minha tristeza, de mim mesmo...

Com o prolongamento da noite, o barulho foi diminuindo pouco a pouco, a presença dos curiosos também diminuía. Já começava a clarear quando saí. O ar úmido varreu minha cabeça quente e derramou em meu peito o fluxo vital da vida.

A vasta extensão do campo atraiu para o meu íntimo a paz e a quietude universal. Perto de casa quase não havia mais ninguém; o cocheiro se balançava na boleia; uma sonolência profunda substituiu a conversa animada. O lacaio sonolento e às vezes irritado, bocejava procurando a sua carruagem. O silêncio foi interrompido pelo barulho das rodas de uma carruagem se aproximando; uma senhora seca de rosto pálido e cansado e com um vestido amassado correu para ela; o som de uma porta fechada soou dura e solitariamente, e podia-se ouvir ainda o som de uma carruagem que partia rapidamente; o barulho gradualmente desapareceu e o silêncio voltou a reinar. Eu saí para fora da aldeia. Tudo estava quieto e vazio, num um espaço amplo e largo, rodeado também por uma floresta cujos picos irregulares e escuros das árvores eram nitidamente traçados contra o fundo de um céu azul. As sombras da noite haviam cuidadosamente se levantado; tudo espreitava, estava maravilhado. Nesse quadro simples e monótono, nesse silêncio misterioso havia algo imponente, inexplicavelmente belo. Uma sensação de emoção entusiasta envolveu minha alma; não havia lugar para desejos e paixões pessoais. Pobre filho do pó, senti o poder de um gênio na produção artística se desdobrar diante de mim! Parei no meio do caminho, cruzei os braços e fixei os olhos no amplo arco que se espalhava sobre mim, e pareceu-me que alguém me olhava com um olhar profundo e penetrante...

V

Choveu por uma semana inteira. Parecia que a natureza estava chorando de desespero incontrolável e, tendo chorado até a exaustão, descansava como uma mulher doente. Finalmente, o sol de algum modo foi saindo particularmente amigável e lânguido por trás de uma infinidade de nuvens que vagavam sem rumo, mas não foi de repente que começou a aquecer a terra: relutantemente, casualmente jogou seus raios brilhantes, espalhando diamantes em gotas de chuva e vez em quando se escondia atrás nuvens que se aproximavam. Somente à tardinha, quando as nuvens estavam completamente dispersas, encheu-se de trepidação alegre, com raios quentes, mas eu não estava muito feliz com o sol, e encontrei um encanto especial no mau tempo: no gozo do mau tempo encontrei algo sério e profundo, que não trocaria pela diversão descuidada que o brilho alegre do sol trazia. É por isso que eu não estava com pressa de aproveitar uma boa noite e fiquei em casa quando todos estavam passeando. Fiquei por um longo tempo andando pela sala. De alguma forma gostei especialmente de ficar sozinho; era bom e livre ficar sozinho e pensar: não era como se trancar em um quarto apertado como fiz muitas vezes sob o pretexto de trabalhar, quando queria pensar. Andei pela casa toda e quis entrar no quarto de Zinaida. Entrei. Eu nunca estive nesse quarto. Estava uma bagunça e gostei: eu tinha uma aversão à precisão alemã. Sentei-me no sofá em frente à mesa de trabalho e pensei em Zinaida. Devido ao mau tempo, que não me deixou sair de casa, os membros da família neste momento ficam mais propensos a conversar e a se encarar. A diferença na relação de Anatoly com Zinaida se tornou mais óbvia a cada dia. Anatoly, mesquinho e invejoso, não suportava sua superioridade, tentava destruí-la, mostrava seu poder em ninharias, criticava suas palavras, se intrometia nos atos mais insignificantes e os interpretava na direção errada. De sua parte, Zinaida queria se mostrar alheia a todo poder; fiquei surpreso com sua capacidade de dar, às vezes, a uma conversa mais delicada uma reviravolta cômica, ou colocar seu oponente em tal posição que ele teria que concordar ou expressar sua ignorância. De todas as maneiras, ela sabia como preservar sua dignidade; no entanto, sua posição não era nada invejável. Entre Zinaida e meu irmão começou uma certa hostilidade, incompreensível talvez para eles mesmos; mas ela desenvolveu essa ideia, o que não prometia nada de bom.

As vozes no jardim me fizeram virar o rosto para a janela: Zinaida e Anatoly andavam de mãos dadas ao longo do caminho. Eles conversavam e riam vividamente. Quanta sinceridade estava nessa diversão? Admirei involuntariamente esses lindos rostos jovens; todos os meus pensamentos sombrios se espalharam. A impressão era forte; naquele momento eu estava míope: meu pensamento não foi além dessa superfície lisa e brilhante.

Fiquei no quarto por um longo tempo, onde tudo, desde um livro aberto a uma mantilha jogada no sofá, como a que vi hoje, falava da recente presença da anfitriã. De repente, a porta se abriu e Zinaida entrou. Nunca na minha vida fiquei tão confuso.

– O que está fazendo aqui? – ela perguntou alegremente, vindo até mim e olhando-me intensamente.

– Eu... eu... estava procurando um lápis.

– Já olhou no sofá? Você vai encontrar vários. Diga-me, por que você veio aqui? – ela insistiu com os braços cruzados.

Fiquei confuso e não me lembro do que respondi.

– Então? – ela disse, abanando o dedo para mim. – Bom, mas por que está de pé? Vamos, pelo menos, me ajude a me vestir.

Ela me deu sua mão entusiasmada.

– Agora vamos dar um passeio.

– Bom... vamos... – respondi indiferentemente.

– Por que você está tão triste? – ela perguntou quando saímos para o jardim.

– Por que estaria feliz?

– Que não se alegre, mas seja como todo mundo. Você sabe de uma coisa? Há muito tempo queria falar com você. Você é uma ótima pessoa, mas é um grande egoísta. Você precisa se corrigir, aí haverá algo de bom em você. Por que evita as pessoas? É imperdoável, mas há poucas pessoas como você.

Eu ri.

– Você não está nada bem! – ela disse, ignorando minha risada.

– Você parece querer me levar pelo caminho certo? – eu disse com raiva.

Zinaida ficou em silêncio. No rosto dela não havia qualquer sombra de aborrecimento.

– Você quer que eu abra meu coração – continuei – mas isso é uma piada antiga!

Ela ficou em silêncio. Seu rosto estava calmo e triste.

Nos encontramos com as irmãs e as deixei.

Havia uma sensação amarga e inquieta na minha alma; o coração frágil doía com uma batida descuidada. No que ela me incomoda? Do que ela precisa? – pensei, e a raiva acabou.

Andei no bosque por um longo tempo, e já tarde, a caminho de casa, vi Zinaida. Ela sentou-se no banco do portão, mas mudou ligeiramente de lugar, como sempre fazia quando pensava. Na medida que me aproximava, meus sentimentos para com essa mulher se misturavam a outros sentimentos contrários, que de repente surgiram à olhar para ela. Minha cabeça estava girando, meu coração afundava: eu estava pronto para me jogar de joelhos diante dela, derramar minha alma... Mas voltei aos meus sentidos e passei rapidamente, sem olhar para ela.

– Alexander – ela gritou atrás de mim – venha aqui!

Parei, não acreditei no que ouvia, e não me virei até ouvir de novo:

– Alexander, venha aqui!

Eu voltei.

– Você está com raiva? – ela perguntou, e estendeu-me a mão. – Vamos, façamos a paz! – e na expressão da voz com que essas palavras simples foram ditas, na expressão de seus olhos brilhantes, havia muita sinceridade, demonstração de simpatia...

Beijei apaixonadamente sua mão e não sei como teria terminado essa cena se ela não tivesse me interrompido:

– Vamos entrar! É tarde – disse.

E nos preparamos para entrar. Ela murmurava algo, mas ao ouvir sua voz, mesmo percebendo as palavras, não entendi seu significado: meu coração estava cheio de satisfação inexplicável. Entramos em casa. Ela foi até a sacada: eu a segui, sem entender mesmo por que o fiz. Conversamos bastante. Eu jamais esquecerei esta noite. O tempo não era ruim: a noitinha era a mais comum, mas a mais bonita, com seu silêncio reconciliador, seu aspecto solene. As árvores do jardim balançavam silenciosamente suas frondes encaracoladas, e a rede de sombras se movia levemente no chão da sacada. A bela cabeça da minha interlocutora e toda a sua graciosa figura era claramente desenhadas pelo crepúsculo; o ar suave parecia acariciar meu rosto, e a sensação de prazer se espalhou em meu peito: a mesma sensação brilhava no olhar imóvel, como se distante de Zinaida. Eu estava pronto para concordar que a vida era linda, que havia muitos prazeres elevados nela, e talvez neste momento verdadeiro, sem falsificação, ela entendeu seu significado simples e profundo.

– Sim, é bom viver no mundo! – eu disse.

– Que qualquer um saiba como encontrar o bem e usá-lo – respondeu Zinaida, e como se para confirmar suas palavras, o piano soou no salão: Nelly cantou "O Jovem Gondoleiro". Eu amei essa música: suas palavras, a expressão com a qual elas eram cantadas, tocaram meu coração e instalaram nele uma sensação de arrogância e contentamento. Eu acreditava na possibilidade da felicidade e, com o passar do tempo, tudo o que era raro e caro nela, foi irrevogavelmente levado pela enxurrada do cotidiano da vida

VI

Zinaida tentou trazer sentido para a casa de minha mãe, cercou-se de pessoas com conceitos audíveis, com novas visões: mas eram na maioria jovens sem grandes nomes e conexões, apenas com algumas virtudes pessoais. Ela lia muito e quase não ia a lugar nenhum: minha mãe não gostava de tudo, e atribuía suas atividades e ações ao desejo de se mostrar mais valiosa do que suas filhas e sobrinhas, de cuja criação era muito orgulhosa. As irmãs se afastavam de Zinaida e, à sua maneira, discutiam e ridicularizavam suas palavras e ações. Zinaida, com o seu tato habitual, cheio de dignidade e nobreza, defendia-se e, sempre fiel a si mesma, seguindo firmemente o seu próprio caminho, apesar dos pequenos insultos cavernosos. A aparência dessa pessoa causou uma forte impressão em nossa família; cada um voluntariamente ou não, sofreu sua influência. Eu vi em Zinaida minha mulher ideal; sua paixão por ação e conhecimento, sonhos de liberdade, desprezo pelo vazio e mesquinhez – eu simpatizava calorosamente.

– Não, você não está certo – Zinaida me disse quando lhe contei sobre o meu trabalho infrutífero, desperdiçado em vão. – A vida tem objetivos pelos quais você pode dar sentido à sua, e há momentos nos quais você pode sofrer muito.

– Me mostre esses objetivos, me dê esses momentos! – eu disse em um ataque de desejo indescritível.

Ela ficou em silêncio.

– O que a minha vida me pagará por todas as crenças que tive – eu disse –, por todas as aspirações nobres?

– Então é isso! Você quer negociar com a vida e tem medo de perder... Você é muito mesquinho, muito calculista e egoísta: você não vale um destino melhor.

– Estou falando de retribuição. Eu só quero ver o resultado dos meus esforços...

– Espere.

– Por que esperar quando tudo é cinza?

– Então, você não pode começar a fazer nada. Onde está seu projeto sobre os prisioneiros?

– Não acabei.

– E o artigo sobre as escolas paroquiais?

– Foi tudo para o beleléu!

Zinaida pensou. Eu olhei para ela com algum triunfo irado e amargo. Ela foi até a sacada e eu fiquei sentado sozinho por um longo tempo, e pensei, mas pouco a pouco todos os sentimentos amargos se acalmaram e diminuíram em meu peito. Fui até Zinaida.

Começamos a conversar sobre a nova atriz, relembramos a impressão de sua peça, depois mudamos para a arte em geral, e ambas foram tão inspiradoras que a impressão da primeira conversa praticamente se suavizou. Nós não notamos quando Anatoly surgiu.

– Zinaida, vais amanhã ao Zelenovsky? – ele perguntou.

De repente, notei que os lábios de Zinaida estavam cerrados e suas sobrancelhas franziram.

– Não – ela respondeu.

– Não? – repetiu o desnorteado Anatoly. – E se eu te pedir?

– Dá na mesma: eu não posso.

Meus anos de intimidade com Dostoiévski

Anatoly corou.

– Ouça, Zinaida – ele disse seriamente – está fora de controle, você faz isso por algum capricho estranho, por um desejo de me contradizer, já que este é o seu ponto forte. Você quer me fazer de bobo na frente de Zelenovsty? Eu disse a ele que você iria...

– Você me perguntou sobre isso? Você sabe que eu não gosto de ir lá.

– Mas eu quero que vá...

Zinaida ficou em silêncio.

– Se você não for a Zelenovsky, então você não irá para seus Teshins ou para os Marusins.

Levantei-me e fui para o jardim.

– Você negligencia as pessoas que respeito e conheço, as que valorizo; você joga meus interesses em nada – ouvi da varanda.

Andei muito tempo pelo jardim. A noite estava úmida e fria, o que geralmente ocorre no início de agosto. Um espesso vapor branco subia do chão, as estrelas brilhavam vagamente, uma névoa lamacenta caía no ar e meu coração, em um minuto cheio de paz e tranquilidade, doía de dúvida e saudade.

....

A família Zelenovsky se familiarizou conosco logo após o casamento de Zinaida. A mãe de Serguei Petrovitch, uma velha arrogante e caprichosa, desprezava a todos de modo paternalista, especialmente Zinaida, cujos parentes ninguém conhecia. Serguei Petrovich tinha mais duas irmãs, personalidades incolores, saturadas das queixas da mãe. Nossa família inteira estava encantada com tal conhecimento e estava muito orgulhosa dele. Zelenovsky despertou a atenção de Nelly, e todos decidiram que daria casamento; apenas Zinaida permaneceu indiferente à alegria geral.

VII

Uma vez eu estava andando pelo bosque. O tempo estava calmo e claro, mas quase ninguém andava: todos estavam na cidade. Agosto estava no fim; de todos os lugares soprava a proximidade do outono. O sol já não queimava e brilhava suave e alegremente: escondia-se atrás das nuvens e cedo ia para a cama. Sentei-me à beira do lago e observei como uma imagem se desdobrava diante de mim, que o olhar, que vivia com tanta veemência com o luxo da vegetação e frescura de cores tão recentemente, empalideceu, lançando sua decoração luxuosa e pareceu me dizer seu último: "desculpe!" – e meu coração respondeu a essa saudação triste. "Volte!" – eu disse a mim mesmo, olhando para o verão que se afastava e querendo abafar o inexplicável desânimo; mas no meu peito algo estava chorando, ecoando a interminável canção melancólica do vento. Eu queria abraçar essa imagem para impedir sua destruição por um momento, protegê-la da força inexorável, antes que ela se curvasse tão docilmente. Tudo estava quieto e parecia-me que eu estava sozinho no meio deste deserto; mas por causa da densidade da floresta, e vagando até o lago, ouvi vozes e logo apareceu um barco. Eu me aproximei lentamente, e reconheci aqueles rostos familiares que estavam nele: eram Zelenovsky, Zinaida e Nelly. Eles saíram do barco e chegaram ao banco em que me sentei, mas parecia que ninguém me notava. Zelenovsky baixou os remos e disse algo com grande animação, Nelly escutou baixando os olhos e, afastando-se um pouco, ele olhou para Zinaida, que estava sentada do lado oposto. Ela parecia animada e, por algum motivo, isso me afetou de forma desagradável. Voltei para casa tarde: tínhamos a visita de Zelenovsky e alguns outros convidados. Todos sentaram na sala de estar, conversando, discutindo, rindo. Fui para a varanda e sentei-me nos degraus inferiores da escada. Logo depois de mim, Zinaida e Zelenovsky chegaram à sacada. Zelenovsky disse algo com grande fervor; comecei a ouvir:

– Se eu apenas procurasse mulheres, eu teria encontrado muitas – disse Serguei Petrovitch – e por que eu procuraria especificamente você?

Não ouvi o que Zinaida respondeu.

– Que prova você precisa? – ele continuou. – Porque, finalmente, seu marido mereceu o direito de ter seu amor? Tem o dedinho da sua mãe o fato de você não ter me escolhido?

– O que pode acontecer então? – disse Zinaida após um longo silêncio.

– Você prefere ficar com sua medalha de ouro?

– Quem te disse isso?

– Então o quê? O que está te impedindo? Você adere a conceitos pervertidos de moralidade? Você pertence a um marido que não ama e respeita, você acha que é moral? Você nem tem egoísmo! Afinal, você sabe que eu te amo...

– Isso não é suficiente: eu mesma preciso amar.

– Você não vai amar ninguém! – respondeu Zelenovsky, depois de um longo silêncio.

A porta da varanda bateu: meu irmão e Teshin entraram. Eles começaram a falar sobre bailes em Sokolniki. Meu irmão assegurou que não deveria ter: o público é lixo, o salão não é bom. Teshin quis sair para a sala de estar. Anatoly assegurou que aquilo poderia ser melhor.

– É... afinal, tudo poderia ser melhor mesmo – comentou Teshin, pensativo.

– Eu concordo com isso – meu irmão respondeu. – Sokolniki deveria ser melhor, mesmo...

A conversa continuou assim. Finalmente, Teshin e Anatoly voltaram para a sala de estar.

– Daqui, é você a quem prefiro! – disse Zelenovsky à Zinaida depois da saída de Anatoly.

Zelenovsky saiu em seguida. Desde aquele dia ele praticamente parou de nos visitar. Minha mãe e minhas irmãs ficaram muito frias para com ele; mas toda a minha atenção foi atraída para Zinaida. Notei que toda a família olhava para ela de alguma forma hostil, as irmãs secretamente cochichavam algo, e Zinaida dificilmente se encaixava ali, quando paravam de falar. Mamãe ficou especialmente fria com ela. Zinaida quase nunca saia do quarto; todos os seus conhecidos a deixaram, porque mamãe e Anatoly os tratavam de maneira muito deselegante. Finalmente, meu irmão e sua esposa foram para sua casa própria.

Sem eles, nossa casa ficou definitivamente vazia: as irmãs silenciaram, mamãe começou a ficar deprimida, os convidados chegavam com menos frequência. Quase parei de ver Zinaida: ela raramente nos visitava, e quase nunca alguém os visitava. Um dia, ao entardecer, andando meio apagado pelo corredor com meus pensamentos prediletos, meio caído no esquecimento, olhei para a porta do antigo quarto de Zinaida. Esperei que a porta se abrisse e uma mulher alta e trigueira aparecesse. Ouvi com atenção intensa o farfalhar do seu vestido de seda, sombras indefinidas brilharam em meus olhos; pouco a pouco foram se unindo em uma imagem predileta: tudo tornou-se mais claro, e mais clara aproximou-se de mim, como se em marcha lenta, a majestade de Zinaida... pus as mãos na cabeça, corri e andei por um longo tempo pelas ruas sem qualquer pensamento ou propósito. Era tudo ilusão.

VIII

Lembro de uma vez, quando Zinaida chegou pela manhã. Minhas irmãs e mamãe não estavam em casa e ela certamente precisava vê-las. Eu disse que elas voltariam em breve, e ela ficou a esperar.

– Você está lendo, Alexander? – ela me perguntou. – Eu te peço, continue: não quero te incomodar.

Eu assegurei que era mais agradável para mim falar com ela, mas ela não prestou atenção às minhas palavras; sentou-se a uma certa distância e ficou pensativa. Percebi que estava especialmente triste e, para entretê-la, comecei a falar sobre coisas estranhas, engraçadas. Pouco a pouco, sua alegria voltou: ela parecia particularmente animada, afiada e de alguma forma riu anormalmente, mas nas piadas vislumbrei fel e tristeza.

– Oh, como é difícil! – ela disse, segurando a cabeça. – Eis um bom provérbio: 'O que temos, não mantemos, se perdemos, choramos.' Como eu não gostaria, agora, de me afastar de Moscou: aqui ainda é melhor do que em qualquer lugar da província.

– Quando amamos, qualquer lugar é bom! – eu disse, sem entender o que ela disse.

– Eu não sei – ela respondeu –, ninguém me ama.

– Não é verdade... – eu disse, remendando.

– Você acha? – ela perguntou, e eu senti que olhava para mim. – Se o amor existe, se você quer conquistar a pessoa desejada para ser sua propriedade, subordiná-la à sua própria arbitrariedade, dê a si mesmo o direito de ter seu destino, de assumir responsabilidade por seus atos, de interferir na causa de sua consciência... Isso é amor? É possível não desejar livrar-se de tal amor? Como se livrar?

Ela cobriu o rosto com as mãos e ficou imóvel por um minuto. Mas de repente levantou a cabeça e, em seu rosto, na própria postura, havia muita majestade e profunda resignação. Ficamos em silêncio por algum tempo.

– Por que você não nos visita? – Zinaida perguntou de repente.

– Qualquer hora... – respondi embaraçado.

Ela olhou para mim com seu olhar aguçado, perseverante e perguntou:

– Por quê?

Eu senti que corava, e não tive forças para dizer nada.

– Ah, então é isso! – ela disse. – Então, eu não estava enganada... – ela se levantou lentamente e pegou o chapéu.

Eu me aproximei dela. Algum tipo de previsão me dizia que eu nunca mais a veria novamente. Eu queria segurá-la, ver seu rosto doce... Eu enlacei sua cintura e chorei como um louco.

Quando olhei para ela, o rosto dela estava triste e sério.

– Zinaida, eu te amo tanto... E você...

– Amor! – ela disse, e pareceu-me que sua voz tremeu. Ela colocou o xale e saiu. Eu silenciosamente a observei e meu coração se partiu. Entendi que ela estava indo embora para sempre e levando consigo todas as minhas alegrias e esperanças de felicidade. Eu estava amargo e triste.

No dia seguinte, inesperadamente, meu irmão veio até mim.

– A mamãe está com muita raiva? – ele me perguntou.

Eu respondi que não notei nada.

– E por que ela deveria estar com raiva?

– Você não sabe de nada? – ele perguntou.

– Não... O que foi?

– Uma desgraça! Estou perdendo a cabeça e não sei o que fazer.

Ele puxou uma cadeira para mim.

– Veja qual é o problema – começou Anatoly. – Nelly pensou que estava apaixonada por Zelenovsky, e que acabaria se casando com ele. Tudo estava indo bem e mamãe muito feliz. Mas Zelenovsky enganou a todos: ele estava apaixonado por Zinaida. Se eles tinham alguma coisa ou não – só Deus é quem sabe. Mamãe está terrivelmente brava porque o casamento de Nelly não aconteceu. Que estivesse zangada com Zinaida, tudo bem, mas comigo, não. Recentemente eu estava muito zangado com Zinaida, que não passava de uma atriz. Claro que isso tudo não era bom, pois toda a família estava sendo comprometida: e tem as irmãs da noiva, embora elas nem morem conosco, mas é também embaraçoso. E a quem devo culpar? O que eu sou realmente – o guardião da moralidade, um guarda de porta de quarto?...

Fui convencido pelos argumentos do infortúnio de meu irmão. Eu, é claro, lamentei por ele, e simpatizei, mas, mesmo assim, não pude declarar essa simpatia na prática, não consegui pensar em como ajudá-lo no luto.

Uma semana depois, disseram-me que Anatoly havia brigado decisivamente com a esposa e que ela tinha ido para a aldeia para a casa de verão de um amigo. Mas o verão passou e Zinaida não retornou. Meu irmão não parecia estar muito entediado e sua ausência pouco o incomodava. Então ele mesmo me disse que Zinaida estava morando em algum lugar com a governanta e que devia estar feliz com isso. Ele parecia cansado de sua vida com ela, porque ela não era uma mulher, mas um diabo obstinado, não conseguia deixar de brigar com ela; mas apesar de tudo isso foi difícil para ele se separar, porque ainda estava apaixonado.

IX

Desde a partida de Zinaida, em nossa casa tudo correu como sempre. A princípio, no círculo dos conhecidos de minha mãe, falava-se muito sobre ela: uns diziam que Zinaida estivera apaixonada por Zelenovsky e quisera deixar o marido, e que, felizmente, isso foi logo revelado; outros que o marido não suportava seu comportamento escandaloso e a expulsou de casa, e diziam algumas coisas mais! Anatoly ria muito, me contando essas fofocas. Quanto à minha mãe, só a menção ao nome de Zinaida a incomodava, e ninguém de sua família o citava em sua presença. Assim que esse incidente deixou de ser notícia em nossa família, a imaginação dos contadores de histórias eloquentes se esgotou e todos se esqueceram de Zinaida. Eu me sentia solitário e de alguma forma indefeso entre as pessoas que jogavam lama em meu ideal; senti impotência, e quanto ressentimento e malícia, quanto desespero e vergonha havia nesse sentimento! Deixei o serviço, namorei e, durante todo o tempo, não saía do quarto. Pouco a pouco, todos esses sentimentos foram se desfazendo e acalmados sob o jugo da apatia.

Então os anos se passaram.

Uma vez eu me sentei sozinho em meu quarto e olhei pela janela. Diante de mim, estendia-se uma imagem multicolorida de casas baixas e sujas com telhados multicoloridos. Mentalmente ergui este cenário miserável da cidade, olhei em todos os cantos, desde as luxuosas salas de estar aos porões sombrios, e quantos tragédias rasgando a alma das imagens apresentadas à minha imaginação, quantas vítimas: perversão, vício e necessidade morreram nesta parte ardente da vida! Malditos sons trovejaram em meus ouvidos e gemidos reprimidos também foram ouvidos, e tudo isso foi coberto pelo ruído geral da cidade, como se intensificando para suprimir a dor interna. E os sentimentos de amor e tristeza que há muito adormeceram sob a pressão da apatia, surgiram do fundo da minha alma...

Naquela época, Anatoly veio me ver. Girou ao meu redor, e vendo que eu não prestava atenção, sentou-se e misteriosamente falou sobre as vicissitudes do destino. Finalmente falou da morte de Zinaida.

De acordo com Anatoly, ela estava perambulando em alguma cidade do distrito, indo de casa em casa e não conseguia se dar bem em lugar algum; por fim alugou um quarto num sótão qualquer, viveu na pobreza, nem sequer se importou em ter uma empregada, corria para dar aulas por causa de alguns centavos, até que, finalmente, pegou um resfriado, que virou tuberculose e morreu. Eu recebi esta notícia de forma indiferente. Sim, e o que poderia ter causado em mim? As mortes sempre sequestram as vítimas anteriormente condenadas... E toda essa massa de gente que está tão preocupada diante de um grande fluxo, sem parar e sem pensar no amigo ou na amiga, no direito de primazia, na celebração da vida e no torpor de uma ressaca, odiando e perseguindo um e outro com amarga teimosia – não cairá antes dela sem resistir à luta? Mais cedo ou mais tarde, isso importa?

A.S-Va

Antes do casamento
Do diário de uma garota[58]

20 de abril

Tudo na mesma – que saudade! Hoje estou sozinha o dia todo em casa: minha mãe e meu padrasto foram para algum lugar fora da cidade e lá ficaram durante todo o dia; um amigo de meu padrasto, Oglobin, um jovem oficial e vários outros jovens foram junto. Mamãe me convidou e ficou muito infeliz com a minha recusa. Isso é compreensível: por causa disso, ela teve que ir sozinha com os jovens, enquanto assegurava a todos que ela estava saindo apenas por mim, para ocupar o meu lugar. A situação é estranha. Além disso, ela não gostou que eu também expressasse claramente meu desejo de ficar sozinha. Não sei como, mas expressei isso com muito cuidado. Sempre acontece comigo e nunca em vão: o resultado é sempre de desprazer. Agora, mamãe está especialmente irritada. Ontem ela falou comigo sobre várias questões, sobre os negócios da casa, reclamou das despesas; quando sugeri que ela cortasse essas despesas, ela achou impossível e disse que eu não entendia nada. É sobre as considerações da minha mãe que acontece de eu (sempre eu) causar essa impossibilidade, minhas roupas, viagens e assim por diante. O que representam para mim? Por que toda essa paródia patética de tom secular, que é tão incômodo e o dinheiro é tão pouco para o prazer? É verdade que o significado desta voluntária tirania é compreensível, mas eu não compartilho: é tão claro quanto o dia que você precisa agradar sempre por todos os meios. Todas essas viagens, roupas, toda a preparação da farra de embarque, coisa que já vivi por cinco anos, visam o momento decisivo; mas estou longe dele e isso aflige mamãe. Como é que enquanto meus colegas estão cativando com seus talentos, se apaixonando e se casando, fazendo essa especulação mais ou menos lucrativa com esse belo costume, eu não movo uma palha para esse objetivo? Mas mamãe ainda não se considera vencida: está me vestindo e esperando esse destino. No outro dia ela me deu um belo vestido e uma pulseira.

---

[58] "Antes do casamento – Do diário de uma garota" (До свадьбы - из дневника одной девушки) foi publicado no nº 3 de "Vremya", abril de 1863.

Quantas vezes já pedi para ela não comprar coisas caras para mim, garantindo-lhe que eu bem poderia passar sem elas. Ficou ofendida. Neste sentimento de não ser uma família, mamãe culpa seu casamento imprudente com um homem que tão impiedosamente trava a nossa condição. Acredito nela, mas asseguro-lhe que nada disso esteve em meus pensamentos, que não havia possibilidade de passar por algo assim. Fico entediada.

29 de abril

Mamãe não está de bom humor e nos últimos dias quase não saiu do quarto; meu padrasto, como de costume, não está em casa. Ontem à noite havia convidados: alguns jovens, de quem realmente gosto, e tive que recebê-los sozinha. A noite inteira ficaram falando de uma nova atriz, sobre seu talento, aparência, caráter e hábitos. Eu me perguntei como todos eles sabiam disso, mas como não saber, se estão sempre a postos? Porém, era uma coisa chata para todo mundo, e só lá para o fim da noite é que meus convidados se animaram um pouco: Ogloblin chegou, contou várias piadas da vida militar, algo tão injusto e ridículo que fiquei com nojo de ouvir. Todos riam. Eu não deixei de mostrar uma cara feia. Eu sou assim, imprudente. Mas isso leva a quê?

    Hoje estive com Margarida Sosnovskaya e com meu tio Vereinov. Eles não são assim. Fiquei muito feliz com ambos, eles também... Vereinov é um jovem de trinta e dois anos, muito educado e com aspirações nobres; mas às vezes mostra-se tão mesquinho que é até chato ouvi-lo. Perguntei a Vereinov por que ele não veio me ver fazia tanto tempo; ele começou a se desculpar e a garantir que estava disposto a me ver, mas o serviço, os negócios... Por que tive que dizer isso? Ele perguntou com grande empolgação o que eu estava fazendo, como estava, se estava feliz. Eu respondi laconicamente. Tive que fazer muito esforço para parecer indiferente. Ao se despedirem Margarida disse que viria visitar-nos durante o verão.

12 de maio

A primavera em todo o seu esplendor. Que bom momento! A primavera me causa uma estranha impressão: às vezes sinto algumas convulsões de alegria inconsciente e tanta energia que a ideia secreta de transformar minha vida e começar de novo, sóbria, racional, parece possível. Não é autoengano?... Mas e se não for? Eu tenho apenas vinte anos, ainda não vivi o suficiente, mas há um encanto irresistível na vida, na natureza que se prepara para florescer. Quanta luz está ao redor, luz cálida e alegre, tanto que me machuca os olhos, e não apenas os olhos. Mas como amei dessa vez! Que prazer encheu todo o meu ser com a memória rediviva de quando era criança e corria pelo jardim da nossa aldeia. Como era difícil para minha antiga babá me levar de volta para casa; ela resmungava e ficava com raiva, mas eu tinha umas férias tão brilhantes na minha alma, eu queria brincar, rir, pular. Eu corria para os braços da minha velha resmungona e a beijava com força. Boa velhinha! Acontece que eu a atormentava nos dias quentes de verão durante nossas caminhadas, deliberadamente escondendo-me nos arbustos para ter prazer com um forte batimento cardíaco e observar tudo, enquanto ela, gemendo e suspirando, gingava de um lado para o outro, andando atrás de mim. Me escondia, ela passava sem me notar, eu pulava e corria atrás dela dando um grito de alegria. Eu amava muito minha babá. Sua participação teve um grande papel em meu desenvolvimento. Quantas vezes me recusei a sair de casa, apenas para ficar com ela e ouvir seus contos maravilhosos. O que importa é que papai franzia a testa e mamãe me repreendia e me chamava de camponesa, mas isso não me entristecia. Tão forte era meu apego inconsciente àquele mundo.

    Em relação à religião e moralidade, a babá era minha autoridade, e eu jejuei e orei voluntariamente com ela. Mas minha religião não era como a dela. Não decorava as orações e nem me curvava ao chão; quando à noite íamos até a sacada da igreja, ajoelhava-me ao lado da velha, mas meus olhos não procuravam um ícone escuro sob os arcos da sacada. Olhava para a abóbada celeste onde brilhavam as estrelas, para um rio brilhando ao longe, para o denso arvoredo, tudo afetava minha vida e eu permanecia imóvel. Meus lábios não se abriam para a oração – isso enchia meu coração. Não foi a oração em um simples altar que me fez inclinar a cabeça humildemente; eu não pedi a Deus por felicidade ou absolvição; minha oração era de surpresa, prazer. Minha infância passou silenciosamente, monótona, mas cheia de vida interior. Então, agora, lembrando o passado, paro nesses detalhes e pareço estar revivendo: tudo o que era e está nessa vida de amargura desaparece, dando lugar a um sentimento irresponsável e alegre: as simpatias infantis anteriores aparecem com incrível clareza. Eu sinto saudade em meu coração – não há resmungo ou fel de dor nisso. Com que alegria eu correria para o pescoço da minha querida babá e esqueceria tudo, tudo, mas já não há minha boa velha: seus velhos ossos jazem no chão faz muito tempo e ela não escuta sua doce e irracional criança.

20 de maio

Todos os nossos amigos foram para as dachas, e ficamos na cidade neste verão. Pensei em ler muito, mas há duas semanas que estou completamente sozinha e não tenho feito nada; tão apática que nem queira pensar. Sim, e sobre o que pensar? Não tenho futuro definido nem passado; tudo é feito por acaso na minha vida; não desejo nada, não espero nada. Tédio, tédio e nada mais. Então pensei em viver! Mas quem é o culpado disso? Eu tive todos os ingredientes para uma vida melhor; as condições do meu desenvolvimento inicial eram bastante favoráveis: eu me distanciei da influência dos meus entes idosos. Papai, um oficial aposentado, um homem proeminente de cerca de sessenta anos, estava ocupado com o serviço de limpeza; no verão, ele passava a maior parte do tempo na ceifa ou no campo; no inverno ia para as feiras. Mamãe não gostava de arrumação: não tinha nada para aprender com ele. Ela era filha de uma pobre governanta; meu pai casou-se com ela pela beleza e modéstia. Mamãe adorava bordar, mas por causa do meu pai, deixava tudo para fazer geleias de bagas, cogumelos salgados e guisados, e outras obras da natureza, que servem para o alívio do estômago. Além disso, muitos outros ramos da economia estavam sob sua administração: a granja, o jardim, a horta. Apesar do exercício constante das atividades econômicas, mamãe não conseguia se reconciliar com a grosseria, não podia derrotar o desgosto pelas mulheres idiotas da aldeia com quem se relacionava e, portanto, depois da morte de meu pai, que aconteceu de repente, depois de um delicioso jantar, ela decidiu ir morar em Petersburgo, para o perfeito prazer do meu tutor, Vladimir Ivanovitch Zybov, agora seu marido. A vida de Petersburgo provocou uma grande revolução em mim. Acabava de fazer onze anos; minha cabeça estava girando sob a influência de várias novas impressões. Eu não sei o que teria acontecido comigo, o que teria sido de mim, se meu professor não me ajudasse a seguir o caminho natural.

Naquela época, mamãe ainda era jovem e gostava de se divertir; parece que o sucesso na sociedade ocupou-a incomparavelmente mais do que o meu caráter; no entanto, ela não me deixava perceber isso. Na opinião de muitos, mamãe me amou apaixonadamente. Ela não estava muito envolvida na minha educação, mas me estragou ao extremo. E poderia ser de outra forma; eu era uma garota bonita e de alto astral, uma governanta glorificava minhas raras habilidades, e minha mãe ficava encantada ao saber desses elogios. Ela mesma raramente visitava minha escola e nunca estava presente às aulas. Eu era vestida e exibida para os convidados como um animal raro, mas isso não me incomodava em nada. Eu não suspeitava que para minha mãe eu era uma espécie de mico doméstico, completando a coleção especial de animais que tínhamos. Mamãe era uma apaixonada caçadora diante deles, os convidados, daquilo que não tínhamos: gatos, cães, esquilos e pássaros de todas as variedades e raças. Dançando diferentes danças características e recitando poemas de cor, eu não tinha ideia de que eu era como o cachorrinho Bibi, que era tão bom em servir e ficar em nosso pé. Cresci, e as necessidades de minha mãe em relação a mim também cresceram, mas, em essência, eram as mesmas. Sendo envolvida em música, a pedido de minha mãe, apesar da minha própria inclinação para desenhar, eu era o mesmo brinquedo para ela, como fui alguns anos atrás, quando vestia trajes fantásticos, diferentes, na esperança de me assemelhar a um cupido. Não importa como, mas fiquei contente e feliz. Em meio a rostos sorridentes para mim, a figura de Darov se destacava de alguma forma furiosa. Era um homem jovem que acabara de concluir seu curso na universidade. Ele nunca me elogiou nem me acariciou. Eu instintivamente entendi a honestidade e a delicadeza dessa natureza e me apeguei a ele com todo o meu coração. A princípio, pareceu-me que Darov não estava de todo se importando comigo, mas eu me importava muito com sua opinião e seu afeto e em todas as oportunidades eu tentava provar a ele que eu não era uma garota tão estúpida como ele achava que era, que era muito digna da atenção e da confiança que ele me demonstrava. Era apenas um entre todos os que estavam ao meu redor, que não me falava de moralidade e de como deveria se comportar uma garota bem-educada, e nem mostrava sua superioridade, dando grande alcance aos meus pensamentos. Eu me aproveitei dessa confiança, tentei entender a mim mesma, como agir, aprender quem eu era, e esperava com grande prazer pela aula. É verdade, eu estudei pouco, eu sabia pouco, mas aprendi o que me ensinava. Muito tempo passava na sala no intervalo das aulas, porque Darov tentava explicar tudo, tentava falar de todos os assuntos de interesse e fazia com que, tomando a lição, eu soubesse o que ele me ensinava e como usar. Começando seu raciocínio a partir das verdades visuais mais simples, ele gradualmente passou de sujeito a tema e me interessou tanto que não permiti que ele concordasse, chegando a conclusão geral em si. O que eu não pude entender e explicar permaneceu de lado por enquanto; assim, meus estudos acompanharam o meu desenvolvimento. Infelizmente, não tive tempo de usar as lições de Darov. Por razões incompreensíveis e bem conhecidas, minha mãe decidiu se casar com meu tutor Zybov, um jovem muito inteligente e bonito, e me colocaram num internato. Aconteceu de repente. Não tive tempo de voltar a meus sentidos quando me vi em uma longa sala do internato, entre muitas crianças. Um barulho incomum me fez cabeça girar, e me senti envergonhada e tímida. "Novata" – ouvi ao meu redor, e fui cercada e examinada, com comentários sobre mim, sobre minha fisionomia, modos, etc. Foi um tempo de recreação. Eu me lembro de cada minuto, agora. A sala de aula era barulhenta: uma estudava as lições, outra falava, outras bordavam ou, tendo se aninhado no canto, liam algum livro. De repente uma das alunas abriu a porta e correu para a sala: "Inspetor, inspetor!", disse ela, e correu. Esta notícia produziu uma terrível comoção. Todo mundo começou a se movimentar: uma com pressa de pegar pedaços de papel espalhados pelo chão, outra devia mover a cadeira para trás ou sair rapidamente da janela e humildemente sentar no canto; mais outra correndo para esconder um romance apimentado que lia às escondidas em algum lugar; numa palavra, um aviso para restaurar a ordem fez uma bagunça terrível. Em vão uma senhora sussurrou, mas com ameaça pediu calma; até eu, neste momento esquecida por todos, fiquei fascinada pelo humor geral, procurando algo para fazer. Ajeitei meu avental, olhei para minhas mãos manchadas de tinta e lamentei que não pudesse lavá-las imediatamente. Finalmente, o inspetor entrou com o diretor. Ele era um jovem de vinte e sete anos, alto, magro, olhos verdes-claros. Todas se levantaram de suas cadeiras quando ele apareceu. O Inspetor com uma visão hesitante deu alguns passos e parou no meio da sala, olhando para todas com olhos enormes e imóveis. Ele ficou em silêncio e, aparentemente, não sabia o que fazer. Houve silêncio na sala de aula. O inspetor preguiçosamente tirou o lornhão e começou a examinar todas juntas e separadamente. Então voltou sua atenção para o teto, respirou fundo, franziu o cenho levemente, olhou ao redor de toda a sala e apontou ao diretor o papel de parede arrancado em um ponto qualquer, pediu para que fosse recolocado, mas fez uma reserva se não custaria fazer isso. Foi o único resultado de sua inspeção. De repente, virou-se e saiu. Eu não conseguia entender quem era esse homem. Desde a primeira vez eu o odiei, e nunca nenhuma das artimanhas das senhoras elegantes me deixou tão zangada ao olhar para essa figura apática, olhando para nós com uma expressão de ingênua curiosidade. Após a partida do chefe, tudo correu como sempre; apenas algumas alunas adultas compartilharam suas impressões sobre seus modos e bigode e decidiram que o inspetor era um amor e que o adorariam; uma delas imediatamente desenhou seu monograma em sua mão. Eu estava novamente cercada por uma multidão de crianças de todas as idades; as perguntas vinham de todo lado: "Quem é seu pai?", "Você tem irmãos?". As internas competiam umas com as outras, mas com dignidade, adquirida como resultado de sua experiência, me iniciaram nos segredos da vida de internato: familiarizei-me com a personalidade de professores e senhoras em sala de aula; naturalmente, apenas as pequenas faziam isso, já que as alunas do meio eram divididas em grandes e pequenas. As primeiras desfrutavam de grandes vantagens e lidavam com algum paternalismo, mesmo com negligência, o que era considerado de bom tom, e raramente o honravam com seu favor. Isso não impediu que as pequenas tentassem merecê-lo com adoração constante, o que era frequentemente confirmado copiando-se cadernos e oferendas voluntárias de colarinhos e babados. A adoração era altamente desenvolvida, apesar das várias maneiras, mais ou menos espirituosas, de sua investigação pelas autoridades. Qualquer manifestação natural de vontade e sentimento aqui era perseguida e reprovada sem misericórdia, e tinha um resultado selvagem e feio. Nossos mentores não nos prepararam para a vida real. Pelo contrário, todo o desejo deles era eclipsar qualquer ideia do que fosse sujo; sua principal tarefa era impedir o desenvolvimento do grau de incompreensão das relações humanas mais simples, e eles foram muito bem-sucedidos nisso. Havia uma completa falta de vida e significado no ensino; mas quantos fatos, nomes; apesar de todos os esforços, não pude entender o significado de alguns nomes científicos e logo me convenci de que era muito mais proveitoso abandonar essas tentativas e aprender lições com mais firmeza para lidar com isto. Não parei de procurar pensamentos em frases secas e algo para me dar alguma coisa; pensei que o que não me dava nada, era morto e eu não precisava para viver. Meu antigo professor Darov, que nós não deixamos de ver, apoiou-me diligentemente. Passei todos os feriados perto de Darov mas não podia falar com ele. Ele gostava muito de mim e eu confiava nele completamente. A vida de internato, fechada e morta, era completamente contrária ao meu desenvolvimento, mas seja como for, quando confrontada com pessoas diferentes, meu caráter começou a se manifestar e se desenvolver; meu pensamento trabalhava de forma vigilante em tudo que era novo e, independentemente de influência externa, fazia regras e tirava conclusões. A necessidade de chegar ao fundo de tudo, além de ajuda externa, me salvou do destino do sofrimento de indivíduos que aceitam incondicionalmente regras prontas. Uma vez, outra garota, Margarida Sosnovskaya, a filha de uma velha amiga de minha mãe, veio para o nosso internato. Nós éramos da mesma idade e altura; a representante da turma decidiu que deveríamos ficar juntas. A mesma altura não é uma circunstância importante, mas teve grandes consequências, porque sozinha foi quase a causa da minha amizade com Margarita. Nossa personalidade tinha muito em comum; não havia simpatia entre nós antes, mas confrontos frequentes. Nos conhecemos melhor e ficamos amigas. Margarida era uma pessoa bastante interessante em seu caráter: o egoísmo e a vaidade eram sua marca. Para realizar seus desejos, era incansável: ela poderia encontrar tudo o que pudesse servir para si, o que fosse justo e legítimo. Eu brutalmente me revoltei contra muitas das ações de Margarida; ela concordava, mas agia à sua própria maneira. Bons instintos eram despertados em seus impulsos inconscientes, e então ela se mostrava generosa. Se pedíamos sua opinião, ela falava direta e corajosamente, muitas vezes em detrimento de seus próprios interesses; se algo fosse negado, ela insistia firmemente. "Eu não sei por que" – ela dizia em tais casos – "mas eu sinto que deve ser assim!" Ela me amava, mas esse amor estava imbuído de tirania e de egoísmo; ela compartilhava todos os seus pensamentos e desejos, todas as alegrias e tristezas comigo, e eu a troquei por tudo e por todos; ela não ia além de mim e exigia o mesmo de mim. Ela estava pronta para fazer concessões, desde que tivéssemos tudo em comum, todas as aspirações e desejos, todos os gostos e desgostos. Felizmente, minha vida moral não se encaixava nesse quadro estreito. Margarida não queria saber de nada: ela exigia um incondicional apego e pensando em usá-lo sozinha. Muitas vezes, quando eu conversava com algumas das alunas, Margarida e eu tínhamos brigas sérias. Ela tanto fez que parou de andar comigo como um par. Eu normalmente pedia uma explicação, mas ela não queria ouvir nada, não queria falar e respondia todas as minhas perguntas com censuras. Ela era vingativa e escolheu o escárnio como o instrumento de sua vingança; quando se tratava de vingança, Margarida era invulgarmente inventiva: ela era animada, sua fala fluía suavemente, as expressões eram marcadas e duras; ela não poupava palavras. Eu respondia com silêncio sobre todas as suas palhaçadas insultantes. Mas nossas brigas nunca duravam muito; certa do vexame e da raiva, Margarida começava a ficar deprimida, enviava-me cartas com apelos de paz e arrependimento completo. Eu aceitava as ofertas do mundo, mas ela não esquecia com quem estava lidando e eu escondia de Margarida tudo o que estava na minha alma querida. Mas quando alguma coisa acontecia comigo, a própria Margarida não parecia ela mesma e fazia de tudo para me ajudar. Certa vez, quando estávamos brigando, a diretora não me deixou ir para casa passar o feriado como uma punição. Margarida começou a perguntar por mim e, quando não houve resposta, chamou a senhora de fria e insolente. Esta se zangou e deixou-a sem almoço. Quando soube da interferência de Margarida por mim e sua consequência infeliz, eu disse a ela que estava fazendo sacrifícios vãos. Margarida piscou.

— Ninguém vai me proibir de fazer justiça! – disse bruscamente.

Aconteceu também que fiquei doente; essa doença me pegou de surpresa: não tiveram tempo de me levar para a enfermaria. Eu estava com febre, nenhuma das crianças foi autorizada a ir ao quarto onde eu estava, para não se contaminar. Margarida veio a mim secretamente; fez as suposições mais sombrias sobre a minha doença, interpretou tudo na direção errada e chorou por mim como se eu tivesse morrido. Várias vezes ela foi apanhada comigo mas sem reprimendas, sem punição, e, sem medo de ficar doente, nada a impediu de fazer isso. Margarida ficou agitada durante dias inteiros, não fazia nada, não sabia as lições e não ia para casa nos feriados. Sua alegria por minha recuperação não tinha limites. Eu me lembro como agora, quando eu consegui sair da cama pela primeira vez, Margarida me levou para andar pela sala e, apoiada na mão dela, eu andei. Essa caminhada me cansou muito rapidamente; Margarida chorou e riu – tão grande era sua alegria; desde o início da minha doença até este minuto, ela não podia imaginar que eu andaria como antes. Durante a minha recuperação, Margarida ficou sentada comigo por horas, conversou incessantemente e contou todas as aventuras que aconteciam sem mim na aula.

Eu me recuperei totalmente da doença. Nunca experimentei um sentimento tão agradável como durante a minha recuperação. Esse sentimento era de amor pela vida e algum tipo de expectativa. Então acabei de fazer quinze anos. Senti uma mudança em mim: algo aconteceu internamente, criei novos pensamentos, novos desejos; senti que estava errada e não podia, não deveria ser a mesma. Percebi que a infância tinha acabado, e essa confiança me agradou e me envergonhou. Daí por diante, me senti solitária. Olhava para tudo ao meu redor de longe, como se isso não me preocupasse; tudo o que passava diante dos meus olhos me ocupava tanto quanto poderia dar alimento à minha alma. Muitas vezes, quando todos estavam andando pelo jardim e as crianças estudavam e conversavam, Margarida e eu nos sentávamos em um banco longe dos outros, com os cadernos em nossas mãos, encharcados com os raios quentes do sol poente, que, abrindo caminho entre os arbustos e as lilas, marcavam nas páginas pontos brilhantes. Um dia, inconscientemente deitei minha cabeça no ombro de Margarida, meus olhos pararam em um ponto, e meu peito ficou apertado de prazer incompreensível.

— Por que você corou, Alya? – Margarida me perguntou. Foi como se tivesse me libertado.

— Não pensei em nada! – respondi balbuciando.

— Por que você parou de ler?

– Por nada!

Eu peguei o caderno novamente. Depois da leitura, começamos a andar e a conversar. Margarida entregou-se a seus amados sonhos: quando, finalmente, deixaria aquele internato desagradável e moraria numa casa com sua mãe, iria a encontros, aos bailes, e se animava especialmente quando falava sobre como brincaria com a *grand-dame* e viraria a cabeça dos leões da moda. Uma vez perguntei a Margarida o que o leão significava. Minha ignorância a atingiu. Ela começou a me explicar o significado do leão na sociedade, além do sentido da história natural, e para maior clareza citou o exemplo de nossa professora de literatura francesa, que, em sua opinião, finge ser um leão, como faz qualquer professor de ginásio E Margarida me contou sobre verdadeiros leões, sobre os quais por sua vez, ouviu de sua prima. Eu a ouvi e pensei em outra coisa.

***

O inverno chegou. As enormes salas do internato se estreitavam e pareciam hostis. Poucas vezes, o riso alto ecoava dentro de suas paredes, menos frequentemente era a sensação de prazer inexplicável que eu sentia, o pensamento era mais profundo, mais focado e tudo requeria uma resposta e explicação. Estudamos com grande diligência, especialmente Margarida; durante sua vida de internato, ela foi a primeira das primeiras, mas uma jovem que não alcançou seu objetivo, apesar de todos os seus esforços; ela estudava muito, mas não conseguia responder sem gaguejar: sua fala era curta e, ao falar, procurava palavras. Além disso, seu comportamento não atendia aos requisitos das regras de interna: Margarida ou pulou na hora errada, ou entrou em discussões com os professores sobre as lições quando pareciam incompreensíveis para ela, e saindo da sala uma e outra vez, esqueci de pedir a permissão da presidente da turma, mas o pior é que ela expressava dúvidas sobre o significado dessas ordens. Por tudo isso na caderneta onde as inspetoras anotavam o comportamento das alunas, ela tinha sempre pontuação ruim.

Com que atenção eu escutava quando um professor de história dava uma nova aula; sentava-me como enraizada no lugar, sem tirar os olhos dele, e meu pensamento era levado para dentro de sua história, para o maravilhoso mundo da Grécia e de Roma, alimentando ricamente a ganância da imaginação. O caráter dos heróis do mundo antigo me levava às delícias. Quão insignificante e vazia parecia-me diante de seus enormes feitos, a vida dos outros. Eu olhava para essa vida com uma repulsa invencível e nem sei quantas vezes sozinha, solenemente negava qualquer participação nela. O que eu queria, não sabia, mas me parecia insuportavelmente ofensivo permanecer indiferente aos movimentos populares, não ter um papel significativo na sociedade. Havia muitas dúvidas na minha cabeça sobre isso e exigia uma resolução imediata. Uma vez eu comecei a falar sobre esses pensamentos com Darov. Não me lembro com quais palavras me expressei, o que me deixou perplexa, mas parece que foi algo muito surpreendente e que o tocou: ele apertou minha mão com sentimento sincero e falou por um longo tempo sobre a vida, a sociedade, os objetivos de uma pessoa. Ele falou sobre o quão difícil era para uma mulher inteligente viver no mundo, que eu merecia um destino melhor e me convenceu a fazer uma leitura séria. Eu nunca vi Darov tão animado como desta vez: seus olhos brilhavam com animação apaixonada, as palavras fluíam rápida e harmoniosamente, seus argumentos eram tão cheios de convicção interior... No entanto, não entendi muito o que Darov disse, mas vi que algo extraordinário estava acontecendo com ele, que eram proféticas suas palavras, e meu coração transbordou de prazer e dor incompreensíveis. Quando Darov foi embora, fui para o meu quarto sob o pretexto de dor de cabeça e fiquei sozinha por um longo tempo, imaginando e tentando entender tudo o que ele havia dito e que fora pesado para ele: frases fragmentadas de sua conversa ficaram em minha cabeça provocando uma bagunça medonha. Deprimida pelo poder de impressões inexplicáveis, joguei-me na cama e chorei por um longo tempo, sem saber o porquê. Darov disse que a maior parte das pessoas não adivinham o seu propósito e é por isso que sua vida não faz sentido e perde o equilíbrio na sociedade; que de uma maneira ou de outra alguém deve tentar expressar seu caráter abertamente; que um mau objetivo é melhor do que nenhum. Eu me apeguei apaixonadamente a esse pensamento e desde então ele não me abandonou. Quantas vezes à noite, quando todos estavam dormindo, eu me levantava calmamente, sentava na cama e, cruzava as mãos nos joelhos, pensava... e, de certa forma, meus pensamentos iam tomando forma pouco a pouco. Minha cabeça estava em chamas, meu coração batia violentamente, eu estava caminhando para longe... e, de repente, minhas dúvidas corriam com uma nuvem negra e cobriam minhas imagens e pensamentos favoritos; tudo o que criei com a minha imaginação saiu, desapareceu antes da crítica estrita do senso comum baseado na realidade. Eu agarrei minha cabeça e a fiz cair sobre o travesseiro. Na minha cabeça tudo estava confuso, eu mesma estava com medo de minhas próprias fantasias e dirigi-las para longe, querendo dormir e me acalmar, mas elas circulavam na minha cabeça, me culpando pela fraqueza e covardia. O sono não me acalmou: os mesmos pensamentos e dúvidas que preocupavam a mente perturbada apareceram em certas imagens; eu sempre acordava e adormecia novamente com a mesma dureza de pensamentos. Na manhã seguinte, levantei-me pálida e cansada, peguei um livro para estudar uma lição, mas mesmo assim as perguntas dolorosas não me deixaram. Minha cabeça estava barulhenta, algo estava fervendo no meu peito, tentei ler, mas só vi listras escuras no papel e nada mais; fazia sentido ir para longe. Abaixei a cabeça e permaneci com algum tipo de esquecimento na sala de aula. Não ouvia o que a professora dizia, nem como as alunas respondiam às suas lições. Mas de repente ela me chamou, apressadamente me levantei, mas não entendi nada sobre suas perguntas; ela olhou para mim com espanto e não se atreveu a me dar um zero, já que eu sempre me mostrava ótima. A responsável pela classe franziu a testa, os olhares de todos os alunos se voltaram para mim: alguns com compaixão, outros com escárnio; ouvi de todos os lados gemidos e sussurros – só eu permaneci indiferente. Quando a professora saiu, a responsável pela turma se aproximou de mim e começou a ler a notação em voz alta, para o conhecimento de toda a turma, porque eu descuidadamente comprometi toda a turma e fui punida ficando sem o último prato da mesa. Ouvindo um longo e solene discurso sobre isso, não pude deixar de sorrir, o que enfureceu particularmente a moça; suas bochechas estavam cobertas de manchas roxas, as censuras começaram, ela ameaçou colocar um chapéu estúpido em minha cabeça e na hora do almoço colocou-me numa mesa afastada. Ouvi tudo em silêncio, levantando a cabeça e olhando diretamente nos olhos dela com um olhar ousado e calmo; cruelmente a desprezei naquele momento. Pobre garota, mas não entendi que a pessoa mais cômica nessa coisa toda era eu.

 Tais fenômenos começaram a se repetir muitas vezes e finalmente conseguiram a atenção de madame Bark; ela me fez uma sugestão decente, mas também não funcionou. Ainda por cima, eu tinha que ficar no internato na época do Natal: é que não fui para casa por algumas razões familiares; foi o momento mais chato dentro do internato, no quarto de hóspedes. Havia dez ou doze garotas restantes; nos levantávamos mais tarde do que o habitual, e ninguém fazia nada por causa do hábito estabelecido de contar toda a inatividade como descanso, sem suspeitar que essa inação muitas vezes cansava mais. Durante todo o dia as meninas se sentavam e caminhavam pelos corredores, ocasionalmente trocando palavras entre si, quase sussurrando. O único som que se ouvia era o dos convidados que visitavam madame Bark; todas corriam para a janela, para desgosto da representante de classe, que especialmente era irritante, provavelmente porque tinha que estar de plantão no feriado. Ocasionalmente a conversa monótona na aula era interrompida pelo surgimento de uma das alunas, que acompanhava a mãe que vinha visitar madame Bark e vinha até nós. Os visitantes eram recebidos com prazer, atiravam-se em nossos pescoços, beijavam-nos e enchiam-nos de perguntas; várias vezes as exclamações eram ouvidas: "Ah, minha querida Evguenia, que gentileza vir até nós! Se você soubesse, que tédio! Que anjo que você é!" Então beijos eram ouvidos estalando novamente. "Eu imagino a saudade que sente por aqui" – tagarelava. "Eu mal consegui um minuto para visitar madame Bark e, a propósito, para visitar você, também. Você não vai acreditar, mes dames, mas não tenho tempo, todos os dias da manhã até a noite estou na estrada. Ontem eu estava vendo a árvore de Natal de meu primo, hoje vou fazer algumas visitas e à noite preciso trocar de roupa para ir ao teatro".

– Ah, querida, como você é feliz!

Então todas examinavam sua roupa, algumas expressavam sua opinião e davam conselhos, outras sussurravam zombeteiramente e piscavam uma para a outra. Quando chegou ela começara a contar com qual vestido estaria hoje, e amanhã; depois falou sobre sua intimidade com alguma prima ou amiga de seu irmão; como de costume, ela gostava de sua própria história e quase esquecia que sua mãe estava lhe esperando. A pensionista escolheu a convidada para a frente, beijando-a e desejando novas visitas o quanto possível.

Eu geralmente me sentava um pouco à parte das outras, perto da janela, não participando da conversa geral, e olhava para a rua, distraidamente, observando as carruagens elegantes que iam e vinham com agilidade e pensava que o melhor tempo fora vivido e eu estava ciente disso claramente. Porque, quando minha mãe veio e depois da saudação habitual, ela conduziu uma conversa sobre como ela gastou muito dinheiro com o meu estudo e não via nada de novo em minhas maneiras, que não justificava suas expectativas, que para as ciências, não era necessário, graças a Deus, procurar uma preceptora, que mesmo sem muito estudo, havia muita despesa: uma menina numa determinada idade, precisa sair, preparar um dote... Por que me senti triste e arrependida? Todas essas cenas, já passadas faz muitos anos, esse barulho, essas representantes de classe resmungando, eram tão agradáveis para mim naquele momento, e aquele longo corredor vazio, onde nas manhãs Margarida e eu aprendíamos lições e sussurrávamos... As lágrimas imploravam em meus olhos e fazia um esforço tremendo para retê-las: minha tristeza era tão cara para mim, tive medo de não

Meus anos de intimidade com Dostoiévski 183

ofendê-la. Silenciosamente, com a cabeça baixa e ansiedade no peito, fiquei diante de minha mãe. "Prepare-se" – ela disse para mim e foi ter com a diretora. Automaticamente fui para a sala de aula. Margarida percebeu que eu estava chateada. Eu contei-lhe o motivo. Ela olhou para mim, mas não disse uma palavra, virou-se, tomou notas e saiu. As notícias da minha saída do internato rapidamente se espalharam por toda a classe; as meninas me rodeavam de todos os lados, em todos os rostos havia uma expressão de participação e arrependimento. Todas aquelas com quem eu não tinha nada em comum, com quem eu quase nunca conversava, eram amigas para mim naquele momento. A cena de despedida foi muito comovente, senti que não suportaria com indiferença e facilidade. Comecei a procurar por Margarida. Quando entrei na sala de música, ela estava a certa distância do piano e, reclinada no encosto de uma cadeira, olhou pensativamente para a janela. Cheguei mais perto; ela não mudou de postura e olhou para a rua com a mesma expressão, mas de repente nossos olhos se cruzaram, nos abraçamos e choramos... Choramos por um longo tempo e silenciosamente. Havia tudo nessas lágrimas: tristeza do presente, gratidão pelo passado, dúvida pelo futuro. Para sempre não esquecerei desse minuto! Nós éramos tão jovens, tão sinceras e choramos com lágrimas tão quentes. Para onde foi tudo isso? Por que agora nos tornamos tais bonecas descartáveis, queridas jovens senhoras, que estudaram todos os decoros do mundo e são capazes de ocupar os convidados? Onde estão as antigas forças, as antigas aspirações, onde está a sede de verdade, e logo agora, realmente não há retorno para elas?

3 de junho

Por quase um mês ninguém esteve por aqui: todos partiram para as dachas. Estou sozinha por toda manhã e não faço quase nada; às vezes, porém, leio jornais ou revistas, mas com mais frequência vou de um canto a outro do meu quarto e não penso em nada. Minha mãe me encontrou assim, hoje. Ela apareceu inesperadamente. Mas ela tinha alguma luz, vestido leve e uma mantilha de seda preta; seu cabelo estava fofo e coberto com um lenço de renda; essa roupa a deixou jovem. É incrível sua capacidade de se vestir.

– O que está fazendo de bom? – mamãe me perguntou, sentando-se no sofá e ajeitando as exuberantes mangas de musselina, nas quais pequenas mãos afundavam, cobertas de anéis.

– Estou lendo – eu disse, mostrando-lhe um livro.

Mamãe fez uma cara séria e olhou para o título.

– Este é um bom livro – disse ela. – Onde você conseguiu?

– Darov me trouxe.

Mamãe fez uma careta.

– Darov – ela disse casualmente, virando a folha do livro. – Você gosta deste homem?

– Sim.

Mamãe lançou um rápido olhar para mim e largou o livro.

– Aberração – disse ela com uma fingida distração. – Eu não sei o que você vê nele. No entanto, você deve saber.

– Oh, é muito inteligente – eu disse, um pouco envergonhada por suas últimas palavras.

– Como você sabe – repetiu a mãe –, não quero lhe constranger.

Eu fiquei aborrecida. Mamãe não percebeu isso e começou a falar sobre outra coisa.

– Como você está pálida, disse ela. – Palidez não é para você; você vai demorar para se livrar disso. Margarida Sosnovskaya ainda está fresca na memória. Falando de Margarida, ela escreve para você?

– Sim.

– No outro dia eu os vi em Pavlovsk: estavam todos lá e com a governanta Varvara Sidorovna, ou algo assim.

– Vera Semenovna.

– Bem, enfim, Vera Semenovna. Ridícula essa tal. Que maneiras estranhas! É educada, quase erudita, mas desajeitada, sem graça; brinca com a mente e imagina que é interessante, imagina que Vereinov não é indiferente a ela!

Eu fiquei em silêncio.

– Eles não me perguntaram por você – disse a mãe, após um breve silêncio, olhando para mim com um olhar interrogativo, o que me fez corar involuntariamente. – O que você acha dele? – ela perguntou.

– Eu não gosto dele – respondi.

– Caprichosa – disse minha mãe, com sua habitual indiferença fingida, que eu estudara tão bem.

– O que não gosta nele?

– Demasiado, suavemente gentil.

– Você acha... eu não sei. Eu gosto muito dessa família, especialmente sua irmã Sofia Nikolaevna. Esta é uma mulher exemplar, muito inteligente e bonita. Quanto bem ela fez para as pessoas.

E minha mãe começou a contar a história, há muito conhecida por mim, de como Sofia Nikolaevna Sosnovskaya, antes uma garota tão pobre, se tornara uma pessoa tão brilhante por causa do casamento, que nem todas as mulheres do Estado conseguem; como se tornou governadora, pode-se dizer, e governou a província, porque o marido era limitado, não entendia nada de nada; e como ela estava familiarizada com vários dignitários estaduais, que, claro, eram loucos por ela, através desse conhecimento, sendo uma mulher inteligente melhorou a vida de seus parentes. Mamãe assegurou que, além disso, Sofia Nikolaevna era uma excelente anfitriã e educava seus filhos perfeitamente, que eles, sem dúvida, serão excelentes pessoas, o que é evidenciado por um irmão criado por ela, que, sozinho, ajuda Sofia Nikolaevna a manter uma família tão grande. Concluindo, minha mãe lamentou que a geração mais jovem de mulheres não seja como Sofia Nikolaevna. Em sua opinião, as mulheres modernas não são boas, elas próprias não sabem o que querem, com o que estão preocupadas. Eu não discuti.

6 de junho

Não, não posso mais ficar sozinha: o tédio me supera. Hoje recebi uma carta de Margarida. Ela me pediu para ir até ela, e irei amanhã.

14 de junho

Durante toda a semana estive em Sosnovsky. Fui recebida com muita cordialidade. A família inteira estava no terraço sentada à mesa de chá. Quando entrei, Margarida estava servindo chá; Vereinov sentou-se ao lado dela e conversou com a governanta. Sofia Nikolaevna leu uma moralidade estrita para seu filho mais novo, que estava ajoelhado diante dela e espalhando lágrimas amargas. Sob a influência dessa cena edificante, as outras crianças sentaram-se muito solenemente. Quando apareci, todos ficaram animados. Margarida correu para me encontrar, nos abraçamos calorosamente, as crianças também ficaram encantadas com alguma coisa. Sofia Nikolaevna me cumprimentou com uma cordialidade especial. Vereinov foi o último a se aproximar de mim; ele, com um rosto alegre, estendeu-me a mão e falou tão amigável, tão encantador, que fiquei envergonhada, mas logo voltei aos meus sentidos: minhas bochechas brilharam e fiz um grande esforço para responder calmamente a suas perguntas. Durante esse tempo em Sosnovsky, Vereinov usou de todos os esforços para que eu me sentisse bem. Atitudes assim as pessoas gostam de desperdiçar, mas também quando vi essas pessoas em carícias indesejadas, me irritei; mas é bom que eu saiba o real valor real delas; por que elas apareceram quando meu coração era puro e ainda não conhecia todas essas sutilezas; porque, encantadores e atraentes, elas se colocam em uma posição tola, mas quem sabia que eu estava tão pouco preparada, e quem se importa com isso?

22 de junho

Outra semana se passou, e ainda estou em Sosnovsky. O tempo não é nem chato nem divertido; de manhã, Margarida e eu ficamos sozinhas até o jantar; eu desenho, Margarida toca piano, às vezes lemos juntas. Neste momento, Vereinov está na cidade, no trabalho, a governanta lida com as crianças, Sofia Nikolaevna se irrita com o trabalho doméstico. Em seu tempo livre ela vem até nós e fala sobre os deveres árduos de mãe e de dona de casa. Eu não conheço nada mais antipático do que essa mulher; sua hipocrisia, essa cortesia açucarada, e eu odeio. Eu encontro traços dessas qualidades em Margarida. Bem, eu a amo muito. Só pode ser a convivência, mas a memória dos anos anteriores seguram esse carinho em mim? De qualquer forma, é uma pena.

25 de junho

Ontem surgiu uma história estranha. Margarida falou comigo sobre o tio e de repente me perguntou o quanto eu gostava dele. Esta questão me confundiu, eu fiquei sem uma resposta.
— Eu sei que você gostou dele antes — disse Margarida — e agora parece que não; é perceptível: você mudou muito para ele.
— Pode ser — eu disse.
Margarida me olhou atentamente.
— É um bom homem — disse ela.
— Eu não duvido disso.
— Por que você está fria com ele?
— Eu?
— Sim, você. Por que você ficou vermelha?
— Por nada — eu disse, evitando o olhar dela.
— Não fique assim com ele, Alya, senão ele vai achar que você é infeliz, e isso o atormentará.
— Você acha?
— Claro. Ele próprio não é mais aquele e você parece não prestar aten-

Meus anos de intimidade com Dostoiévski

ção em seus esforços para agradá-la. É estranho, outra até pensaria que se tratava de um flerte.

– Flerte! – eu disse, piscando. – Isso é flerte?

Margarita olhou para mim espantada.

– Alya – disse ela. – Eu espero que você não esteja com raiva.

– Oh, não! – respondi, quase assustada, mas minha voz tremia.

Alguns sentimentos amargos e dolorosos cresciam em minha alma.

– O que há de errado com você, Alya? Eu não estou te reconhecendo – disse Margarita. – Garanto-lhe que não queria ofendê-la!

– Do que você está falando? Eu não compreendo.

– Por favor! – disse Margarita calorosamente.

– Cá entre nós... não sei...

Ela estava agitada e angustiada.

– Margarida, não é nada – eu disse, tentando acalmá-la, sem perceber o que estava dizendo. – Eu não acho nada mesmo e sei realmente que não está certo.

Margarida se sacudiu e me lançou um olhar rápido e inquieto.

– Do que estão falando? – perguntou Vereinov, entrando nesse momento.

Nós duas ficamos em silêncio.

– Sobre o que vocês falavam? – ele me perguntou.

– Trivialidades.

– Não, aparentemente não era trivialidade. Você argumentava alguma coisa. Por que não me conta? – ele perguntou com uma voz gentil e insinuante. – Eu realmente não mereço sua confiança?

Deixe-nos, tio – disse Margarita. – Você não deve falar assim.

– Está bem. Não devo me preocupar? Isso é muito curioso. Você poderia me dizer?

– Eu disse que não.

– Então é um segredo? – ele perguntou rindo. – Desculpe, não sabia. Mas eu espero que Alexandra Ivanovna seja gentil e me diga. Alexandra Ivanovna, me dirá?

– Se te interessa tanto – por favor – eu disse calma e friamente.

Vereinov corou com aborrecimento.

– Não precisa me falar – disse ele secamente.

– O que você está dizendo? – eu disse e senti que minhas bochechas estavam queimando e minha voz tremeu.

– Eu queria testá-la – disse ele no mesmo tom de brincadeira.

Eu apenas olhei para ele, mas não disse uma palavra.

Ele se embaralhou e logo nos deixou. Depois de algum tempo nos encontramos na mesa de chá. Ele falou com a governanta sobre um livro desconhecido para mim. Sofia Nikolaevna não estava em casa; Margarida estava ocupada com o samovar; eu fui deixada sozinha. Não sei porque, mas fiquei triste; eu me afastei e comecei a pensar. Meus pensamentos eram de alguma forma vagos, mas o sangue latejava em minhas têmporas e meu coração batia rápido e forte. O que é isso, realmente? Sim, é isso. É isso que eu estava esperando, isso é tudo, todo tipo de ironia. Quão dolorosa e amarga é a consciência desse sentimento. Mas meu Deus, eu não sou culpada.

23 de julho

Eu não pego neste caderno faz um mês: não havia nada para escrever. Tudo velho, nada para fazer, nada para pensar. Aqui está a vida! Nunca a consciência do vazio e da impotência esteve tanto tempo comigo. Mas o que é necessário? Quantas pessoas vivem como eu e não reclamam, não desejam? Eu realmente preciso de mais? Não, não sou justa, sou egoísta demais. Por que todos esses desejos vãos, não realizados? Não é melhor usar o que a vida nos dá e não exigir mais, não esperar; conviver de alguma forma em um círculo apertado, fazer o trabalho que você pode achar e fazê-lo com amor e senso do dever, mas reconciliar-se com todas as disputas, contentar-se com pouco, quando você sente em sua alma tanta força para realizar um grande feito?

Margarida também está começando a pensar e a ficar triste ultimamente; isso nos aproxima. Ontem à noite, depois de uma longa e séria conversa, nos sentamos no jardim e estivemos pensando, quando Vereinov e uma governanta passaram por nós. Eles discutiam algo com grande fervor, tanto que nem nos notaram. Eu nunca vi Vera Semenovna tão animada: suas bochechas coravam intensamente, seus olhos brilhavam.

– Não, não é como você quer – disse ela – ninguém pode ceder de jeito nenhum a sua felicidade.

– Você usaria a felicidade à custa dos outros? – perguntou ela a Vereinov.

– Eu não desejo mal a ninguém, mas quem quer que esteja no meu caminho, eu não farei cerimônia.

Eu não ouvi o que Vereinov respondeu a isso. Margarita cuidou de sair com uma expressão zombeteira.

– Esta é a vida! – ela disse, meneando com a cabeça. – Você percebe?

– Sim, esta é a vida – eu disse com tristeza involuntária.
Margarida continuou a seguir os jovens.
– Engraçados – disse ela.
– O que há de engraçado? – eu me opus.
– Você gosta desse tipo de entretenimento?
– Por que você tem aqui um sentimento tão sério?
– Eu admito, mas nada acontecerá, nada virá desse sentimento sério.
– Como nada acontecerá?
– Então ele não pode se casar.
– Por quê?
– Porque os assuntos da nossa família não são assim. Você sabe, minha mãe, ela nunca iria querer compartilhar seu poder na casa com ninguém.
– Mas esta é a casa dele.
– É isso? – disse Margarida, piscando. – Não somos culpados por ter uma; se a mamãe tivesse uma boa condição, então não hesitaríamos, mas nas circunstâncias atuais, quando mal temos dinheiro suficiente para viver decentemente, seria ridículo ele pensar em casar.

Fiquei surpresa com essa lógica original, mas, observando mais radicalmente a vida e as relações mútuas dessa família, estou convencida de que tudo e todos estão imbuídos nela.

29 de julho

Ontem Vera Semenovna deixou definitivamente Sosnovsky; ela mesma recusou ficar em sua função, mas suspeito que isso não tenha acontecido de maneira simples: Sofia Nikolaevna estava muito frustrada com ela recentemente. Uma semana atrás, teve uma conversa bastante longa com seu irmão a respeito de Vera Semenovna. Tudo começou pelo fato de Sofia Nikolaevna ter repreendido de forma hostil sua governanta, queixando-se de suas várias deficiências. Vereinov não discutiu; mas quando ela disse que queria demitir Semenovna e colocar em seu lugar alguém conhecido, como E.B, Konstantin Nikolaevitch levantou-se e começou a argumentar que B., que vivia ainda em companhia da condessa, decididamente não era boa para ser uma governanta, e que Vera Semenovna, em todo caso, era melhor. Sofia Nikolaevna defendeu sua amiga tanto quanto pode, mas não convenceu seu irmão.

– Esta mulher é minha única amiga – ela disse finalmente. – Claro, você pode não gostar dela, mesmo que ela não tenha feito nenhum mal a você, é problema seu, mas deve ser justa. Talvez seja minha culpa que ousei achá-la útil para meus filhos; não achei que isso fosse te machucar. Eu pensei que poderia ter minha própria opinião.

– O que você está dizendo, minha irmã? – disse o alarmado Konstantin Nikolaevitch. – Por que você está com raiva?

– Ah, meu Deus! Como estou com raiva? Eu tenho meus direitos, embora possa parecer que entendo pouco de minha posição e de minhas responsabilidades.

– Sofia, pelo amor de Deus, não diga isso! – disse Konstantin Nikolaevitch, quase implorando. – Faça como quiser.

– Eu não preciso me sacrificar. – Se a presença de E.B é um fardo para você, descubra em seu verão, em uma sociedade, garotas jovens que sejam mais úteis, e que assim seja.

Konstantin Nikolaevitch corou profundamente.

– Isso não é sobre mim – disse ele.

– Então, sobre quem? Sobre Vera Semenovna?

Apesar de todas as concessões de Vereinov, a disputa foi longe e terminou com a histeria de Sofia Nikolaevna, que causou tumulto em toda a casa; os criados reclamaram, as crianças choraram, Konstantin Nikolaevitch parecia totalmente confuso.

Vera Semenovna deve ter adivinhado qual era o problema.

Ontem, algumas horas antes de sua partida, Vera Semenovna entrou na sala onde eu tocava piano e perguntou se eu tinha visto Vereinov. Nesse exato momento, Konstantin Nikolaevitch entrou na sala.

– Eu estou procurando por você – disse Vera Semenovna, caminhando em direção a ele com sorriso carinhoso e triste. – Eu quero lhe dizer adeus.

E ela estendeu ambas as mãos para ele. Nesse momento, comecei novamente a tocar, como se não me notassem. Frases fragmentárias de sua conversa chegaram aos meus ouvidos.

– Você vai lembrar de mim? – perguntou Vera Semenovna.

– Você pode duvidar! Ele disse, beijando suas mãos.

Pareceu-me estranho ficar mais tempo ali e saí. Logo depois, Vera Semenovna foi embora. Konstantin Nikolaevitch saiu para algum lugar e não apareceu durante todo o dia.

5 de Agosto

Já faz uma semana que Vera Semenovna partiu; seu lugar ainda não está ocupado: na casa tudo corre como antes. Sofia Nikolaevna está se recuperando pouco a pouco, perde sua aparência triste e humilde e entra em sua rotina anterior de uma anfitriã com plenos direitos em sua casa. Konstantin Nikolaevitch é muito ocupado, por isso mesmo bebe chá em seu escritório. Esta manhã eu o encontrei no jardim; nós conversamos. Eu não sei como isso aconteceu, mas falamos muito amigavelmente. Vereinov nunca foi tão franco comigo. Ele me falou de si mesmo, sobre os erros e passatempos da primeira juventude; Eu o ouvi com grande interesse. Entre outras coisas, Vereinov lembrou-se de Vera Semenovna, disse o quanto ela significava para ele, e geralmente falava dela com grande respeito. E dessa conversa ficou bem claro para mim o que eu já havia me perguntado. Vereinov apresentou-se a mim de uma maneira um pouco diferente; eu não o conhecia muito e o julgava erroneamente. No final da caminhada, encontramos Sofia Nikolaevna; ela olhou para nós de uma maneira estranha, então eu corei.

8 de agosto

Hoje, novamente, conversei muito com Vereinov. Sofia Nikolaevna não estava em casa, Margarida estava com dor de cabeça e não saiu do quarto o dia todo. Vereinov voltou a falar de Vera Semenovna, elogiou-a e lamentou que eu não a tivesse conhecido bem; ele disse que ela realmente queria isso, mas, vendo minha antipatia, não procurou minha amizade.

– Você sabe o quão difícil é se dar bem com você – disse ele, olhando para mim com atenção.

Eu fiquei em silêncio.

– Diga-me – ele continuou –, como explicar esse isolamento, essa frieza, com a qual você demonstra em qualquer tentativa de aproximação com você? Há algo nisso. Por que você sempre responde com ironia, como se não tivesse nada para com aqueles que são verdadeiramente dedicados a você? É difícil supor que seja fácil.

– Eu não estou pedindo para alguém me aceitar – eu disse.

– Que coisa! Que orgulho louco! Que preconceito! Vamos, Alexandra Ivanovna, seja simples, você é injusta consigo mesma. Talvez você encontre o tipo de coração de que precisa; é mais fácil viver juntos, eles dizem: a morte é rubra com as pessoas, mas você não dá espaço aos seus pensamentos e sentimentos quando eles exigem expressão e simpatia.

– Em que eles podem estar interessados – eu disse com tristeza involuntária. Vereinov, silenciosamente e com surpresa, olhou para mim.

– Você é muito orgulhosa – disse ele.

Ficamos em silêncio por algum tempo.

– Querida Alexandra Ivanovna – disse ele depois de um longo pensamento. – Não se torture em vão, não procure o mal onde não há. Acredite em mim, nem tudo é ruim no mundo; olhe confiante e você será feliz.

Ele falou muito mais, e suas palavras tiveram um efeito estranho em mim; eu estava tão feliz, tão bem... Animada e tocada, sentei-me sem levantar os olhos mas senti seu olhar carinhoso e bonito.

– Diga-me – ele recomeçou após um longo silêncio. – Pode ser que tal pergunta pareça estranha para você, mas, parece-me, tenho o direito de fazê-la. Diga-me, você tem algo contra mim?

Essa pergunta me surpreendeu e me confundiu; eu respondi negativamente.

– Que bom – disse ele, pegando minha mão. – Então eu posso chegar perto de você, não é? Claro, você não vai me negar sua amizade. Se você soubesse – ele continuou com seu sentimento – como eu preciso disso. Há tanta beleza em você; você não imagina o preço disso. Eu estou tão atraído por você, que estava com medo... Ah, Alexandra Ivanovna, você não sabe de nada.

Ele estava excitado e apertou minha mão ardentemente.

– Concordo – disse Vereinov após um breve silêncio –, algumas de suas ações a meu respeito eram estranhas; é difícil imaginar que foi fácil. E você sabe, pareceu-me, e talvez você ache isso ridículo, se não era minha culpa que ultimamente você estivesse tão triste.

Ele disse isso tão espontaneamente. Eu olhei para ele: seu rosto estava calmo. Eu me senti triste.

– Sim, você! – eu disse com uma espécie de desespero e com a cabeça.

– É fato? Como é isso? Diga-me, pelo amor de Deus, eu não entendo nada.

Ele realmente não entendeu.

– O que há de errado com você? – perguntou Vereinov. – Eu a aborreço ou a magoo? Diga-me, não me atormente. Neste momento, Margarida me chamou. Eu queria ir, mas Vereinov me segurou.

– Ouça – disse ele com uma voz preocupada. – Eu estou interessado nessa conversa; termine ela outra hora. Amanhã de manhã – continuou ele apressadamente –, estarei esperando por você no jardim. Apenas, pelo amor de Deus, prometa-me completa franqueza.

Inclinei a cabeça em concordância e apressadamente o deixei. "Então, amanhã ele vai me dizer alguma coisa", pensei.

12 de agosto

Estou em casa. Minha partida repentina de Sosnovsky foi precedida por uma história inteira. Vou descrever ordenadamente. Na hora marcada para um encontro com Vereinov, fui ao jardim. Konstantin Nikolaevitch não estava lá, pois não esperou ali por muito tempo. Eu o vi de longe e fui ao seu encontro. Pareceu-me que estava confuso e agitado.

– Que bom que você veio – disse ele – mas confesso que não esperava; eu, claro, desajeitadamente pedi-lhe que viesse aqui, mas imaginei que não viria. Tenho certeza que você vai me desculpar.

Olhei para ele perplexa. Nós nos sentamos em um banco e ficamos em silêncio por um tempo; ele aparentemente não sabia o que dizer.

– Só agora estou começando a entender um pouco – ele falou finalmente. – Quanta generosidade neste ato de vir aqui. Acredite em mim, eu sei como apreciar. Eu te invejo; há tantos tesouros inestimáveis em você, e tanto bem você pode fazer a uma pessoa com sua participação e sua amizade!

Ele falou muito mais sobre essa questão e cheio de entusiasmo. Eu o ouvi surpresa; eu realmente queria perguntar por que ele disse tudo aquilo, mas não o interrompi.

– Bem, por que você não me diz nada? – ele perguntou, finalmente.

Naquele momento, Sofia Nikolaevna apareceu inesperadamente diante de nós; ela nos olhou com uma expressão de grande espanto e indignação.

– Desculpem-me! – ela disse sarcasticamente. – Eu poderia ter evitado.

Minha tristeza foi tão grande neste momento, que as palavras de Sofia Nikolaevna não acrescentaram amargura ou raiva nela.

Sofia Nikolaevna se afastou rapidamente. Konstantin Nikolaevitch seguiu-a com ar de preocupação. Eu fiquei sozinha. Durante muito tempo, fiquei imóvel, como encantada, sem entender e nem sentir nada além de uma tristeza infinda. Por todo esse dia, Margarida mostrou-se indisposta; falou sobre falsos amigos, sobre a perfídia e a dubiedade de algumas pessoas, suas observações não permitiram ir direto ao ponto e soaram bastante adequadas. Quanto a Sofia Nikolaevna, só a vi no chá e no jantar; ela estava triste, suspirava com frequência e gritava constantemente com as crianças. Konstantin Nikolaevitch estava confuso, as crianças tinham medo de se mexer: todo mundo sem jeito. Mas isso não é tudo. À noite, sentada sozinha no terraço, ouvi da janela do salão uma discussão muito interessante entre Sofia Nikolaevna e seu irmão; Vereinov justificava algo, Sofia Nikolaevna objetiva; eu ouvi meu nome e continuei a ouvir.

– Garanto-lhe que não é o que você pensa – disse Vereinov ardentemente,

Sofia Nikolaevna desesperadamente desistiu de continuar e não respondeu uma palavra.

– Por que você está com raiva? – ele falou novamente.

– Quem te disse que estou com raiva? Você pelo menos não mentiu – disse Sofya Nikolaevna com um tom ferido.

– Mas isso é perceptível... Perdoe-me, eu sou culpado.

Ele beijou a mão dela. Sofia Nikolaevna permaneceu imóvel, como uma estátua, seu rosto tinha uma expressão vaga, então era difícil adivinhar como toda essa cena terminaria.

– Bem, e daí, você me perdoa?– disse Konstantin Nikolaevitch, olhando em seus olhos. – Minha querida, você é gentil. – E ele beijou a mão dela novamente.

– Konstantin – disse Sofia Nikolaevna solenemente –, você me conhece, eu posso tolerar, a humildade é algo comum das mulheres, mas há uma medida. Eu não sou um anjo.

Tendo proferido esta grande verdade, ela fixou um severo e punitivo olhar em seu irmão. Ele tristemente baixou a cabeça.

– Sofia – disse Vereinov –, não julgue este caso também estritamente, não olhe para ele tão a sério. Suponha que eu fizesse algo estúpido e entristecesse todos vocês; eu agi como egoísta, mas ela, coitada, por que é culpada? Pelo amor de Deus, não toque nela, eu fiz tudo e só eu posso responder por todos.

Sofia Nikolaevna ficou em silêncio por algum tempo.

– Konstantin – ela disse, por fim, com uma voz gentil e tocante –, estou muito chateada; me dói que você, minha alegria, meu remanso, caia numa rede de intrigas. Eu não posso proibir meu coração de sofrer. Konstantin, porque eu te criei, não posso olhar para você senão como um filho.

– Eu sei, querida – ele disse –, mas eu te disse que não há nada aqui. Alya não é uma garota assim, eu a conheço mais do que você.

– Meu irmão, você é muito confiante; eu vivi mais do que você no mundo e estudei as pessoas: nós, mulheres, somos perspicazes.

Konstantin Nikolaevitch suspirou.

– Sim, a culpa é minha – disse ele depois de uma breve reflexão. – Minha culpa. Perdoe-me, e esqueça isso.

Sofia Nikolaevna ainda hesitou.

Meus anos de intimidade com Dostoiévski 195

– Esqueça. – ela disse, finalmente. – O que aconteceu não pode ser revertido; espero que o arrependimento seja sincero, e que no futuro você seja cuidadoso, o coração humano é um abismo. Eu não posso acreditar incondicionalmente.

– Do que você precisa? Que tipo de evidência você precisa?

– Konstantin, se quiser me acalmar, jure que você não a verá novamente.

Eu não ouvi o que Vereinov respondeu, o sangue correu pelo meu rosto, um sentimento de indignação e raiva varreu minha alma. Naquela noite, eu disse a Sofia Nikolaevna que voltaria para casa em breve. A magricela expressou surpresa, mas nem ela nem Margarida me seguraram.

Eu não quero lembrar como deixei Sosnovsky, como eu disse adeus: eu estava enojada, muito enojada. Só estando sozinha no navio me acalmei um pouco. A última vez que olhei para aquela casa, onde eu tinha entrado antes com um sentimento alegre, onde tudo que me era querido estava perdido, senti meu coração partido; eu estava insuportavelmente dura. Virei-me para um lado no navio para esconder-me do olhar de estranhos e, curvando-me sobre a água, senti-me várias vezes destruída, reprimida pela tristeza... Pouco a pouco, todos os meus pensamentos tristes se acalmaram. Eu olhei para o alto e meu coração se apaziguou; senti-me suficientemente forte para esquecer todo o sofrimento; uma premonição de algo melhor tomou conta de minha alma. Olhei ao longe com alguma expectativa supersticiosa, sem sentir a mesma tristeza opressiva; em meu coração eu tinha uma pergunta pela qual esperei uma resposta com uma alma ansiosa, mas nada me foi respondido na distância turbulenta e perturbadora

13 de agosto

Nada é bom, nem tudo está bem. Minha mãe está terrivelmente chateada, meu padrasto mal aparece em casa. Darov me disse que Vladimir Ivanovitch estava muito agradecido a Ogloblin, com quem fumava, e que Ogloblin estava ameaçando seu padrasto de entrar na justiça por causa de uma dívida. Minha mãe, aparentemente, deixou-se afundar na tristeza. Sim, realmente, em nada pode ajudar! Várias vezes tentei conversar com minha mãe sobre esse assunto com o objetivo de encorajá-la, aconselhar a fazer algo. Ela estava com raiva porque eu estava interferindo e não queria falar. Por que ela não está falando comigo? Eu não valho a pena? Não posso tomar parte da tristeza familiar? Ou sou tão fraca que não posso suportar nada? Eu simplesmente não posso, e não sei o que fazer.

2 de setembro

Já faz um tempo que não pego neste caderno e, enquanto isso, quantos eventos aconteceram. Sim, mas antes de eu estar aqui. Faz duas semanas que estou noiva. Aconteceu de repente e além de minha vontade; minha participação aqui, como em tudo que acontece ao meu redor, era passiva. Uma vez, numa noite, Vladimir Ivanovitch veio ao meu quarto e me pediu chá. Ele estava alegre e gentilmente brincou comigo, aconselhando-me a arrumar o banheiro, dizendo que havia um convidado muito interessante, cujo nome, no entanto, não disse. Este convidado era seu amigo Ogloblin; ele sentou-se à mesa do chá ao lado de sua mãe e conversou com ela muito intimamente. Quando cheguei, Ogloblin começou a se mexer, procurando uma cadeira para mim e, em geral, mostrou tanta atenção que me surpreendeu. Depois do chá, eu queria ir para o meu quarto, mas meu padrasto me segurou; ele repreendeu com censura que muitas vezes eu o afastava, como se eu não o considerasse bom parente, que me desejasse o melhor. Eu fiquei. Ogloblin estava extraordinariamente amável comigo e me olhava de maneira especial; em seus lábios, quando ele se dirigiu a mim, havia um sorriso malicioso e ao mesmo tempo condescendente. Minha mãe era carinhosa com Ogloblin e muito pacientemente ouvia suas piadas simples. Vladimir Ivanovitch riu e olhou arrogantemente para todos. O convidado logo partiu; Vladimir Ivanovitch foi acompanhá-lo. Eu acabei de entrar em meu quarto quando minha mãe disse que queria falar comigo sobre um assunto muito sério.

– Ogloblin me instruiu a dizer-lhe que está pedindo a sua mão – disse ela, olhando para mim com um olhar penetrante.

Essa notícia teve um efeito desagradável em mim, embora eu quase estivesse esperando por ela.

– Não há nada a dizer sobre isso – eu disse, mal reprimindo a frustração. – Você sabe que tipo de pessoa é e qual é a minha opinião sobre isso.

– Eu sei – disse minha mãe –, eu esperava por isso, mas Ogloblin me perguntou, e eu deveria ter conversado com você. Além disso, eu, como mãe, devo cuidar e, portanto, decidi aconselhá-lo a considerar seriamente esta proposta. Claro, você pode fazer o que quiser, mas pensar não interfere; em tais assuntos você precisa de calma e prudência, precisa abandonar algumas ideias e ceder às circunstâncias. Isso é uma questão de vida e é difícil, Alya – e a mãe suspirou com um sentimento real.

– Agora, enquanto Vladimir Ivanovitch e eu estamos vivos – continuou a mãe –, você é jovem, bonita, educada, conhece a lisonja da sociedade, não tem nenhuma preocupação, é natural que essa vida seja agradável para você, que não quer mudanças; a vida de uma mulher casada é muito chata, prosaica. Mas nem sempre será assim; de repente algum infortúnio acontecerá: eu ou Vladimir Ivanovitch morremos, não temos parentes próximos para estar com você aonde for. Já pensou sobre isso?

– Seja o que for, mas não posso agir contra a consciência.

– Contra a consciência – repetiu minha mãe, piscando. – Por que essas frases em casos tão sérios? Você se julga como uma criança. Pode ser tão impraticável!

– Eu não invejo sua praticidade – eu disse com paixão.

Minha mãe ficou em silêncio por um longo tempo, ela estava em grande dificuldade e não sabia o que fazer, como falar.

– Alya – disse ela finalmente –, por que você não se importa, você não ama ninguém. Por que você não se casa com Ogloblin? Ele é gentil, rico e certamente amará você; você será independente. Faça isso por mim; porque te desejo o bem como ninguém; eu sou sua mãe. Pense no custo das preocupações e dos sofrimentos.

Enquanto falava, seus olhos se arregalaram, suas bochechas estavam avermelhadas, aborrecimento e amargor eram sentidos em cada palavra, no som de sua voz; palavras amargas fluíam rápida e inesperadamente: era evidente que ela se rendeu ao fluxo de pensamentos fervorosos inconscientemente.

Suas palavras doeram em meu coração, mas não hesitei em recusar.

– Eu não posso! – eu disse. – E peço que não me fale mais nisso.

– Esta é sua última palavra, Alya?

– Sim, a última.

– E se a felicidade de toda a minha vida dependesse disso, fortuna, honra, você não concordaria?

Estas palavras me deixaram com frio.

– Sabe que é assim! – disse minha mãe. – Nós perdemos a última chance, e se você não se casar com Ogloblin, estaremos mendigos.

Algo realmente me atingiu na cabeça; meus pensamentos estavam nublados.

– Bem, digamos – minha mãe continuou em um sussurro, com os olhos brilhantes –, você ainda não concorda em ser a esposa de Ogloblin?

– Não! – eu disse com firmeza.

Mamãe ficou surpresa com essa resposta. Ela ainda estava sentada, olhando para mim com um olhar fixo, como se não percebesse o que tinha ouvido; finalmente suas bochechas avermelhadas estavam cobertas com uma palidez terrível, e assim as veias em suas têmporas pararam de bater fortemente.

– Saia daqui! – ela disse, em voz alta e distintamente. – Você não é minha filha.

Eu fiquei parada no local, sem tirar os olhos dela.

– Você ouviu – minha mãe repetiu com raiva. – Saia da minha casa!

O horror me pegou com essas palavras, mas decidi não sucumbir, e as consequências dessa terrível determinação, em toda a sua terrível verdade, se apresentaram à minha imaginação; estremeci, mas não hesitei e deixei a sala com firmeza. Fui imediatamente ter com Darov e contei tudo a ele. Darov ficou espantado. Ele andou pela sala por um longo tempo, pensando no que fazer; pensamentos tristes devem ter passado por sua mente.

– Alya – disse ele finalmente –, você ficou muito excitada e agiu sem pensar.

Eu me levantei, virei-me, mas não disse uma palavra e continuei olhando para Darov.

– Natalia Yakovlevna ficou animada. Você realmente acha que ela é capaz de cumprir sua ameaça: afinal, ela é sua mãe.

– O que você quer dizer com isso? – perguntei.

– Por não lhe desejar o pior, você a culpa em vão sem explicar suas razões; existe algum mal-entendido aqui. Tenho certeza de que Natalia Yakovlevna está preocupada com a sua felicidade, mas ela está enganada porque conhece você muito pouco, e você a culpa por isso: você nunca quis se aproximar dela.

– Meu Deus. Meu Deus, o que ele diz! – explodiu dentro de mim.

– Você deve, a todo custo, se reconciliar com sua mãe – continuou Darov, sem me ouvir. – Você tem que fazer as pazes, essa é a única coisa que deve fazer. Por que não evitar um escândalo? É melhor sofrer, esperar, dar o máximo possível de si, do que rastejar.

– E você... você diz isso? – eu disse, não sendo mais capaz de esconder a indignação e a tristeza.

– Tenho certeza – continuou Darov – que sua mãe repensará e se arrependerá; ela ficará feliz em fazer as pazes com você; você não sabe como ela te ama. Tenha pena dela. Se você não for a primeira a estender os braços, ela não fará isso, mas acabará com você, vai matá-la.

Ele acabou me convencendo. Eu escutei tudo, baixando os olhos e inclinando a cabeça; lágrimas rolaram lentamente dos meus olhos.

– Chega – eu disse finalmente. – Vá e diga à minha mãe que eu concordo com tudo.

Darov ficou estupefato.

– Por que os extremos – ele disse –, realmente não há outro remédio? Eu não disse nada sobre isso.

– E se não há – disse ele após um breve silêncio – é melhor largar tudo e ir a algum lugar.

– Peço-lhe para ir à minha mãe e dizer-lhe a minha decisão – eu disse insistentemente.

– Alya, é isso o que você decide? Eu não posso deixar isso acontecer.

Sorri involuntariamente.

– Vá – eu disse.

Ele foi. Eu fiquei sozinha. Meditei por um longo tempo, tentando me dar conta do que aconteceu: tudo o que aconteceu comigo naquele dia foi tão inesperado, tão incrível; pensei com meus botões se não estava doente nem obcecada. Mas a realidade era tão tacitamente clara; ouvi as vozes de minha mãe e de Darov perto da porta do quarto em que eu estava sentada, e senti minhas bochechas corarem e minhas sobrancelhas se moverem freneticamente. Cobri o rosto com as mãos para me esconder de um pensamento terrível, mas ele estava na cabeça; sentimentos de indignação e vergonha me sufocaram. O mundo entre mim e minha mãe foi resolvido, havia a necessidade de um acordo cerimonial no dia seguinte. Dormi mal naquela noite e me senti ainda pior quando no dia seguinte, consciente e deliberadamente, procurei saber o que havia acontecido. Chorei muito naquele dia e não sabia como sobreviver. Pobre garota, não pensei em quanto amargor viria à minha frente.

A.S-Va

O próprio caminho[59]

Foi em Petersburgo, início da primavera (186*). A chegada do trem, às 21h00, na estação de Nikolaev, foi horrível. A confusão era imensa, e entre os viajantes havia pessoas de várias estratificações: comerciantes, funcionários, padres, oficiais, chefes de família... Todas as individualidades se fundiam em um tom geral: o desejo de chegar rapidamente ao seu lugar de destino. Suspirando no meio de uma enorme massa apinhada no balcão onde a bagagem era distribuída, os viajantes, com uma expressão de extrema impaciência, exigiam a entrega de seus pertences; os que ficavam para trás tentavam avançar o mais rápido possível, e quase sempre sem sucesso: os mais idosos suportavam corajosamente o ataque e não davam um passo antes de receber sua bagagem. Nessa ocasião houve grande excitação nas fileiras de trás; dois estrangeiros, claramente viajantes, expressavam sua indignação com muita força, ralhando alto com a polícia russa, contra o governo, contra os costumes, etc. Quando os primeiros passageiros pegaram suas malas e instantaneamente desapareceram com elas, e outros tomaram seus lugares, a balbúrdia diminuiu; neste momento, no meio da multidão, além de outros, havia uma jovem que acabara de receber sua mala. Ela estava sozinha e ficou de pé tranquilamente, cruzando os braços e olhando ao longo da galeria e da porta aberta do pátio que dava para uma avenida, onde as luzes de carruagens em movimento brilhavam e sombras escuras gigantescas se moviam. Seu rosto expressava atenção e curiosidade, e a isso se entregava completamente, como se ali não houvesse outro assunto, outro pensamento: era evidente que não tinha porque se apressar. Um soldado de aparência sombria se aproximou dela e ofereceu seus préstimos. Ela rapidamente virou-se e com um rosto instantaneamente animado, fixou seus olhos claros nele, mas, encontrando seus olhos frios e sombrios, de alguma forma ficou envergonhada. Assim, mostrando um olhar indiferente, ela silenciosamente apontou sua mala para o soldado. Ele jogou-a nos ombros e, quase cambaleante, saiu; a garota o seguiu. Ela pegou o primeiro taxista e pediu que a levasse para a Ilha Vasilievsky na 9ª linha. A avenida era a perspectiva Nevsky, lotada de transeuntes. A diver-

---

[59] "O próprio caminho" (Своей дорогой) foi publicado no nº 6 da revista "Época" em junho de 1864.

Meus anos de intimidade com Dostoiévski

sidade e o movimento da multidão, os sons da música de rua, o luxo das lojas – todo esse brilho falso de uma cidade presunçosa que é tão atingida por um estranho, cegou a jovem viajante e aparentemente causou-lhe uma forte impressão. Não havia surpresa ou medo em seu rosto, mas tristeza e uma quase desesperança...

Chegando à 9ª linha da Ilha Vasilievsky e parando no portão de um casarão de aspecto novo, a moça perguntou ao zelador que estava parado no portão onde ficava o apartamento da Sra. Bukova. Ele avidamente indicou-lhe. Não encontrou grandes dificuldades: a jovem subiu até o terceiro andar por uma escada larga e bem iluminada, onde encontrou a porta com a inscrição Conselheira de Estado Bukova. Ela parou por um tempo para respirar. E lá de dentro podia ouvir vozes altas e sons de piano. A garota bateu na porta. Houve uma corrida e barulho atrás da parede antes que a porta se abrisse. O lacaio alto e desajeitado recebeu a jovem em uma sala pequena e mal iluminada. Estava vestida de forma diferente, meio masculina, meio feminina. No salão, a polca trovejava e o barulho da dança era ouvido; a luz brilhante que vinha do salão era moderada por uma fina nuvem de poeira, que lhe dava uma tonalidade avermelhada. Ao entrar, notou várias figuras femininas e masculinas, que olhavam alternadamente por detrás da porta; entre eles, ela foi atingida por uma senhora alta e gorda com um vestido de seda colorido, mantilha de renda e um arranjo de veludo vermelho com amarras douradas na cabeça.

– Madame Bukova mora aqui? – a jovem perguntou.

Ouvindo isso, a senhora de vestido colorido soltou um leve grito e, movendo as pernas, correu para a recém-chegada, com os braços bem abertos, e a renda da mantilha se espalhou pelo ar e toda a sua figura assumiu a aparência de um pássaro voador.

– Finalmente! – ela disse em um tom de voz. – Oh, como eu esperei por você, *cher ami* – e ela substituiu seu largo rosto carmesim por uma expressão alegre e doce, encarando o rosto da jovenzinha, que estava um pouco confusa.

– Madame Bukova... – ela disse hesitante.

– Claro, claro – a senhora interrompeu. – Você é Katerina Mikhailovna Sodova, não é?

– Exatamente – e a jovem estendeu-lhe a mão.

– Deixe-me beijá-la, minha querida convidada. Então... eu te amei na ausência como se fosse minha própria filha; acredito que desde que Konstantin me escreveu falando sobre você, eu simplesmente perdi minha paz; pensei bastante de dia e de noite quando esse dia chegaria. Mas eis que aconteceu – é uma brincadeira, a quase três mil quilômetros de distância! Mas agora vejo você e estou absolutamente feliz. Tire a capa e vamos para a sala de estar. Hoje, a propósito, tenho convidados, vou apresentá-la imediatamente.

– Mas eu estou vestida ainda com a roupa da viagem, e sei que a noite é sua.

– Trivialidades! Eu tenho hoje apenas pessoas da intimidade; toda semana elas se reúnem aqui, dançam e conversam – eu adoro essa sociedade. Venha.

– Mas deixei minha mala no andar de baixo e não paguei o taxista.

– Não se preocupe, tudo será arranjado. Andrei – ela se virou para o lacaio –, vá pegar a mala da senhorita com o taxista e veja quanto é, ouviu? Vá e volte logo.

– Agora vou apresentá-la – ela disse à recém-chegada. – Aqui está uma importante dama, aristocrata, que tem parentesco e conexões significativas; para mim, claro, isso não importa, eu valorizo as pessoas pelos seus méritos pessoais; eu sou liberal neste caso; mas você, como jovem, precisa nutrir tal conhecimento, pode lhe ser muito útil.

Com essas palavras, levou sua convidada para uma sala, onde cinco dançarinos giravam constantemente colidindo um com o outro e se desculpando a cada vez que isso acontecia. A fileira de cadeiras ao longo das paredes era ocupada por cerca de uma dúzia de mulheres idosas, observando silenciosa e docemente os casais que dançavam; várias garotas descansavam depois da dança. Tomando a forma de fadiga incomum, elas se abanavam com lenços e furtivamente, com o objetivo de expectativa impaciente, olhavam para os dois jovens que estavam de pé na porta, de braços cruzados, com olhares melancólicos e distraídos. Madame Bukova conduziu sua convidada até uma senhora empertigada, brilhando com seus diamantes, que estava sentada a uma certa distância dos demais e brincava com a corrente de ouro de seu pincenê.

– Madame Rokhlina – disse madame Bukova, doce e com uma voz insinuante, chegando perto da importante dama, até onde as largas dobras de seu vestido magnífico permitiam –, quero apresentar-lhe minha doce convidada, senhorita Sodova, filha de uma grande amiga minha.

A essas últimas palavras, Katerina Mikhailovna ficou surpresa e olhou para madame Bukova, que lhe piscou e continuou no mesmo tom.

– A mãe dela é uma mulher maravilhosa, uma mulher extraordinária, mas agora, infelizmente, está doente.

– Não diga! – disse a senhora, erguendo o pincenê até a altura do nariz, e olhou para a garota.

– Muito doente – continuou com um suspiro, Madame Bukova –, tanto que até os médicos se recusaram a tratá-la. Esta é uma fofa, como você pode ver, completou 18 anos recentemente, precisa ver a luz; como a mãe não consegue cuidar dela por causa da doença, confiou-me esse dever, porque eu sou a única pessoa a quem ela pode confiar sua filha. Claro que não posso recusar, você conhece meu coração, especialmente porque madame Sodova é uma amiga de infância, e eu carreguei essa doce garota em meus braços.

– Certamente – disse madame Rokhlina.

– A senhorita Sodova, tão meiga, concordou em estudar um pouco de francês com a minha pequena – continuou madame Bukova. – Você não achou que ela era governanta, não é? Por Deus! Isto é apenas para o seu entretenimento.

– *Je comprends bien*.

– Eu me apaixonei pela senhorita Sodova à primeira vista. Digo porque a carreguei em meus braços... bem, sim, foi há tanto tempo, mas agora é como se a visse pela primeira vez. Quero que goste dela.

– *Avec plaisir* – disse madame Rokhlina, condescendente, e estendeu a mão gorducha para Katerina Mikhailovna. Ela fez o mesmo.

– *Très gentille* – disse madame Rokhlina ao ouvido de Bukova, mas de tal maneira que Katerina Mikhailovna pôde ouvir.

– *Je crois bien, c'est une personne bien élevée*.

A garota corou profundamente. Madame Bukova pegou-a pelo braço e levou-a para o outro lado.

– Eu disse a ela que conhecia sua mãe para que ela não pensasse mal de você – ela disse. – Você sabe, todos podem supor que você veio sozinha para uma casa desconhecida, por recomendação de um jovem...

– Eu não me importo com o que elas pensam – disse a jovem.

– Ah, não! Não pode dizer isso! Você sabe, com certeza você tem que ter cuidado; você é tão jovem que ainda não consegue entender essas coisas, mas já vivi e experimentei muito; um pequeno truque nunca incomoda.

Katerina Mikhailovna viu que era inútil objetar e não disse uma palavra, mas mostrou-se pensativa.

– Agora vou apresentá-la a minha irmã – continuou a falar madame Bukova –, é uma garota que já passou da primeira juventude, mas tem qualidades raras, talvez você já tenha ouvido falar dela por Konstantin. Ela recusou o casamento. Deus sabe por quê – talvez algum capricho; se você soubesse o partido que era. Ela tem uma mente extraordinária, mas não é uma mente feminina. Seria uma ministra, poderia gerenciar assuntos do Estado. Eu sempre digo a verdade, mesmo sendo minha irmã, eu não a elogio por nada, meu caráter, todo mundo conhece. Não vou dizer mais nada, você vai ver por si mesma.

Ela levou Katerina Mikhailovna até uma pequena sala onde, na mesa de carteado, estava sentada entre dois homens idosos, uma mulher alta e magra, com cara de oliva, nariz arrebitado e grandes óculos de latão. Ela estava usando um vestido de seda azul com incontáveis babados; na cabeça havia alguns laços de fitas de rosa chinesa.

– Dodo, aqui está a nossa doce senhorita Sodova – disse, aproximando-se dela, madame Bukova.

Dodo com um ar indiferente virou a cabeça, olhou por cima do ombro para as duas, como se perguntasse o que queriam dela.

– Dodo – disse madame Bukova com uma voz melancólica –, Khaterina está sozinha aqui, devemos substituir a mãe dela.

– Humm... – resmungou Dodo.

– Então é você, a senhorita Sodova – ela se virou para a convidada. – Meu sobrinho pintou você de tal maneira que estávamos esperando por você como algo extraordinário. Você é apenas um fenômeno para nós.

Katerina Mikhailovna olhou para a venerável dama com surpresa; ela baixou a cabeça.

– Há quanto tempo conhece Konstantin? – Dodo perguntou. – Ah, claro, ele a acompanhou...

– Não, ele não estava em S. naquela época.

– Vamos para o salão, Katerina Mikhailovna – disse madame Bukova.

– Dodo é um pouco estranha – ela disse para a jovem, dando um passo para o lado –, nitidamente tem uma personalidade que muitos não gostam, principalmente à primeira vista, mas quando você se acostumar verá como ela é gentil.

Katerina Mikhailovna não respondeu.

– Lamento que hoje meu sobrinho Vladimir não esteja aqui – disse madame Bukova –, pois eu gostaria muito de lhe apresentar. Você não o conhece, não é mesmo?

– Sim, vi Vladimir Ivanovitch duas ou três vezes.

– Oh, esse homem é extraordinário, pode-se dizer, brilhante; um poeta, um músico, o que você quiser, e está indo bem no serviço. Tenho certeza de que algo maravilhoso sairá disso. A única pena é que não seja um homem secular, caráter melancólico: ele sonha muito, seus pensamentos são extraordinários. Aqui você vai começar a conhecê-lo melhor; ele mora na minha casa, mas só aparece à noite, e raramente; tem um caráter estranho, você sabe que isso acontece com os poetas – sempre há algo incomum. E minha garota também me dá muita esperança; suas habilidades são excelentes, especialmente em francês. Em suma, estou tão feliz com minha família, tão feliz que nem posso lhe contar; todo mundo me inveja, absolutamente em tudo. Eu tenho uma dor: separada de meu marido faz dois anos. O que fazer? A necessidade obriga que nos submetamos às circunstâncias. Eu preciso morar em São Petersburgo para educar minha filha e cuidar da saúde, também – pois aqui estão os médicos e tudo mais; e ele precisa viver em S. Não se pode fazer nada. Bem, quantas vezes ele me prometeu voltar mas nunca deu certo, não consegue sair; se ele viesse pelo menos por uma semana, mas isso é impossível – negócios. Ele até queria deixar o serviço, mas o governador o segurou; ele pediu, implorou para ficar aqui, mas seu assistente de confiança disse que não podia ficar sem ele. "Sem você, nós vamos ter problemas, todos os assuntos vão parar, toda a província ficará infeliz..." – disse. No entanto, paremos de conversar, vamos para onde está a juventude, não é por isso que estamos aqui?

Elas entraram no salão, quando a dança havia parado. Um dos jovens desgrenhados começou a tocar a sonata para piano de Beethoven.

– Ah, que pena! Mas dance, porque a quadrilha vai começar agora.

– Devo confessar que estou um pouco cansada e gostaria de descansar.

– Oh! – exclamou madame Bukova. – Isso é porque eu sou tão instável. Pelo amor de Deus, perdoe-me, querida Katerina Mikhailovna. Eu não posso te culpar. Eu me deparei com algum tipo de eclipse. Isso se deve à alegria, garanto-lhe; estou tão feliz em ver você que perdi completamente a cabeça. Venha, eu vou levá-la. Seu quarto está pronto.

Elas saíram do salão. Madame Bukova conduziu sua hóspede por um corredor escuro e, parando em algum lugar, chamou a empregada. Surgiu uma mulher gorda com o rosto inchado e olhos exatamente sonolentos. Depois de beijar sua convidada, madame Bukova confiou-a a essa mulher e apressou-se em voltar para os seus convidados. Katerina Mikhailovna foi levada para um quarto bastante espaçoso mas sujo, com cheiro de que havia muito estava desabitado. Havia papel de parede brilhante em alguns lugares: num descascado, noutro desbotado; também havia duas janelas, e na mesa vasos de porcelana e outras pequenas bugigangas. Uma jovem correu para auxiliar a empregada, que recusou seus préstimos. Sozinha, ela trancou a porta e caminhou por um longo tempo pelo quarto com passos rápidos e desiguais, depois sentou-se em uma cadeira já bem velha e, com a cabeça baixa, pensou sobre tudo o que viu desde que chegou.

O silêncio e a meia luz, comuns nos quartos, estavam em harmonia com a figura e expressão facial da jovem. Esse rosto, um pouco pálido, oblongo, com feições pesadas, não era bonito, mas era impossível passar despercebido: uma animação interna deu-lhe uma beleza inexplicável que agia irresistivelmente. Particularmente tinha bons olhos, grandes, escuros, meios cobertos com cílios longos; olhar profundo e lento. Encolhida sutilmente na cadeira, ela ficou imóvel por algum tempo, os olhos fixos em algum ponto, e, como se recuperando, levantou-se, começou a se despir e dirigiu-se para a cama, mas não apagou as velas e nem dormiu por muito tempo. Não se sabe quais pensamentos passaram por sua mente; seu rosto estava pensativo, mas sério e sereno.

No dia seguinte, mal se levantou, Katerina Mikhailovna começou a se vestir; a empregada veio até ela para ajudá-la, mas recusou a ajuda dizendo que estava acostumada a se vestir sozinha. Depois de algum tempo, foi chamada para o café da manhã. Numa pequena sala, à mesa de chá, Katerina Mikhailovna encontrou madame Bukova e sua irmã. A primeira, com uma blusa gordurosa, cabelos quebradiços, descansava na poltrona e parecia um carro fortemente desintegrado; a segundo apresentava um contraste perfeito: seus movimentos eram vivos, firmes e mostravam autoconfiança; uma roupa confortável, cabelo fofo, encaracolado; sua figura inteira representava algo inseparável com crinolina e espartilho, de modo que não era possível imaginá-la sem essas coisas. Havia uma terceira pessoa entre elas – um jovem alto e pálido, aparentemente um pouco lento. Era o sobrinho de madame Bukova. Katerina Mikhailovna alegremente estendeu-lhe a mão e falou com ele como se fosse um velho conhecido – afável, quase amigável. O jovem falou-lhe um pouco cerimoniosamente e ouviu mais do que falou. Madame Bukova não demorou a interferir na conversa.

– Acredite ou não, desde que Konstantin escreveu sobre você, ele não é o mesmo; mesmo que esteja em silêncio, percebo tudo. Se você soubesse, Katerina Mikhailovna, como ele estava esperando por você. – disse ela. – Oh! Sou perspicaz nestes casos, é difícil esconder-se de mim... Espero que você, Katerina Mihailovna, saia com Vladimir; você também parece ser sonhadora. Por favor, não o veja como um selvagem – a aparência é enganosa; há tanta alma nele, tanta alma! Eu vejo que você também é sensível, vocês sonharão juntos. Sente-se, Katerina! Dodo, apresse o chá da nossa convidada. Ah sim, ela está sem cadeira! Vladimir, onde você está? Ai, ai que vergonha! Ah, meu jovem rapaz! Com quem você se parece! Pelo amor de Deus, ha queprdoá-lo, Katerina Mikhailovna; eu já lhe disse que você não devia encará-lo como aos outros.

Madame Bukova estava muito empolgada. Vladimir foi buscar uma cadeira, mas no caminho de alguma forma bateu e deixou cair uma mesinha; ao levantá-la, pisou no vestido de Dodo, o que causou um resmungo por parte das duas damas. Finalmente, quando tudo estava resolvido, Katerina Mikhailovna sentou-se à mesa com uma xícara de chá nas mãos, Bukova decidiu dar descanso à sua linguagem incansável. Recostou-se na cadeira e revirou os olhos. Dodo conduziu o discurso.

– Você tem algum parente, senhorita Sotov? – ela perguntou.
– Sodova – corrigiu Vladimir.
– Perdão! Senhorita Sodova.
– Sim, tenho mãe, irmã e irmãos.
– Mas parece que você não mora com eles.
– Eu morava com minha irmã, que tem um pensionato em S.; minha mãe mora em Moscou com meus irmãozinhos.
– Diga-me, é muito lucrativo manter um pensionato? Sua irmã consegue uma boa renda?
– Eu não posso lhe dizer com certeza – respondeu Katerina Mikhailovna calma e friamente – além disso, nunca perguntei a ela a respeito.
– Sua irmã é uma pessoa idosa?
– Não, ela é mais nova que eu.
– Quantos anos ela tem?
– Vinte e três anos.
– E você, portanto, tem mais?
– Tenho vinte e seis.
– Você não gostou de viver com sua irmã?
– Sim – a jovem respondeu secamente.

O silêncio durou por algum tempo, interrompido apenas pela colocação das xícaras, pelo mastigar e sorvo.

– Você viajou sozinha, senhorita So... bem, eu esqueço tudo – Dodo recomeçou.
– Sodova... Sim...
– E você não teve medo?
– De jeito nenhum.
– Mas é arriscado. Esta é a primeira vez que conheço uma garota que viaja desse jeito; é preciso ter muita coragem.
– Tenha piedade, Dodo! O que você acha estranho ao se dirigir a uma pessoa, tão razoável, como Katerina Mikhailovna? – interveio madame Bukova.
– Eu não sei – disse Dodo –, cada um tem sua opinião própria; eu sou mais velha que a senhorita Sodova, mas não ousaria.

– Tanto pior para você – disse Vladimir.

– Bem, é melhor, bem melhor, não cabe a você julgar, meu Waldemar – retrucou Dodo, com os olhos faiscando, errando seu nome. – Você é muito jovem.

O jovem corou.

– Você gosta de interferir quando não é perguntado – continuou Dodo. – Você precisa deixar esse hábito.

– Pare com isso, Dodo, que coisa chata – disse madame Bukova olhando para a jovem. – O que Katerina Mikhailovna pensará de nós?

Dodo ficou em silêncio, rancorosa.

– Vamos falar sobre algo divertido – disse madame Bukova – ou vamos fazer alguma outra coisa. Katerina Mikhailovna, você terminou seu chá? Vamos para a sala de estar. Vladimir, venha conosco, você vai tocar alguma coisa para nós.

– Com prazer, tia, mas tenho que ir ao correio.

– É verdade! Oh, que pena! É realmente impossível ficar um dia sem ir ao correio? Eu gostaria que você tocasse algo para Katerina Mikhailovna.

– Ouvirei Vladimir Ivanovitch outra hora – disse Katerina Mikhailovna –, agora eu gostaria de tratar de negócios, na verdade, ainda não vi sua filha.

– Ah, ela não está muito saudável hoje. Ainda tem tempo, haverá tempo para se envolver; meu bebê é tão pequeno que eu não gostaria de sobrecarregá-la muito. Francês, é claro, é necessário, ela também começou a estudar música com Vladimir; quanto a outros assuntos, eu não gostaria de incomodá-la muito, especialmente porque tem uma estrutura fraca.

– Nesse caso, eu posso cuidar dos meus próprios assuntos – disse Katerina Mikhailovna.

– O que você está fazendo? Tudo o que você precisar, você pode pedir a um empregado. Por favor, não fique com cerimônia, disponha de tudo como se estivesse em sua casa. Eu a considero como se fosse minha; você é amiga de Konstantin, e eu o amo muito, e o respeito tanto que estou pronta para fazer tudo por ele.

– Obrigada, preciso escrever uma carta.

– Não é para Konstantin? Curve-se para mim e diga-me, que eu mesmo logo escreverei para ele.

– Não, vou escrever para minha mãe e irmã.

– Sua mãe! Oh, isso é lindo, lindo! Você a honra; primeiro de tudo, uma pessoa da sua idade precisa ser respeitosa com seus pais – isso é um dever.

Katerina Mikhailovna queria sair quando entrou na sala uma menina de uns dez anos, gorda e saudável, enrolada e vestida como uma boneca, mas amarga e caprichosa. Sua babá a seguiu.

– Voilà ma fille! – exclamou madame Bukova, correndo para a criança.

– Abrace-me, tesouro, minha alegria, abrace sua mãe.

A menina murmurou alguma coisa para si mesma em francês, fortemente. A mãe gentil, com lágrimas nos olhos, inclinou-se sobre a criança e beijou-a várias vezes.

– Bem, Zinochka, agora vamos ter com Katerina Mikhailovna – disse madame Bukova. – Esta é sua futura governanta, logo começará a estudar com ela – e, pegando a menina pela mão, quis levá-la até Katerina Mikhailovna, mas Zinochka batendo os pés no chão, franzindo a testa, como se estivesse prestes a chorar, afastou a mão.

– O que há de errado com você, meu amor? Por que você não quer conhecer Katerina Mikhailovna? Afinal, ela é gentil. Vá até ela.

Mas Zinochka balançou as mãos e virou-se.

– Estou atordoada – disse madame Bukova, virando-se para Katerina Mikhailovna. – Tudo vai passar por si só, mais um pouco de paciência... Não de repente, mas aos poucos. Se você tem algo a fazer, querida Katerina Mikhailovna, vá, não perca tempo, haverá tempo para se familiarizar com essa caprichosa.

– Bom, se precisar de mim, avise.

– Claro, claro.

Katerina Mikhailovna foi para o seu quarto e trancou-se até o jantar. O jantar foi muito chato; madame Bukova suspirou e reclamou de várias dores; Dodo ficou em silêncio e severa; Katerina Mikhailovna, distraída e triste. Vladimir conversou com ela, mas foi lamentável; quando lhe dirigiu alguma pergunta, Dodo, que estava pronta para colocar uma colher em sua boca, parou, a colher ficou como se estivesse suspensa no ar; a dona da casa fixou seus olhos no jovem com uma expressão de extremo espanto. Vladimir ficou embaraçado; mas animou-se ao ver o olhar claro de Katerina Mikhailovna, tomou coragem e começou a conversar, mas a conversa não era interessante, e acabou por ali mesmo.

Depois do almoço, todos foram para a sala de estar. Vladimir começou a tocar piano; madame Bukova encostou-se ao lado dele e logo adormeceu; Dodo tomou seu lugar ao lado da janela e, sem prestar atenção a ninguém, pegou as agulhas e começou a tricotar. Nada impediu Katerina Mikhailovna de ouvir a música de maneira atenta, porque Vladimir tocava lindamente. Depois havia outro tipo de convidado. Era uma mulher um pouco gorda, muito ágil. Madame Bukova recebeu-a com todas as mostras de alegria e ficou tão animada que esqueceu de suas dores. Dodo sentou-se ao lado da visita, também.

– Sabe, mesdames, que notícias eu trouxe para vocês? – falou ágil a mulher.

– Qual é? – perguntou Dodo.

– Oh, por favor, me diga, eu não escuto nada por tanto tempo – disse madame Bukova olhando para Katerina.

– Oh, eu tenho certeza que você não esperava pelo que vou lhe dizer.

– Fale logo, deixe de tormento, por favor.

– Não, tente adivinhar.

– Como posso adivinhar? Tanto tormento em vão!

– Bem, assim seja, eu digo: Maria Golubeva vai se casar.

– Verdade? – exclamaram ao mesmo tempo madame Bukova e Dodo. – Maria Golubeva, filha de Alexandra Pavlovna? Não pode ser! Você está brincando, madame Kubishkina.

– Não é uma piada, tenha piedade! Provavelmente vai casar e será muito feliz!

– O que você está dizendo! Que notícia! Mas com quem ela vai se casar?

– Com um provinciano visitante, um fazendeiro. O homem é rico, dizem, é terrível e não é velho, tem cerca de quarenta e cinco anos.

– Diga-me, que felicidade para Alexandra Pavlovna! A segunda filha que parte, e Deus sabe porque eles as tomam, visto não terem beleza e nem dote.

– Não diga! Tudo isso é coisa de Alexandra Pavlovna. Oh, esta é uma mulher astuta! Ela sabe como lidar com as coisas.

– Isso é verdade! Segura seja quem for. Bem, ninguém pensaria em se casar com suas filhas se não fosse uma coisa fácil.

– Eu, no entanto, não a condeno – disse Kubishkina generosamente olhando para Katerina. – Perdoe-me, a família é tão grande e o pai, você sabe, é uma pessoa de mente estreita.

– Claro, claro! E Maria é uma boa menina, Deus a abençoe. – disse madame Bukova. – Nós conversamos muito sobre isso – você se lembra da história com um hussardo, mas quem sabe, nós não estávamos lá, talvez porque não deu certo, mesmo.

Neste momento apareceu um novo rosto – um jovem com cabelos compridos e barba, com um ar de preguiça e descuido no modo de tratar.

– O que há de novo? – madame Bukova virou-se para ele. – Nós não nos vemos há tanto tempo, caro Verkhushkin.

– Nada – respondeu ele, jogando o chapéu e as luvas em uma cadeira e sentando-se ao lado da mesa em que as senhoras estavam. – Tudo na mesma, em todos os lugares a mesma coisa. O tempo está ruim – ele se inclinou na mesa com as duas mãos e, segurando o rosto com elas, estendeu as pernas.

– Você ouviu, caro Verkhushkin, o dançarino P. foi vaiado no dia anterior – disse madame para Kubishkina.

– Maldito seja! – disse Verkhushkin.

– Aí é que está! Você era fã dele? Dizem que está muito chateado, até doente, Karov me contou.

– Deixa ele. Estou cansado de tudo, é assustador.

– Ah, como você é doido! – disse madame Bukova.

– Escute, você esteve na semana passada na festa da Komovy? É verdade que na mazurca Bolov derrubou Kamenev?

A conversa continuou assim. Katerina Mikhailovna ouviu, ouviu e não conseguiu entender nada. "Do que estão falando?" – perguntou a si mesma, e sua cabeça girou. Katerina Mikhailovna foi para seu quarto e começou a ler um livro, mas não conseguiu. Outros pensamentos surgiram em sua mente, e seu coração doeu.

No dia seguinte, uma nova babá foi trabalhar com a sua aluna. Foi muito trabalho e aborrecimento para a pobre Katerina Mikhailovna, com uma garota caprichosa e burra; as dificuldades aumentaram por causa da intervenção da mãe; a jovem estava perdendo a paciência. O tempo passou, Katerina Mikhailovna quase não tinha tempo para fazer nada. Foi chamada para jantar. Estava irritada e, ao mesmo tempo, sentindo a necessidade de descansar. No jantar, Katerina Mikhailovna ficou muito pensativa, então chamou a atenção de madame Bukova. "Você está verdadeiramente apaixonada", ela disse, e apesar da resposta negativa, continuou a desenvolver este tópico interessante; então, de alguma forma, ela lembrou-se do sobrinho Konstantin; e apesar de todas as sutilezas que lançou, nessa conversa íntima não conseguiu nada de Katerina Mikhailovna para satisfazer sua curiosidade, despertada pela amizade e participação do jovem com Katerina Mikhailovna. Depois do almoço, madame Bukova convidou-a para um passeio, mas ela recusou.

– Você anda muito chateada. O que quer fazer aqui?

– Dar aulas.

– Como você sabe, finalmente, você terá uma companhia: Vladimir também permanece por aqui. Ouça, rapaz – virou-se para o sobrinho –, é seu dever fazer tudo para que essa jovem não se perca.

– Eu aceito isso com todo prazer, mas não posso garantir o sucesso – respondeu brincando.

– Claro, claro.

Na saída de madame Bukova, Katerina Mikhailovna foi para o seu quarto, começou a ler um livro atenciosamente, e só no final da noite foi interrompida: Vladimir entrou.

– Eu te incomodo? – ele perguntou.

– De jeito nenhum! Pelo contrário, estou muito feliz em falar com você. Sente-se.

– Você lia com tanta atenção...

– Sim, mas não podemos nos contentar com uma leitura; conversar ao vivo é necessário. Aqui, estou sozinha, não estou acostumada ainda, não conheço ninguém e somos velhos conhecidos.

Dizendo isso, ela mostrava-se um pouco preocupada; suas faces escureceram sua tez clara, mas seus olhos brilhavam com uma luz cálida e clara. Vladimir observou-a; a cada palavra dela ele parecia mostrar sua própria opinião, de modo que se tornava mais ousado e mais autoconfiante.

– Mas você mesmo não me procuraria? – ele perguntou.

– Não sei – ela disse pensativa –, talvez o chamasse.

– Talvez – repetiu o jovem, sorrindo. – Bem, obrigado por isso.

– Isso é importante?

– Como não adivinhou?

– Obrigado por quê? – ela perguntou simplesmente.

Ele olhou para ela; seu rosto estava calmo e cheio de curiosidade.

– Por me elogiar – respondeu o jovem.

Katerina Mikhailovna olhou para ele com atenção e seriedade; seu rosto se iluminou com um pensamento inesperado, mas essa expressão logo desapareceu sob a influência de outras ideias. "Por nada", ela decidiu, e começou a pensar em outra coisa.

– O que você está lendo? – Vladimir perguntou e pegou o livro das mãos dela. – Vocês todos leem coisas sérias – disse ele, olhando para o título.

– Isso parece estranho para você?

– Sim, não é muito comum.

– Por quê?

– Porque é raro.

– Só isso?

– Como te dizer... Eu sou contra a seriedade das mulheres.

Meus anos de intimidade com Dostoiévski

– E eu me lembro que há meio ano você tinha uma opinião diferente.

– Pode até ser. Talvez eu tenha dito que gosto mais de mulher educada do que de uma mulher sem instrução; mas, quanto ao que deveria ser, o que é melhor para a sociedade, o que se pode realizar, é outra questão.

– Isso parece muito estranho para mim. Se você acha, por que devo contrariá-lo? Mas quando perceber que não é tão bom assim, será que ainda poderá achar?

– É muito simples. Há muitas coisas boas que não podem ser realizadas, porque não há dinheiro.

– Então, procure os meios. Como você pode desistir de coisas boas porque elas são difíceis de alcançar? Mas vamos deixar isso de lado; diga-me, por que você acha que a educação não é do interesse público?

– Eu não disse isso – você é que está impondo obscurantismo em mim, e em vão; se eu excluir as mulheres, o que é muito natural, a própria natureza...

– Caluniando completamente a natureza – interrompeu Katerina Mikhailovna.

– Diga melhor, você tem medo da concorrência.

– É isso o que você acha? A questão econômica desempenha um papel muito importante por aqui.

– Então o que é? É melhor para você se as mulheres o ajudarem.

– Ajudam em quê, quando já existem pessoas educadas suficientes, mesmo cientistas que não encontram trabalho para si próprios? O que acontecerá quando as mulheres começarem a estudar?

– A educação se espalhará.

– E quem fará as tarefas domésticas, cuidará das crianças, da costura, do artesanato?

– Elas mesmas.

– Sim, você acha que elas vão concordar?

– Claro! Como não? Caso contrário, para que seriam educadas?

A conversa continuou assim. Katerina Mikhailovna não notou como o tempo passou, enquanto madame Bukova voou para o quarto.

– O que passa? – ela exclamou, apontando para o sobrinho. – Eu pensei que já estivesse dormindo. – Você, Katerina Mikhailovna, parece que vai transformá-lo completamente.

– Tivemos uma discussão interessante – disse a jovem.

– Sim, eu vi, eu vi – disse madame Bukova olhando-a, maliciosamente rindo e mexendo o dedo. – Receio que você o enfeitiçará completamente.

Katerina Mikhailovna, aparentemente, estava insatisfeita com essas brincadeiras, mas madame Bukova não percebeu e continuou a fazê-las. De repente, a porta se abriu e o rosto de Dodo apareceu, franzindo a testa, descontente.

– Minha irmã, é meia-noite, hora de dormir – disse ela.

– Eu sei que já é meia-noite! – respondeu madame Bukova. – Ainda não quero dormir; quando for a hora eu vou me deitar.

– Está bem, é você quem dá as ordens; você é dona da casa, mãe de família.

Madame Bukova virou as costas para a porta e, voltando-se para os jovens, fez uma outra cara. Dodo desapareceu, mas sua chegada escureceu e aborreceu a todos. Vladimir saiu apressado; madame Bukova queria mostrar que estava completamente calma e continuou sua conversa; mas Katerina Mihailovna ouviu mal, então a alegre senhora se viu forçada a se retirar.

Assim começou a vida de uma jovem em uma casa estranha. Katerina Mikhailovna fixou sua atenção nas lições; aceitou seriamente o título de professora, para o que se preparou havia muito tempo, e raciocinou muito sobre isso. Mas aqui ela não encontrou a possibilidade de aplicar as ideias que pensava implementar. Madame Bukova de vez em quando lhe dizia para não torturar a criança com a aprendizagem. Quanto à influência moral com a qual Katerina Mikhailovna pensava agir, também encontrou forte oposição de madame Bukova nesse sentido, especialmente de sua irmã. O que Katerina Mikhailovna queria ensinar à menina foi negado por parte dessas respeitáveis damas, de posicionamentos opostos. Além disso, Dodo se rebelou abertamente contra as tentativas de Katerina Mikhailovna de trazer um pensamento vivo para a criação de Zinochka e começou a observar suspeitosamente a governanta. Katerina Mikhailovna teve que ceder, o que a desapontou muito e fazer uma pausa em seus estudos, que a partir daquele momento realizava mecanicamente. Katerina Mikhailovna estava procurando se ocupar com outra coisa; folheou revistas, para se familiarizar com Petersburgo; encontrou alguns conhecidos; foi ao teatro fazer visitas; cuidadosamente olhava para as pessoas; ouvia opiniões; mas logo, por algum motivo, ficou entediada com tudo isso. Na casa de madame Bukova Katerina Mikhailovna se considerava um rosto completamente estranho e inútil. Depois do primeiro entusiasmo que a madame Bukova mostrou, os chiliques de cortesia, tudo rareou, acontecendo de maneira menos frequente. Quanto a Dodo, ela não perdeu a chance de espezinhar a jovem. Dirigindo-se a Katerina Mikhailovna com alguma pergunta, de algum modo virava a cabeça para um lado e falava com um sotaque especial, mas raramente conseguia ferir a governanta seriamente; Katerina Mikhailovna sabia como se manter independente e tratou-a com inexpressiva indiferença. Mas não se pode dizer que essas cavilações não tocassem Katerina Mikhailovna; depois de cada trucagem de Dodo, ela se mostrava mais amistosa e confiava em Vladimir, que naquela época estava sempre perto dela para contradizer a solteirona e para ser tratada menos friamente por madame Bukova e, pacientemente suportando aquela sua carícia rude, começou a acreditar na sinceridade de sua gentileza, razão pela qual estava pronta para perdoar tudo.

Enquanto isso, madame Bukova viajou com a irmã, convidadas por aqueles que se hospedaram em sua casa, espalhando em todos os lugares suas boas ações, as qualidades raras da mente e coração de seus familiares. Katerina Mikhailovna permaneceu só, era o que desejava. Este desejo aumentou, houve algum tipo de ansiedade, perplexidade. Esse estado foi expresso em uma carta para um homem que ela considerava seu amigo.

"Eu queria escrever para você, Konstantin Vasilievitch, e faço isso sem me perguntar por que e para que, com que direito, e sem procurar desculpas, senão você não receberia essa carta. Recordo a última vez que nos tornamos próximos; mas foi um acidente, e você, é claro, não esperava minha carta, especialmente porque sabe como eu gosto de manter formas convencionais em relação às pessoas. São muito convenientes, o principal é a calma: não há dúvidas e, consequentemente, não há erros. Eu estava pronta para sacrificar muita coisa para adquirir a paz, não por fraqueza – você me conhece: eu não parei nada para alcançar o que eu considerava justo ou necessário, e encontrei em mim a força para desistir da felicidade quando você me convenceu que era falso – o que me custou, não nego – e o que resultou de tudo isso... Mas, permanecendo humanos, não podemos nos contentar com a tranquilidade.

Eu gostaria de falar sobre muitas coisas com você, Konstantin Vasilievitch, mas o que dizer? Mais uma vez, não vamos convergir. Muitas vezes penso em você; e me lembro especialmente da nossa última conversa: lembre-se de quando você me censurou pela aristocracia; concordo que tinha razão em suas opiniões, mas não consigo me reconciliar com elas. Todos vocês se relacionam com a natureza e justificam isso; você tira a vontade das pessoas, você não as respeita. Mas há momentos em que eu invejo você; deve ser porque você vive muito bem no mundo com seus pensamentos.

O que você diz sobre Petersburgo? Você conhece. Eu não gosto. Eu não gosto de cidades; em toda parte lojas, lojas, tabernas; todo mundo está comprando, vendendo, falando em dinheiro. No teatro, Deus sabe o que mostram e porque aplaudem!

Ainda estou feliz por ter deixado S.; eu precisava dessa mudança. No caminho, parei em Moscou com minha mãe e matei duas semanas. Ela viu meu desejo, não quis me deixar partir, mas entendeu que era necessário, e não insistiu mais e nem disse uma única palavra. Pobre, ela já sofreu muito por mim. Ah, Konstantin Vasilievitch, será que a verdade precisa realmente aparecer através de erros tão dolorosos, sofrimentos tão destrutivos, e qual é o propósito desse sofrimento, onde está a saída? O que é essa verdade em si que causa tanta luta? O que ela me deu? Consciência da verdade, paz de consciência? Resultados reconfortantes! Para que servem? Outro dia recebi uma carta dele cheia de arrependimento e remorso pelo passado. Pode ser nobre, mas valeu a pena falar sobre isso? Fiquei muito triste ao ler esta carta. Eu não sinto muito pelo passado, meus sentimentos, sofrimentos, esperanças – eu me sinto amarga porque não me trouxeram nada, apesar de todos os meus esforços para tirá-lo desse círculo maligno de pensamentos, abrir meus olhos para os outros ao meu redor, retornar à atividade viva e não dei um único passo para alcançar o objetivo. Eu sinto muito pela fé que depositei neste homem; mas finalmente sinto muito por ele. Mas tudo isso acabou! É muito vago se preocupar; eu quero fazer alguma coisa, aprender, trabalhar. Mas o que e como? Eu realmente não gosto desse lugar – você conhece sua tia – o que se pode fazer aqui? Mas embora tudo seja a mesma coisa, não é tão ruim quanto poderia ser. Ainda sou razoavelmente livre e meu salário é decente; tenho vergonha de viver à custa dos meus irmãos. Aqui, talvez, o objetivo seja alcançado: você pode viver de forma independente; mas por que viver? Quem precisa disso?".

Por esta carta, Katerina Mikhailovna logo recebeu a seguinte resposta:

"Eu realmente não esperava sua carta, Katerina Mikhailovna, e estou ainda mais satisfeito por não ter sido causada por nenhuma razão externa. Sim, você fez bem em deixar S. É uma pena que elas foram muito apressadas, não me disseram nada antes e não esperaram por mim. Eu tenho um grande conhecimento em Petersburgo; eu poderia ter organizado suas coisas muito melhor, mas você parecia estar evitando isso. Você realmente ainda não quer minha ajuda? Mas oh, isso é a escrupulosidade com a qual você apenas me ofende. Mais uma vez – vejo que você não gosta de morar com minha tia; mas por que você não conta, como supunha que isso não pudesse me interessar? Você está brincando ou fingindo? Você pode realmente fazer isso?

Ainda tenho muito para repreendê-la, mas agora não há tempo: estou terrivelmente ocupado. Eu ainda moro na aldeia, com meus velhos. Gente gloriosa são esses velhos! Pessoas comuns não tocadas pela civilização. As pessoas aqui se amam, embora ninguém se importe muito com elas. Deve haver algo neles. Eles não ligam para seus problemas, não tentam ser inteligentes na frente das pessoas – o que é muito bom.

Trabalho o dia todo: leio, corto rãs, trato bem os homens e ganho muita confiança entre eles, especialmente entre as mulheres; elas chegam a mim com suas crianças doentes a todo momento, simplesmente, sem cerimônia. Estou cada vez mais convencido de que a minha vida está aqui e pode ter um significado real; aqui eu posso fazer algo de bom, pelo menos. Ainda preciso aprender; vou para o exterior por dois anos e finalmente criarei raízes na aldeia. O que é a sua Petersburgo para mim? O que há para se fazer? Analisar os problemas já resolvidos, ouvir os pensamentos de que estão apaixonadamente convencidos? Eu costumava amar tudo isso antes, e eu mesmo dizia isso com entusiasmo. Eu acreditava nisso, era necessário esperar que alguma coisa acontecesse inevitavelmente, mas raciocinei bem. Esperei, esperei, e nada; disse adeus e me afastei. Mas a solidão parecia assustadora. O que fazer? Para onde ir? Por que estudar? Qual será essa aplicação? É possível aprender e começar a curar! Para tratar pessoas pelo que consomem, pela febre, quando estas doenças se desenvolvem por razões econômicas. Tratar com poção uma pessoa que vive no ar contaminado, esmagada pelo trabalho. Tratar a menina com dores nervosas, quando Deus sabe de onde elas vieram. Que absurdo! É realmente impossível usar a educação para um melhor trabalho? Então eu pensei, pensei e decidi... eu decidi ir para as brenhas, e não me enganei. Quantos, quantos atenderei? Farei pouco, mas a tarefa será completada, a vida não será em vão. O que mais? Quanto à felicidade pessoal: será – ou não – desnecessária.

Aqui eu não me encontro com nenhum conhecido; devem estar passeando, são adultos e isso não é da minha conta. Existe aqui, é verdade, uma empregada próxima, uma jovem viúva; nos tornamos amigos e ajudamos um ao outro. Ela abriu uma escola e eu fui lá para ensinar. É uma mulher maravilhosa! É quem eu gostaria de apresentar a você; tenho certeza de que você se daria bem com ela. Você diz que não há nada para viver; eu gostaria que você olhasse para essa mulher, como ela pode ser útil para os outros! Todo o bairro a conhece, e todo mundo vai até ela em busca de ajuda e de conselhos. E quão simples ela é, feliz, e deu um jeito em sua vida. Você, Katerina Mikhailovna, quer decidir com antecedência o que deve começar a fazer, como e quando isso acontecerá e o que disso resultará. Isso não pode ser determinado assim, não é necessário. A vida consiste em acidentes, é preciso ser capaz de ousar. Há muitos prazeres na vida que são bons em si mesmos. Alguns deles queremos mais – espere, de repente algo virá. A coisa principal – não vá longe demais, pegue o que está mais perto, e tendo isto, vá em frente, aí pode procurar mais – é que se não tiver isso, não verá o tempo passar. Você descobre que não há ninguém, que não há meios para alcançar metas, em todos os lugares haverá obstáculos e fracassos. Realmente, vamos trabalhar para existirem boas pessoas. Só não está lá, não em Petersburgo. Que tipo de filhos você teria ali? Não, Katerina, não há lugar para você, deixe Petersburgo de alguma forma e vá para a nossa aldeia, para o berço dos puros, das crianças saudáveis, e você verá como as pessoas podem ser, existir. Eu tenho pensado em você há muito tempo. Bem, o que quero dizer, afinal, não posso dizer. Adeus, erga sua mão. Até a próxima carta.

Konstantin Porokov"

Esta carta excitou Katerina Mikhailovna; mas ela respondeu hesitante, com alguma estranha desconfiança e tristeza. Desde aquela época, sua excitação e saudade aumentaram. Às vezes Katerina Mikhailovna encontrava momentos de estranha alegria: instantaneamente revivia e fascinava os outros com sua inteligência. Nestes raros momentos, era afetada por um ser livre que não queria se submeter ao sofrimento passivo, como realmente era; mas as circunstâncias cobraram seu preço. Aconteceu que madame Bukova foi com sua irmã à casa dos amigos durante algumas semanas. Katerina Mikhailovna ficou sozinha com Zinochka e Vladimir. A moça ficou feliz por ser deixada em liberdade, mas logo se entediava ainda mais, porque estava completamente sozinha: Zinochka passava a maior parte do tempo com a babá, que era designada para monitorar a preceptora; Vladimir aparecia apenas para jantar e falava pouco. Certa vez, Katerina Mikhailovna o encontrou, caminhando pelos cômodos.

– Você está em casa hoje! – ela disse. – Diga-me, onde você se esconde por dias inteiros?

– Misericórdia, fico em casa quase o dia todo, exceto pela manhã, quando estou no trabalho.

– Você faz alguma coisa?

– Sim, faço.

– Coisas do trabalho, claro?

– Em parte. Leio jornais, revistas.

– E a noite?

– Passo as noites com meus amigos ou saio para algum lugar fora da cidade, depende do momento.

– Portanto, diverte-se; eu não imaginava.

Meus anos de intimidade com Dostoiévski

– Por quê? Acha que pelas noites eu fico sozinho na casa de minha tia? Para os homens, pode haver outros entretenimentos, fora estas noites.

– E você se diverte?

– Às vezes.

– Hoje também vai a algum lugar? – ela perguntou.

– Hoje... – ele respondeu desajeitado, como se estivesse ponderando algo.

– Não, hoje fico em casa.

– O que vais fazer?

– Nada de especial; se puder, vou me sentar com você.

Katerina Mikhailovna sorriu.

– Vamos falar de alguma coisa! – ela disse depois de uma breve reflexão. – Vamos lá. Mas eu sou um mal falador.

– Eu sei, sim, mas não preciso de sua eloquência.

– Sim! Esqueci que você não gosta de eloquência, mas do que você gosta?

– Por que você quer saber disso?

– Porque quero.

– Sério? – rindo, disse Katerina Mikhailovna. – Vamos lá!

Oh, você é muito gentil, Vladimir Ivanovitch.

– Por que você não quer admitir que eu falo com sinceridade?

– Eu não te disse que não admito que fale qualquer coisa, palavra...

– Então você acredita em mim?

– Claro, acredito! Qual é a palavra?

– A palavra é boa; desculpe, que você não o ama.

– Pena que isso seja bom para você.

Vladimir sorriu.

– Ouvindo você – ele disse – me lembro sempre de Konstantin Vasilievitch.

– Você acha que há algo em comum entre ele e eu? – perguntou Katerina Mikhailovna, ligeiramente corada.

– Muito.

– Você está enganado.

– Eu não penso. Eu sei. Por falar nisso, parece que você recebeu uma carta dele recentemente, o que ele escreveu?

– Nada de especial! – Katerina Mikhailovna disse, e pegando um livro da mesa, começou a examiná-lo atentamente.

– Tem mesmo muita amizade com ele?

– Sim! – ela disse, folheando o livro.

– Diga-me, por favor, qual a sua opinião sobre ele?
– Um bom homem! – respondeu Katerina Mikhailovna.
– Só isso? Diga mais sobre ele.
– O que você quer mais?
– Eu não o conheço muito bem e gostaria que você me dissesse.
– Não acho que tenha algo de misterioso nele.
– Oh, não; é um personagem, é original.
– Konstantin Vasilyevitch é muito inteligente, simples e sincero. É realmente tão estranho assim?
– E sua opinião sobre ele como pessoa?
– Bem, ele se julga materialista, como todos os médicos e naturalistas.
– Você concorda com ele?
– Em quê?
– Por exemplo, que as pessoas não são muito diferentes dos animais.
– Bem, isso é tão aviltante?
Ah! Então aqui está você! – gritou o jovem. – Bem, depois disso eu não falo mais com você.
– Talvez, não fale, mas toque alguma coisa.
– E eu não vou tocar.
– Por que?
– Você me chateou.
– É uma pena.
No dia seguinte, como de costume, eles se encontraram no jantar. Vladimir foi muito atencioso com Katerina Mikhailovna e passou um bom pedaço da noite com ela; eles conversaram muito. Essas conversas começaram a se repetir; os jovens se aproximaram mesmo.

Katerina Mikhailovna calmamente se acostumou à convivência com Vladimir, e naqueles dias, quando ele não estava lá, ela não tinha nada a fazer. Uma vez à noite eles estavam sentados juntos, a conversa não estava acontecendo – Katerina Mikhailovna não tinha espírito para discurso.

– Em que você está pensando? – Vladimir perguntou.
– Em nada.
Vladimir silenciosamente olhou para ela por algum tempo.
– Percebo que você perdeu peso desde que chegou aqui – disse ele –, deve ser triste viver em São Petersburgo.

Estas palavras simples tocaram a jovem; ela olhou para ele surpresa, e suas faces pálidas brilharam levemente. Ela se levantou e começou a andar pela sala.

– O que há de errado com você? – o jovem perguntou, caminhando até ela.

Meus anos de intimidade com Dostoiévski 221

– Nada. Por quê?

– Então, eu me perguntei se você estava doente, e eu queria aconselhá-la a ir ao seu quarto, descansar.

– Oh, não – ela disse, tentando parecer calma – pelo contrário, eu queria sugerir que fôssemos dar uma volta.

– Vamos lá. Só preciso ver um amigo por um minuto; espere um pouco, que estou chegando em breve, ele mora por perto.

– Por que esperar? Você pode ir, e eu estarei esperando por você.

– Mas onde? Vai ser estranho.

– Eu vou esperar por você na rua; afinal, você disse que não vai ficar com ele por muito tempo.

– Um minuto. Eu preciso dizer apenas duas palavras a ele.

– Muito bem, eu vou com você agora mesmo.

Ela foi para o quarto e voltou alguns minutos depois com um chapéu e uma mantilha. Eles partiram.

– Eu ainda não sei onde vou deixar você – disse Vladimir quando saíram para a rua.

– Eu andarei de um lado para o outro ao longo da rua enquanto estiver na casa de seu amigo.

– Mas será perceptível que você está esperando por alguém.

– Ora e por quê?

– É muito desagradável para mim que pensem algo de você. Deus sabe o quê.

– O que eles vão pensar? Quem? Oh, que pessoa sensível é você! Sob esta condição, você deve ter muitos infortúnios; quando o mundo já é ruim o suficiente, você ainda impõe vários problemas a si mesmo.

– Eu não os inventei, Katerina Mikhailovna.

– Muito pior.

Vladimir pensou.

– Talvez você esteja certa – ele disse – mas como você pode ir contra todos?

– Tente, você não tentou; talvez não seja tão assustador quanto parece; talvez seja muito mais fácil do que rastejarmos por causa de princípios incompreensíveis.

– Quem sabe... Você diz, tente; você sabe que um passo para isso já é uma ruptura com os outros.

– Se é bom para você, essa é outra questão; não vou discutir com você.

Vladimir começou a objetar, mas foi forçado a ceder. Katerina Mikhailovna se animou e falou com fervor. Vladimir só a escutou. Chegaram à casa onde o amigo de Vladimir morava; o jovem deixou Katerina Mikhailovna, mas logo retornou. No caminho de volta, ele continuou a mesma conversa, que, aparentemente, o segurou, mas Katerina Mikhailovna falou pouco, estava distraída. Ela viu as estrelas brilharem no céu, pensou ver manchas escuras nele. Em casa, Vladimir começou a tocar piano, Katerina Mikhailovna sentou-se junto à janela aberta e ouviu a música. Estava ficando escuro. A empregada trouxe algumas velas, mas Katerina Mikhailovna a dispensou, dizendo que estava bom. E de fato estava bom! Listras brilhantes do luar penetravam na sala, cortavam uma sombra espessa e caíam sobre todos os objetos com um brilho fantástico e trêmulo; os temas das músicas eram solitários e distintamente ressoados em meio a um profundo silêncio. Katerina Mikhailovna ouviu-as, ouviu-as e uma tristeza profunda invadiu seu coração; recordou de outras noites, conversas íntimas, de amor... Vladimir terminou de tocar e aproximou-se dela. Ele notou sua excitação e sentou-se silenciosamente ao seu lado. Katerina Mikhailovna olhou pela janela, os seios subindo e descendo. Vladimir se sentou mais perto dela e abraçou sua cintura. Katerina Mikhailovna ligeiramente assustada, rapidamente virou-se para ele; seus braços estavam firmemente presos ao redor do pescoço do jovem, ela abaixou a cabeça contra o peito dele e não disse uma palavra. Na sala ao lado, ouviu-se passos; Vladimir rapidamente largou a jovem. A babá de Zinochka entrou.

– Katerina Mikhailovna, são 12 horas em ponto – disse ela –, gostaria de ir para o seu quarto?

– Sim – disse a jovem, e saiu apressada.

Na manhã seguinte, Katerina Mikhailovna, como de costume, deu uma aula para Zinochka que a estudou com muita diligência. No jantar, ela se encontrou com Vladimir; o jovem parecia mais pensativo que de costume; Katerina Mikhailovna estava agitada e evitou o seu olhar. Ambos ficaram em silêncio. E ficando juntos depois do jantar, nem puderam conversar. Vladimir falou pouco sobre seu amor, mas perguntou se ela o amava e, sorrindo, ouvia suas respostas quentes. Ele beijou alegremente a jovem e, admirando seu rosto animado, disse que ela nunca tinha sido tão boa quanto hoje; então ele tocou suas músicas favoritas ao piano, e se separaram já bem tarde.

Alguns dias se passaram. De alguma forma, vendo Katerina Mikhailovna triste, Vladimir começou a perguntar a ela o motivo. Katerina Mihailovna respondeu de alguma forma evasiva.

– Eu ainda acho que... – disse Vladimir. – Você tem algo contra mim?
– Não.

Ele olhou para ela atentamente e acrescentou com confiança:

– Eu sei que há.

– Bem, então diga o que você sabe.

– Você realmente acha que está aqui sozinha em uma casa estranha, com pessoas desagradáveis, e isso não é nada para mim desde que lhe assegurei o amor. Mas não é, eu pensei em tudo.

Ele olhou para o rosto dela. Ela sorriu.

– Adivinhou? – Não. Mas, mesmo assim, fico feliz em ouvir o que você acabou de dizer.

– Bem, então ouça. Eu tenho um tio que ocupa uma posição importante na província; ele me convidou faz muito tempo para trabalhar sob sua liderança; mas antes disso eu tinha pensado pouco sobre isso: eu não me importava; agora é outro assunto. Eu quero consultar você sobre isso, porque eu considero como se fosse minha esposa... Por que você está em silêncio?

– Por nada.

– Então veja você, qual é o problema: eu penso em escrever para o meu tio; ele vai responder. Primeiro eu vou sozinho, me estabeleço lá e venho atrás de você; aqui nos casamos e vamos, certo? Ou é melhor para mim ficar em Petersburgo e encontrar um emprego melhor, pedir ao meu tio para me dar uma chance, o que você acha?

– Como você sabe o que é melhor para você? Esse é o seu negócio?

– Não, não agora. Você deve decidir.

– Organize-se como é o melhor, não se apresse.

– Você acha? Não, você precisa se apressar... Mas eles saberão e irão fofocar.

– Deixe estar! – Katerina Mikhailovna disse com vivacidade. – Eles destruirão nossa felicidade?

Vladimir abraçou-a calorosamente. Katerina Mikhailovna estava de alguma forma particularmente animada e se entregou à carícia do jovem com todo seu entusiasmo. De repente, olhando para seu rosto, ela ficou pálida e empurrou-o para longe.

– Katya – ele sussurrou. – Você me ama!

Katerina Mikhailovna se aproximou dele novamente; ela colocou as mãos no ombro dele e olhou-lhe sorrindo. Quanto poder corajoso de advogado e devoção ao futuro estava naquele sorriso! E ele novamente puxou-a para o seu peito.

Desde aquele momento, Katerina Mikhailovna mudou completamente: ela se tornou mais calma, mais alegre, mais diligente e paciente com Zinochka, lia muito. Vladimir não mudou, só que com mais frequência ficava em casa. O tempo passou entre eles. Madame Bukova e sua irmã voltaram da casa dos amigos, e a vida de Katerina Mikhailovna continuou como antes. Aconteceu que durante dias inteiros ela não conseguiu ficar com Vladimir sozinha, mas somente na presença das tias é que eles trocavam olhares e ficavam satisfeitos.

Uma noite, quando toda a família estava sentada na sala comunal, e suas tias foram para seus quartos dormir, Vladimir se aproximou silenciosamente de Katerina Mikhailovna e beijou sua mão sorrateiramente. Estando a sós com ele, Katerina Mikhailovna contou-lhe sobre seus pensamentos, sobre os livros que leu; mas muitas vezes ele ouvia distraidamente, às vezes interrompido por alguma observação estranha ou apenas um beijo. Katerina Mikhailovna ficou chateada com esse descuido, mas encontrou uma desculpa para isso. Katerina Mikhailovna estava feliz e não pensou no futuro.

Uma vez, madame Bukova mandou por algum motivo seu sobrinho ir ter com Katerina Mikhailovna; Vladimir desacelerou um pouco a execução desta tarefa: sentando-se ao lado de Katerina Mikhailovna em seu quarto, ele esqueceu-se completamente da tia.

Tendo abraçado a cintura da jovem e olhando em seus olhos, ele nem pensou na tia. De repente, a porta se abriu e surgiu uma cabeça magnífica, coberta de laços rosados. Dodo soltou um forte "ah!", e instantaneamente desapareceu. Vladimir ficou pálido e saiu apressado.

Este incidente não demorou a dar frutos. No dia seguinte, chegando ao café da manhã, Katerina Mikhailovna notou imediatamente uma mudança nas donas da casa; atrás de um arco seco, quando madame Bukova e sua irmã a viram, seguiu-se um silêncio que durou o tempo todo do café. Vladimir não estava. Madame Bukova tinha algum tipo de olhar angustiado e ofendido; Dodo olhou-a severamente.

Elas não conversaram com Katherina Mikhailovna, mas ocasionalmente trocavam palavras entre si em voz baixa. Isso enfureceu Katerina Mikhailovna, mas ela se manteve desdenhosamente calma. Depois do café, Dodo desapareceu; madame Bukova e Katherina Mikhailovna permaneceram juntas. Madame Bukova olhou para sua interlocutora, como se quisesse dizer alguma coisa, mas por algum motivo estava perplexa. Ela limpou a garganta, olhou para o céu, puxou o vestido e olhou para Katerina Mikhailovna novamente. Katerina levantou-se para sair da sala. Madame Bukova olhou-a atarantada.

– Senhorita Sodova, por favor, espere – disse ela apressadamente.

– O que a senhora quer? – perguntou Katerina Mikhailovna, virando-se lentamente para ela.

– Eu tenho algo para lhe dizer – disse ela, mudando de tom e tentando mostrar um olhar severo.

– Faça o favor – disse Katerina Mikhailovna seca e fria, de modo que madame Bukova ficou involuntariamente envergonhada.

– A questão é – disse ela –, há algum tempo tenho notado que você não se mostra indiferente ao meu sobrinho.

– Nesse caso não pretendo dar a ninguém um relatório – disse Katerina Mikhailovna.

– Sim... mas, seja como for, na minha casa não posso permitir... Eu, você sabe, tenho uma filha que está crescendo, uma irmã, uma donzela.

– Esta é outra questão – disse Katerina Mikhailovna. – Amanhã deixarei a sua casa. – Ela curvou-se e saiu. Passando pelo corredor, Katerina Mikhailovna viu Vladimir e disse-lhe que logo deixaria a casa de sua tia. Ele mal ouviu e saiu correndo. Tudo isso teve um efeito desagradável em Katerina Mikhailovna. Entrando em seu quarto, ela fechou a porta e jogou-se na poltrona. Sua mente estava nebulosa; aborrecimento e ansiedade encheram sua alma. Ela passou a mão pelo rosto como se recolhesse seus pensamentos. Depois de pensar um pouco, tirou uma pequena carteira do bolso e contou a quantidade de dinheiro que nela continha, a quantidade limitada deixou-a confusa. Mas essa confusão se dissipou devido a algumas considerações econômicas especiais. Katerina Mikhailovna se levantou e rapidamente começou a recolher e arrumar suas coisas. Quando tudo estava pronto, ela mandou chamar um motorista de táxi e foi até madame Bukova para pegar o resto do pagamento e se despedir.

Enquanto isso, madame Bukova teve tempo de mudar de ideia e descobriu que não era legal o que fez com a governanta. "Só Deus é quem sabe o que aconteceu", pensou ela, "mas, enquanto isso, procurar uma nova governanta é o que não gostaria de fazer". E ela pensou em como consertar o caso. Repreendeu-se por seu fervor, mas, a propósito, descobriu que assustar a governanta estava longe de ser uma coisa supérflua.

– Não precisa ter tanta pressa, senhorita Sodova – disse ela a Katerina Mikhailovna.

– Não há de ser nada, isso não me incomoda.

– Como você pode dizer isso? Você poderia esperar para encontrar um lugar ou pelo menos um quarto. Você parece muito brava comigo. Eu sinto muito que isso tenha acontecido. Eu não esperava que você fosse tão sensível. Mas o que fazer? Eu fiquei excitada porque sei que nada aconteceu ainda, mas nem todo mundo vai comer a corda; vou me levantar imediatamente e sair; conheço meu caráter: não sou vingativa.

Mas essa disposição pacífica de uma bela dama não produziu o efeito esperado: Katerina Mikhailovna permaneceu com sua intenção. Naquela mesma noite, ela saiu e, antes de conseguir um quarto, parou em algum hotel.

Katerina Mikhailovna enviou um bilhete a Vladimir com o endereço dela; o jovem imediatamente apareceu. Katerina Mikhailovna cumprimentou-o alegremente; seus problemas foram revividos; mas, olhando para o rosto preocupado de Vladimir, ficou seriamente assustada e perguntou o que havia acontecido.

– As tias estão terrivelmente zangadas – ele disse. – Elas não querem jamais que eu me case com você, e escreveu sobre tudo isso para o meu tio, que, é claro, estará do lado delas e não me dará um emprego.

– Bem, deixe-os – disse Katerina Mikhailovna, irritada. Vladimir pensou.

– Então, o que vamos fazer? – ele disse finalmente.

Katerina Mikhailovna não respondeu. Vladimir, no entanto, logo se acalmou e começou a fazer planos para sua vida futura juntos. Mas Katerina Mikhailovna ouvia distraidamente; um pensamento amargo caiu sobre sua alma oprimida, pesada.

Algumas semanas se passaram; o outono se aproximava; dolorosa e tristemente, Katerina Mikhailovna se acomodou. Alugou um pequeno quarto, em algum lugar num sótão, numa rua escura e suja. Só, sem amigos, sem conhecidos, quase sem dinheiro, não sabia o que fazer. Katerina Mikhailovna tentou procurar emprego ou algum tipo de trabalho; endereçando-se para isso a diferentes escritórios, mas sem sucesso. Eles só queriam dinheiro e, em contrapartida, davam apenas promessas ou ofereciam condições impossíveis. A presença de Vladimir não aliviou sua angústia. Ele chegou até ela desanimado; reclamou de suas tias, de seus superiores, de seu próprio destino, e depois entregou-se aos sonhos de sua vida após o casamento, que ao mesmo tempo não tinham planos definidos, depois a assustou com dificuldade, até mesmo a impossibilidade de realizar esses sonhos. Para Katerina Mikhailovna ficou claro que ele não a amava, que apenas um senso de decência o mantinha com ela, e ela não tinha coragem de romper esse vínculo; ela segurou-o com algum tipo de tenacidade desesperada – no entanto, essa conexão foi destruída. Vladimir via Katerina Mikhailovna cada vez menos e permanecia ao seu lado menos tempo ainda. Uma vez ele chegou a ela excitado e confuso; começou a conversar mas interrompeu a fala, como se tivesse que lhe dizer algo especial, mas era evidente que ele não tinha coragem; ele esperava que Katerina Mikhailovna adivinhasse e, como de costume, o ajudasse naquilo que se tornava difícil para ele, mas ela ficou em silêncio e não parecia querer entender sua posição. Finalmente, Vladimir de alguma forma reuniu sua coragem e disse a ela que seu tio o convidou para morar com ele. Katerina Mikhailovna ficou ligeiramente pálida, levantou a cabeça e olhou para ele com um olhar lento e penetrante, tanto que o sangue nas veias do jovem correu frio.

– Bem, e daí? – ela perguntou com uma voz tão suave e calma que todo o peso instantaneamente saiu dos ombros de Vladimir e ele se sentiu excepcionalmente bem.

– Se eu pudesse escolher... – ele disse – mas isso não depende de mim.

– Nem de mim, então vá.

– Você acha? É claro que seria bom em todos os aspectos: ali, pessoalmente, eu seria mais capaz de agir com meu tio e inclina-lo a concordar com nosso casamento; mas como você vai ficar? Claro, vou tentar voltar para você mais cedo, mas você ainda estará sozinha aqui.

Essas flutuações foram resolvidas, no entanto, de forma bastante simples, e Vladimir saiu da situação com muita facilidade e com uma consciência completamente calma.

Saindo do quarto de Katerina Mikhailovna, sentiu-se de bom humor e, voltando para casa, ia assobiando por todo o caminho algum tipo de ária alegre.

Sozinha, Katerina Mikhailovna permaneceu imóvel por um longo tempo, como se estivesse encantada, sem tirar os olhos da porta atrás da qual Vladimir desapareceu. O crepúsculo se pôs; houve um silêncio mortal ao redor; a sala ficou escura, todos os objetos assumiram formas vagas. Melancolia profunda tomou o coração da jovem, e ela soluçou alto e dolorosamente.

No dia seguinte, Katherina Mikhailovna enviou uma carta a Vladimir, pedindo-lhe que não voltasse a vê-la. Não houve resposta a esta carta. Katerina Mikhailovna não ficou surpresa com isso, mas sua tristeza era grande.

Problemas externos envolveram Katerina Mikhailovna e a distraíram de pensamentos tristes; a falta de dinheiro estava se tornando palpável, e relutantemente teve que prestar muita atenção a esse assunto. Não querendo pedir ajuda a seus irmãos e irmãs, conhecendo seus meios limitados, ela ativamente começou a procurar trabalho para si mesma e finalmente conseguiu que lhe fosse prometido um lugar de governanta; só teve que esperar um pouco. Enquanto isso, inesperadamente recebeu uma carta de Konstantin Vasilievitch. Repreendeu-a por não ter escrito para ele e perguntou sobre o motivo de sua saída de madame Bukova. "Eu ouvi rumores sobre você – ele escreveu, a propósito –, rumores estranhos e impossíveis; como se você tivesse algum tipo de história com minha tia sobre Vladimir. Por favor, me diga o que significa?". Katerina Mikhailovna respondeu-lhe que o que ele ouvira era verdade. Sua carta era curta, mas o estado de sua alma estava claramente expresso nela. Konstantin Vasilievitch não demorou a responder. "Uma coisa me surpreende em sua carta" – ele escreveu – "que uma circunstância que poderia ser considerada de uma maneira bem mais simples fez com que você sofresse tanto e se arrependesse. Você diz que isso te entristece tanto que seu coração está se partindo. Minha amiga, minha querida Katerina Mikhailovna, não quero acreditar nisso. Estou convencido de que o encontro com esse patife pode ter deixado uma forte impressão em você: você precisa ter cuidado, você precisa olhar para as pessoas com os olhos bem abertos, e nada mais. Desejar a morte do canalha que conheceu, é uma autotortura impiedosa! Para de lamentar que tenha conhecido o canalha... mas não há muitos deles no mundo; não desperdice seus nobres impulsos com tristeza e nem gaste suas lágrimas com os que não são santos; para quê, se são inúteis e debilitantes? Não, não, se uma pessoa se mostra indignada com quem nos sentamos equivocadamente, para o inferno com ela – encontraremos outras pessoas para nós mesmos. Por que você está se perguntando? Vocês, que são tão sobrenaturalmente capazes de entender as coisas, têm medo e recuam diante da verdade da vida. Sua tristeza e remorso não são uma consequência daquelas regras preparadas com antecedência, que empreendemos sem perguntar se podemos cumprir. Tudo isso é esperteza e cálculo; jogue-os, Katerina Mikhailovna; vá direto para a vida e exija sua parte; talvez a felicidade não esteja longe, você tem todo o direito a isso. Por muito tempo eu queria falar com você sobre isso, mas nossas relações eram estranhas e de alguma forma confusas: eu tinha medo de abusar do meu papel de amigo. Dentro de uma semana, irei até você e terminarei o resto".

Exatamente uma semana se passou. Era um dia de outono maçante e sombrio; Katerina Mikhailovna estava sentada em seu quarto perto da janela; havia algum tipo de costura em seu colo, mas a jovem não trabalhava, seus olhos fixos na rua, seu rosto pensativo, mas calmo. Alguém bateu na porta. "Entre!", gritou Katerina Mikhailovna. A porta se abriu e um jovem entrou na sala, alto, majestoso, com o rosto aberto e olhos alegres e bondosos.

– Konstantin Vasilievitch! – gritou Katerina Mikhailovna, levantando-se apressadamente. Ela ia se aproximar dele, mas de repente parou, agitada e confusa.

O jovem se aproximou dela.

– Olá, Katerina Mikhailovna – disse ele, tomando suas mãos.

Ao som dessa voz, Katerina Mikhailovna levantou a cabeça, seu rosto estava animado por algum tipo de sentimento inspirador: ela se jogou nos braços dele e chorou. Ele sentiu a excitação de seu peito e beijou seu cabelo, seus olhos brilhavam como se expressasse um sentimento íntimo e caloroso.

Ele a levou até uma cadeira e sentou-se ao seu lado; um braço envolvendo a cintura dela, o outro segurando sua mão, olhou para ela com amor e contentamento.

– Eu perdi peso – disse ele, continuando a olhar para ela.

– E por quê?

– Sabedoria.

– Ah – ele passou a mão pelos cabelos dela e beijou sua testa lisa e bonita.

Ela ainda não se recuperara da excitação e olhou para ele timidamente, como se não acreditasse em seus próprios olhos.

– Está sozinha? – perguntou. – Está mesmo sozinha?

– Sozinha.

– E Vladimir?

– Eu não sei.

Konstantin Vasilievitch apenas encolheu os ombros.

O silêncio durou por algum tempo.

– Eu o amava – disse Katerina Mikhailovna.

– Eu sei, – disse Konstantin Vasilievitch – mas você também me amou.

Ela ficou em silêncio; um brilho apareceu em suas faces

– Sim – respondeu Konstantin Vasilievitch por ela.

Ela estendeu a mão para ele, mas ele a abraçou; Katerina Mikhailovna pressionou a cabeça contra o peito dele e suspirou suavemente; seu olhar era claro e sereno.

– Vou para o estrangeiro – disse Konstantin Vasilievitch – quer ir comigo?

– Sim – ela respondeu.

Ele a beijou.

– É preferível ir, não é?

– Sim, sim.

– Vamos esta semana – disse Konstantin Vasilievitch.
– Eu não sei se conseguiremos: teremos um monte de problemas – disse ela.
– Quais são os problemas?
– Os passaportes precisam ser renovados, mas para isso é preciso casar – respondeu.
– Casemo-nos!
– Sim, casemo-nos.
Eles se entreolharam e sorriram.
A.S-Va

POSFÁCIO

Por Edson Amâncio[60]

A tradução que Luís Avelima nos oferece, através da Editora Letra Selvagem, do diário de Apolinária Suslova, além do pioneirismo da iniciativa, traz-nos esse presente inigualável que é conhecer, por registro do próprio punho, aquela que foi a mulher mais importante na vida do genial escritor russo Fiodor Dostoiévski. Como o tradutor registra na sua introdução, Suslova foi modelo para os principais personagens femininos nos romances de Dostoiévski. E está, na minha modesta opinião, totalmente representada em Nastácia Filippovna, em *O idiota* e em Pauline, em *O jogador*. Minha participação nessa tradução, absolutamente inédita no Brasil, é apenas periférica. Consegui um exemplar em russo do diário. E é esta a origem da tradução de Avelima. Numa homenagem ao excelente tradutor Luís Avelima e ao arrojado editor Nicodemos Sena, não resisti em colocar nestas poucas palavras minha visão ficcionada (ainda inédita) do que significou esse primeiro encontro do escritor com sua "eterna amiga".

Apolinária Suslova – a eterna amiga

Num dia qualquer de dezembro de 1862, em São Petersburgo, Dostoiévski está parado na entrada do prédio onde Appolinária Suslova – sua futura adorável amante Polina – o espera. Depois de esfregar as mãos geladas pelo vento frio que vinha do Néva, assopra-as com uma baforada de ar

---

[60] Edson Amâncio é mestre e doutor em medicina (neurocirurgia) pela Universidade Federal de São Paulo (UNIFESP). Autor de livros de ficção e divulgação científica, entre os quais *O homem que fazia chover e outras histórias inventadas pela mente* (Barcarolla, SP), *Experiência de quase morte* (Summus Editorial, SP), *Diário de um médico louco* (Letra Selvagem, Taubaté, SP).

morno, os olhos fixos e brilhantes contemplando a entrada da casa, como se pudesse precisar desse conhecimento em algum momento no futuro. Não tinha a menor ideia de como seria recebido, primeiro, pela senhorinha, e depois, por Polina.

O lugar era um velho casarão de quatro pavimentos, de paredes cinza-chumbo, grandes janelões fechados para a rua, ladeados por grades de ferro e uma minúscula sacada. Aspirou fundo o ar na tentativa de ganhar coragem e abriu a porta que dava acesso ao pátio coletivo. A cor da neve desapareceu na noite gelada quando o portão se abriu. Dostoiévski virou à direita e subiu rapidamente os três degraus que precediam a entrada da casa onde Polina morava na Sadóvaia.

– O senhor pode subir as escadas. Ela o aguarda no segundo quarto do corredor – disse a senhorinha.

"O que será que a velha senhora sabe a meu respeito"? Pensou, enquanto se dirigia para o alto da escadaria. "Saberia meu nome? Que sou escritor? Que estive exilado na Sibéria? Ou o pior: sabe que sou casado e que minha mulher está doente com tuberculose?". Tal era o teor dos seus pensamentos.

Sobe passo a passo os degraus, devagar, como se contabilizasse cada um. Durante até o meio da escada a velha não tira os olhos dele. Ele também não se recusa a encará-la. A velha se retira cabisbaixa e desaparece por trás de uma cortina. O assoalho range sob os seus pés e o corrimão de madeira não parece resistente. Bate os nós dos dedos na porta e depois de alguns segundos ela se abre. Dostoiévski vislumbra sob a pouca claridade do quarto, iluminado por um lampião, a jovem Polina no frescor dos seus vinte e um anos; alta, elegante, os olhos ligeiramente puxados, azuis como o oceano. Olha-a com ternura e admiração. Está vestida com um quimono cor de mel amarrado à cintura delineando o corpo. Dostoiévski a vê e tem a impressão de que não é real. Por um breve instante ela é uma ninfa a poucos metros do seu abraço. Polina o beija suavemente na face e o convida a entrar. Há uma cadeira ao lado da pequena escrivaninha. Polina senta-se na cama. Estão tão próximos que Dostoiévski sente o hálito perfumado dela. Pega-a pelas mãos e ficam contemplando-se durante alguns minutos. Ele está visivelmente emocionado. Um pensamento intruso atravessa-lhe a mente. Nunca imaginou que ela tivesse dedos tão grandes, e como é delicioso ter os seus próprios dedos acariciados por ela. Mal pode crer que ele próprio é o protagonista dessa cena. Rememora o que ocorrera há menos de um mês. Durante a conferência que fez na universidade, teve sua atenção despertada por Polina, sentada logo na primeira fila. Não lhe passou despercebido o olhar insistente e apaixonado dela, enquanto fazia a leitura de um fragmento de suas memórias do exílio siberiano, as *Recordações da casa dos mortos*, que acabara de ser publicado. Ao término da conferência, a intrépida Polina o abordara sem rodeios, e não ocultou seu interesse pelo aclamado romancista. Conversaram sobre literatura e ela lhe falou do conto que publicara no número de outubro do ano anterior, na revista "O Tempo", fundada pelos irmãos Dostoiévski. O conto se chamava "Por enquanto". Era a história de uma moça que decide abandonar o marido a quem já não ama. Com sua decisão pretende fugir do tédio e da depressão que a subjugavam. Vai ganhar o próprio sustento trabalhando como professora. No desfecho do conto a heroína morre de tuberculose como consequência de agruras e dificuldades que passou a ter com a nova vida. Morre sem arrepender-se de nada e orgulhosa de sua decisão. Dostoiévski não dissimulou a vívida impressão que a jovem Apolinária Suslova causou-lhe. Promete abrir a revista para outras publicações da jovem admiradora. Três dias depois recebe na redação da revista um bilhete no qual Polina confessa estar apaixonada por ele, e que o queria ver, se possível ainda naquela semana, em sua casa. Tudo assim precipitado, tão imediato, parecia um sonho.

– Você quer beber alguma coisa? – Polina interrompeu.

- Sim, um pouco de vodca será bem-vindo.

Ela solta as mãos de Dostoiévski e levanta-se. Abre a cômoda e retira de lá uma garrafa de vodca. Serve-a em dois copinhos reclinados que se apoiam oblíquos sobre a mesa. Brindam e bebem, imantados pelo olhar. Em seguida, depositam os copos sobre a mesa e suas mãos se tocam de novo. Nenhuma palavra mais. Num instante estão unidos num abraço. Dostoiévski sente os seios macios dela comprimidos pelo seu abraço. Seu rosto está colado no dela. Enfia os dedos da mão direita sobre os cabelos de Polina e a acaricia. Eles se beijam e, com uma delicadeza que deixa Dostoiévski confortado e confiante, jogam-se na cama. Agora, rendido ao prazer, sua mente alerta reinventa a existência. Como tudo aquilo era maravilhoso! Não conseguia afastar a lembrança de suas primeiras experiências com as "Clarisses" na sua juventude. E, sobretudo, um triste episódio, ocorrido logo na sua primeira noite, num pardieiro em Petersburgo, ao perceber que havia uma criança de colo no quarto contíguo. Quase teve um ataque quando foi interrompido pelo choro do bebê. Mal podia acreditar naquilo. Como, então, havia uma criança ali? Como podia uma mulher, exercendo a mais antiga das profissões, ter uma criança por testemunha? Levantou-se rapidamente, depositou o dinheiro sobre a cama e saiu arrumando as roupas, indignado, atabalhoado e moído de remorso e culpa. Tentou apagar essa lembrança intrusa, enquanto abraçava Polina na cama. A incômoda recordação não lhe tirou o ânimo. Seus pensamentos vagueavam indecisos enquanto beijava-a sofregamente. Ele tinha se transmudado em alguns minutos dentro daquele quarto. Começou a tirar a roupa de Polina com uma falta de jeito quase selvagem. É aí que começou a olhar para a verdadeira Polina. Alguma coisa brilhava com insistência nos seus olhos e lhe enchia de obscuros temores. Os olhos dela eram muito seguros de si: Dostoiévski temia que ela não fosse nem um pouco frágil. E exercia naquele momento uma vaga inquietação nele que não conseguia identificar nem como, nem por que. Era como se ela fizesse uma insistente sondagem do abismo, ao contemplá-lo. Pensando nisso, puxou os cabelos dela temendo que ela reagisse de maneira intempestiva, mas não foi o que aconteceu. Ela pareceu ter prazer nessa pequena violência e ele a repetiu pelo menos duas outras vezes. Polina gostou do tratamento rude que ele lhe dispensava, e a exultação que Dostoiévski sentia cedeu lugar a uma afeição quase paterna. Ele a enlaçou. Quando percebeu que a reação dela era proporcional ao seu ardor ele se retraiu de repente. Por um instante ele conseguiu controlar e coordenar aquelas acrobacias sensuais com surpreendente habilidade. Mas sua cabeça voou para um lugar distante, estava na Sibéria, mergulhado numa tempestade de neve, às voltas com os trabalhos forçados, sob o comando da voz estridente do major Krivítsov. Teve ímpeto de ser violento com ela, mas refreou seu instinto e desabou ao lado dela, exausto. Puseram-se a contemplar a neve bater insistente na vidraça, espalhando flocos de luz e sombra sobre o corpo de ambos. Quando despertou já era madrugada. A fraca luz, proveniente de um lampião pendurado num poste na calçada, chegava ao quarto através de um filete de vidraça não coberta pela cortina de veludo azul, injetando uma claridade suave ao lugar. Resvalou o olhar para a esquerda e teve um sobressalto com a visão da bela Polina desnuda ao seu lado. Os cabelos longos que ela costumeiramente amarrava num elegante coque por trás da cabeça estavam soltos, esparramados pelo travesseiro. Dostoiévski afastou-os suavemente expondo a orelha bem desenhada, de tamanho proporcional à bela cabeça de Polina. Aquele minúsculo pedaço de carne era mais do que suficiente para anunciar a juventude do corpo. Dostoiévski roçou os dedos pela superfície da orelha dela. Ainda assim ela não despertou. Ele contemplava o semblante de Polina no qual não havia nenhum traço de tensão, como se quisesse reter na memória cada detalhe daquele rosto para sempre. Os lábios entreabertos, proporcionais e bem desenhados, eram ligeiramente espessos e muito sensuais. Dava para ver a fileira dos dentes da frente, brancos, alinhados e brilhantes. O nariz despontava no meio da face numa harmonia perfeita com o contorno dos olhos. Era uma autêntica eslava, mas poderia passar por uma bela italiana. Deteve o olhar sobre as linhas juvenis do queixo e do pescoço esguio, a brancura da pele; daí ao peito amplo e os seios miúdos. Aproximou seu corpo até se encostarem. Ela fez um movimento brusco e virou de lado aninhando-se de costas para ele. Era farta da cintura para baixo. Nesse momento Dostoiévski teve um grande número de pensamentos perversos, mas se conteve e permaneceu imóvel aspirando o suave perfume que emanava da jovem Polina.

Ela se contorceu preguiçosamente. Abriu os olhos e sorriu. Uma deusa acabara de se entregar ao herói recém-chegado da Sibéria.

Dostoiévski mudou a direção de seu olhar e deu com uma gravura pendurada na parede. Curioso, pensou, não se lembrou de tê-la visto quando entrou no quarto. O quadro era um ícone de São Basílio, desbotado, e certamente não fora colocado ali por Polina. Seu pensamento saltou para a esposa acamada em casa, ao mesmo tempo em que fragmentos de recordações siberianas percorreram sua memória como um vendaval. Enquanto Polina ressonava suavemente – podia-se ouvir sua respiração – Dostoiévski se deixava levar por lembranças atrozes. *Recordação da casa dos mortos* lhe devolvera a reputação perdida há quase 10 anos, quando fora condenado a trabalhos forçados na Sibéria, mas nunca pôde imaginar que ganharia também a felicidade de ser amado por alguém tão jovem e especial como Polina. A truculência do major Krivitsóv ainda lhe martelava a mente. O trabalho forçado e as longas noites de insônia lendo a Bíblia, o cheiro nauseabundo do dormitório coletivo, junto de pequenos escroques, ladrões, assassinos e prisioneiros políticos, como ele mesmo, ainda estavam bem vivos nas suas lembranças.

Dostoiévski perdia-se nesse emaranhado de pensamentos que o despertar ao lado de Polina lhe propiciara. Nunca havia experimentado o amor da forma com que ela o apresentara. Não era amor com libertinagem, como o conhecera na juventude com as mulheres em Petersburgo, "as Clarisses e Irinas são indispensáveis, mas custam muito caro", dizia numa carta ao irmão Mikhail. O de agora era um amor com luxúria, novo e fresco como jamais conhecera antes. E afagava-lhe o ego, ao mesmo tempo o orgulho e a sensualidade. Era como se tirasse um peso sobre sua cabeça. Esse breve instante ao lado da jovem admiradora resgatava-o para uma nova vida, arrancando-o de seus temores e seus hábitos comuns. Tinha uma vontade mal contida de contar toda a sua vida a Suslova, sentia-se, ao lado dela, partilhando sua intimidade como isso nunca acontecera antes. E, no entanto, ela é tão jovem, pensou. Vinte e um anos! É apenas uma menina. Mas que cabeça, que inteligência, que pensamentos avançados, com que carinho ela o recebera! Queria viver mil anos para perpetuar essa ligação. Faria qualquer coisa, mas, e a esposa, Dimítrievna? Teria ela tido ao menos alguma compaixão com ele, com a sua doença, a epilepsia? E qual não foi sua indignação quando ela lhe apontou o dedo em riste dizendo "você é um epilético e, além de tudo, um ex-forçado"! Quantas vezes ela o chamara de patife, velhaco e criminoso? Que culpa deveria sentir agora que havia encontrado um novo e verdadeiro amor? Mesmo sabendo que Dimítrievna não teria muito mais tempo de vida, a sombra dela perpassava suas lembranças. Suslova me ama com ardor, com entrega total. Hei de corresponder a esse amor, pensou e deu um longo beijo na linda mulher ainda não totalmente desperta ao seu lado.

Este livro foi impresso em Janson Text, corpo 11 por 16, e impresso sobre papel Pólen Soft 80 gr/m2, pela Gráfica EME, Av. Brigadeiro Faria Lima, 1080 - Vila Fátima - Capivari - SP, para a Editora Letra Selvagem, em julho de 2022.